≡ 昌明文庫·悅讀文化 ≡

中國科舉史話

林白、朱梅蘇 著

序言
PREFACE

　　這部《中國科舉史話》書稿擺在案頭已有好些時日，但我卻遲遲無法落筆，看來我將辜負作者厚望，難以兌現在卷首贅幾言之諾了。這是什麼原因呢？並不是我對這題材一無所知，無話可說，而是我無從措手，真有點「一部二十四史，不知從何說起」的味道。然而，前幾天突然發生一件事，卻一下子促發了我的靈感，我慶幸自己總算是找到了一個由頭了。

　　那天，我帶了一本書回家，是浙江作家杜文和先生的新著《聊齋先生》（東方出版中心2000年2月）。我那正在讀初中的女兒一時興起，便奪過去亂翻一氣，可她讀著讀著就卡殼了，說她讀不懂。我便問怎麼回事，她指著該書的「內容提要」說：這聊齋先生蒲松齡「早年考秀才一舉奪魁」是什麼意思？他以後「考舉人屢試不第」又是什麼含義？我笑她無知。可這也難怪，因為這種科舉制度畢竟離現在比較遙遠了，即使從清末廢科舉、興學校算起，距今也將近百年。而且，這科舉制度內容也實在太豐富，並不是什麼人都能完全弄清楚的，君不見某「文化大散文」著名作家不是也不辨秀才、舉人及鄉試、會試之別，甚至在其大作中鬧出了唐詩人杜牧曾依仗別人推薦而成為「第五名狀元」的笑話嗎？由此我不禁掩卷閉目，想了很多很多。

隨著科學的昌明，現在的文化傳播手段及載體越來越發達，這自然大大促進了文化事業的發展。由於各種各樣的原因，現在的許多藝術家、作家都不大願意碰現代題材，而熱衷於在古典題材上大顯身手，那大量充斥螢屏、銀幕、坊間的古裝電視劇、電影及歷史小說、散文就是明證。這當然也可以說成是一件好事，因為廣大百姓既能通過這些傳媒觀賞、閱讀到許多歷史上的人物、事件、現象，還能在獲得娛樂的同時，增加一些歷史知識，對優秀傳統文化的弘揚也不無意義。但令人遺憾的是其中佳作實在不多，多數作品戲說成分太濃，而且不乏粗製濫造之作，時見常識性錯誤或「硬傷」。如以科舉制度為例，那就屢見狀元、會元不分，進士、同進士出身混淆，春闈、秋闈亂用，令人不勝欷歔。每逢遇到這種尷尬現象，我就不由會產生這樣一個想法：這些藝術家、作家為什麼不去讀一讀有關科舉制度的專門論著呢？否則，怎麼可能會出如此貽笑大方的洋相呢？因為在事實上，遠的不說，僅近幾十年以來，就相繼出版了商衍鎏、傅璿琮、許樹安等先生的關於科舉制度的若干論著。我想，惟一能作出解釋的，就是這些論著一般都很專業，學術性較強，對一般非專業性的讀者來說，似乎太深奧、繁瑣了一點，讀起來比較費事費力。由此我又想，如果能有人寫出一本既深入淺出，又融知識性、趣味性於一體的介紹科舉制度的讀物，那就好了，是一定會受到廣大讀者的歡迎的。

　　令人欣慰的是，眼前這本由林白、朱梅蘇伉儷合著的《中國科舉史話》正是我心目中企盼的那樣一種讀物。與以往有關專著相比，本書有兩大特色值得一提：其一是通俗而扼要。本書所涉內容可以說包括了科舉史發展的方方面面，但它避免了繁瑣的學術考證，而是娓娓道來，如道家常般向讀者述說著一些主要科舉知識。如書中以「左右兩榜取士」為題，就非常通俗扼要地講清了元代科舉考試中的種族歧

視，而「洋進士雜錄」一節則一下子就說清了中國科舉對周邊國家的影響。其二是有趣而耐讀。書中介紹有關科舉知識不是正兒八經地流於呆板，而是通過一個個生動有趣的故事情節來徐徐展開，可讀性很強。如「及第落榜兩相宜」一節，就是以一個個小故事來反映士人考後的各種心態，而「科舉明星狀元郎」一章則更是以一個個有趣的故事向人們展示了狀元的眾生相。總而言之，本人展讀再三，不禁為此書擊節叫好，認為作者做了一件十分有意義的事，不僅有效地向廣大讀者傳播了古代科舉知識，而且還大有裨益於他們進一步認識傳統優秀文化，真是善莫大焉。

的確，科舉制度是中國古代一項重要的融政治、教育、文化於一體的選官制度。一千多年來，它不僅在歷史上產生了重大作用，而且還深深地影響著後世。別的不說，僅漢語詞彙、成語、俗語中，就留有許多古代科舉文化的痕跡，如「趕考」「張榜」「高考狀元」「連中三元」「雁塔題名」「獨佔鰲頭」「十年寒窗無人問，一舉成名天下知」「書中自有黃金屋」等。至於它對後人文化心理、意識的深遠影響，那就更為人所知了。

此外，更值得一提的是中國古代科舉對國外的重要影響。在歷史上，不僅朝鮮、越南等國家直接搬用了中國的科舉制度，而且，近代英國、法國、美國等國家施行的文官制度，也脫胎於中國的科舉制度，以至於不少西方學者將它與指南針、造紙術、火藥、活字印刷並列，稱之為中國古代的「第五大發明」。中國民主革命的先驅者孫中山先生，當年曾十分仰慕英國的文官制度，並設想按它的方式改造中國的官吏制度。誰知孫中山經過一番系統而深入的研究，他終於明白英國文官制度居然移植於中國古代的科舉制度，由此他心靈受到極大震撼，對中國傳統文化又做了重新的審視。同樣的結論也被西方學

者所證實。據鄧嗣禹先生《中國考試制度》一書所引，S・威廉斯就明確指出：「古代中國政府中文武官吏所由產生的這種著名的考試制度，在任何一個大國中都可算一種無可比擬的制度。這種制度被東亞鄰邦所仿傚，並可能由阿拉伯人的介紹，於十二、十三世紀傳到西西里王國，然後傳入西方，就被西方社會借鑒採用，形成西方的文官考選制。」

看了《史話》關於這些方面的敘述，相信廣大讀者都會為我國古代曾有如此獨特而燦爛的科舉制度而自豪。可能會有讀者發問：「如此好的一項制度，為何後來又將它廢除了呢？」關於這個問題，本書也同樣作了簡明而扼要的解說，那就是八股文的禍害。也就是說，科舉制度發展到了明清，越來越走進了死胡同。一方面科舉考試的內容死板、教條，拘泥經義而做八股文，對社會沒有一點實用價值；另一方面科舉考試徒具其表，許多富豪巨賈子弟可以用錢財買官，是為「捐納」，根本不需考試。如此這般一來，科舉制度也就逐漸走到盡頭了。

總而言之，作為一個中國人，特別是有志於學好文化為國效力的中國人，那都應該對中國古代的科舉制度有所瞭解，取其精華，棄其糟粕，以更好地服務於現在，著眼於未來。在國家大力提倡由應試教育轉向素質教育的今天，認識到這點，更具有現實警醒作用。完全可以肯定，這本《中國科舉史話》將有助於大家加深這一認識。

尤其值得一說的是，本書兩位作者並不是研究中國科舉制度的專門學者。他們夫婦倆一直從事新聞和教育工作，做過記者、編輯、主編及總編、教授，也一直著述不輟，出版了《大眾新聞學》、《甌海濤聲集》、《履痕匆匆》等多種論著，達數百萬字之多，但那基本都

與科舉制度無關。然而，他們卻又始終對這一影響中國歷史一千多年的獨特而又重要的制度大感興趣。多年來，他們在業餘時間搜讀了大量有關中國古代科舉的論著、文獻、詩文、軼事、傳說等，並精心製作了數千張資料卡片，每有心得，輒一一備錄。古人說「十年磨一劍」，又云「十年磨一戲」。他們與之相較，可說是有過之而無不及。而且，更難能可貴的是，他們傾注本書寫作中的是一種真誠而懇切的道義精神與社會責任感。正如他們在本書「結束語」中所說的，既反對歷史虛無主義，將科舉制度的歷史作用一筆抹殺；同時也對目前的不正常的文憑熱、「千軍萬馬過獨木橋」的應考風氣提出質疑，認為這極不利於提高全民族的整體文化素質，會對社會發展產生極為惡劣的負面影響。正是出於這兩方面的考慮，他們夫婦雖然離退休了，仍「心在天山，身老滄州」，孜孜不倦地筆耕不輟，並終於向廣大讀者奉獻了這麼一本滿含深意的介紹中國古代科舉制度的專著。瞭解到這點，我們每一個讀到這本書的人，能不為作者的這種精神而深受感動嗎？

　　是為序。

庚辰年早春二月草於滬西梯航齋
褚贛生

（序文作者褚贛生，江西南昌人，先後畢業於江西師範大學與復旦大學，獲歷史學學士和碩士學位，有《奴婢史》《莽莽崑崙——中國山文化》《中國古代十大聖人》等多種著作問世。現為東方出版中心資深編輯）

導言
INTRODUCTION
從「世卿世祿」到「九品中正」制

　　什麼叫科舉？科舉就是我國封建時代的教育考試選官制度。這是他國所無中國獨創的歷史產物。

　　科舉考試發軔於隋朝。隋文帝廢除歷代由世家貴族選士的舊辦法，改為考選秀才。隋煬帝大業二年（606），始建進士科，此後經唐宋元明清，迄光緒三十一年（1905）廢科舉興學校，歷時1300年，科舉成為中國封建社會培養和選拔人才的主要管道。科舉對於中國社會的歷史意義，並不僅僅在於人才選拔考試本身，它對國家政治建構、學術思想、社會意識、人們的價值觀念，無不發生影響。可以說，不暸解科舉，就不能透徹暸解中國隋唐以來的歷史發展；不暸解科舉，就不能深入認知中國的傳統文化。

　　科舉制度的產生，絕不是偶然的。這是社會發展不斷演變的結果，是歷史車輪滾滾前進的必然軌跡。如果真有時間隧道的話，我們不妨借助歷史望遠鏡，回首遙望一下4000多年前的茫茫神州大地吧！那時，原始公社剛解體，由於銅器的使用，生產力有較大的提高，從而導致生產關係的變革，從此進入私有制社會。我們偉大的治水英雄大禹，把王位傳給兒子啟，這就是「家天下」的開始。我國第一個奴隸制王朝呱呱出世了。

馬克思主義告訴我們：國家是一個歷史範疇，是階級統治的工具。歷史上不論哪個統治階級，總把培養和選拔人才，也就是任用各種各樣的管理和專業人員，即通常所說的「官吏」，作為頭等大事來辦。只有掌握了大量人才，才能夠組建從中央到地方的各級政府以及軍隊、員警、法庭、監獄等等，有效地運轉國家機器，來維護自己的階級利益和統治地位。人，總是第一位的。是否人才輩出，是否後繼有人，這是國家興衰存亡的命脈所繫。

在夏商周奴隸制時代，奴隸主階級是按照「親貴合一」原則來選官用人的。例如周武王姬發在「牧野之戰」推翻商紂王後的第五天，就舉行開國大典，並宣佈分封諸侯。

分封諸侯是關係國家命運的根本大計，必須把天子認為親信可靠的人封出去，才能長治久安。據說從武王到成王，先後封了八百多國，其中較大者有 71 國。把一批皇親國戚，不論智愚賢與不肖，只論血統親與疏，按照公侯伯子男五個等級，統統賜予爵位。然後有的留在京城中央政府裏當官，有的派到各諸侯國 去掌權。如東方的齊國，有山海魚鹽之利，地廣人眾，就分封給開國元勳姜子牙。這位善於釣魚的姜太公又是武王的舅舅，此番果然釣到好一條大魚。魯國的

伯禽，是周公的兒子。周公名旦，文王之子武王之弟。武王死時，遺命周公輔佐其子成王，號稱攝政。這位攝政王叔叔當然要封一塊好地方給自己的兒子。衛國封給康叔，燕國封給召公。召公也是開國功臣，但血統稍微遠些，就封到邊遠地方，讓他去防守邊疆。這裏還有一個小插曲。據說成王在後宮裏跟弟弟叔虞玩「過家家」，剪了一片桐葉給弟弟，笑說：「封你為唐君。」桐與唐諧音，唐地在山西，就是後來的晉國，和周朝國都鎬京一帶唇齒相依，是一塊戰略要地。想不到這句玩笑話被周公聽到了，就很嚴肅地說，「天子無戲言」，結果真的把叔虞封為晉國國君。從這個小故事可以看出，天子是把天下看成自己衣袋裏的物品，可以任意取用。這件事到了一千九百年後的唐朝，大文學家柳宗元還憤憤然寫了《桐葉封弟辨》，加以批判。

　　總之，周天子就像分糖一樣把九州四海分給了自己的皇親國戚。相傳周文王有百子，百子又生孫，像葡萄串一樣，還怕分不光天下？就這樣一一分封，各就各位，周天子坐鎮京城，遙控指揮，好似鑄成鐵桶江山。再說大大小小的諸侯們，在自己的封國內，也照此辦理，按血緣親疏原則，將土地分封給下屬的卿大夫們，作為他們的「食邑」或「封地」。卿大夫之下又有所謂「士」，也同樣分到相應的土地。這樣，就在全國範圍內織成一張嚴嚴密密結結實實的網。從中央政府官員到各諸侯國官員，都和周天子有一定的血緣關係，都是自己一家親。周天子恩賜給大家官爵，大家衷心服從周天子。各國諸侯要定期覲見天子，進貢錢財寶物，並提供軍隊，保衛王室。不過有一條，這些大大小小的諸侯和卿大夫都是「世襲」的，父子相傳，世代接替，好像鐵板釘鐵釘，即使周天子也不能任意變更的。這就叫「世卿世祿」制。

在「世卿世祿」這張大網的底層，就是平民和奴隸了。廣大的奴隸只是「會說話的工具」，沒有人身的自由和權利，在奴隸主的皮鞭下，終年勞動，過著牛馬不如的生活。這「奴隸」也是「父子相傳，世代罔替」的。奴隸生了子女就叫「家生奴隸」。一個奴隸即使聰明超人、才能出眾，也不可能得到提拔重用。雖然，商王武丁曾起用泥水工傅說，秦繆公也用五張羊皮贖買百里奚為相，但那只是個別事例，蒼茫塵海，吉光片羽而已。

由於依靠血緣關係織成這張大網，使西周前期180多年間形成相對穩定的政治局面，經濟也空前繁榮，是中國奴隸制的鼎盛時期。

但是，這種建立在奴隸血汗和白骨基礎上的繁榮，必然孕育著深刻的危機。到了東周時期，奴隸制就趨向衰落了。新興的地主階級開始登上歷史舞臺，這就進入了封建社會，由於鐵器取代了銅器，生產力飛速提高，必然衝破舊的生產關係。周王室風雨飄搖，日暮途窮了。各諸侯國之間互相征戰併吞，先是春秋五霸，繼而戰國七雄，拼命擴大地盤，增強自己的勢力。為此，各國國君紛紛變法，廢除「世卿世祿」制，採用「養士」和「客卿」的用人制度，也就是說抓住了「用人權」。國君和貴族公子常常把一批有學問有才幹的人供養在自己身旁，叫做「養士」。國君隨時可以從這些士中選取適當的人才，派任官職。戰國時齊國在稷下造了寬大的公館，招集文人學士，給他們很好的待遇，讓他們講學論道；燕昭王還修築了黃金臺，禮聘天下賢士；齊國孟嘗君、趙國平原君、魏國信陵君、楚國春申君四人門下，各有食客幾千人。這些食客也就是所謂的士。從養士中選用官吏的實例是很多的，著名的有商鞅應秦孝公的招募，到秦國擔任了相的官職；蘇秦、張儀遊說諸侯，終於都做了大官；燕太子丹優待荊軻，

尊其為上卿等等。另外，各國也從有軍功的人中選用官吏，例如商鞅在秦國執政時，獎勵軍功，按功勞的大小賞給官爵。那時候，雖然有選官的辦法，可是就制度來說，還是很不完備的。

經過戰國和秦（前 221-前 206），到了漢朝（前 206-220），封建的選官制度才逐漸確立起來。

漢朝的選官制度有「察舉」和「徵辟」兩種。

所謂「察舉」，是由地方政府（侯國和州郡）的長官，在他們各自管轄的地區內隨時考察，選拔封建統治者所需要的人才，推薦給中央政府。這些人經過考覈，就可以做官。漢朝實行的察舉制度，有各種名目，有的叫孝廉（能盡孝道，做事正直），有的叫茂材異等（才學出眾），有的叫賢良方正（品性賢良，行為端正），有的叫孝悌力田（孝父母，愛兄弟，勤懇種田）等等。考覈的辦法，主要是試用。試用得好，就逐步陞官；試用得不好，就放回鄉里。有時也採用文字考試的方法來考覈人才，不過不是經常的規定，組織規模也不是很大。察舉在漢武帝時廣泛實行，目的是擴大封建統治的基礎。

所謂「徵辟」，是漢朝高級官吏任用屬員的一種制度。中央政府中的高官和地方政府中的州郡長官，都可以自行徵聘屬員，然後再向朝廷推薦。皇帝自然也可以徵聘人才。東漢（25-220）時期，中央的高級官吏往往不從較低級的官員中升調，卻直接徵聘當時有名望的人擔任。不過，從漢朝的實際情況來看，徵聘只是封建政府裝裝尊賢重士的樣子，不是經常實行的事。經常實行的還是察舉。

由於「察舉」和「徵辟」制的推行，為兩漢從中央到地方選拔了大量人才，不僅促進了漢朝的強盛，而且對以後的中國政治也有相當影響。但察舉缺乏嚴格的評審標準，察舉權又掌握在地方官員手中，

久而久之，就產生「選舉不實，邪佞未去，權門請託，殘吏放手」（《後漢書·明帝紀》）等種種弊端。故當時有民謠云：「舉秀才，不知書；察孝廉，父別居。寒素清白濁如泥，高第良將怯如雞。」這則民謠記載在《抱朴子·審舉篇》中，是一首高品質的政治諷刺詩。

東漢末年，社會政治日益腐敗，察舉制和徵辟制遭到嚴重破壞。到了三國時期，魏王曹丕採納吏部尚書陳群的建議，決定實行「九品中正制」。

所謂九品中正制度，就是推選各郡有名望的人，出任「中正」官，州設大中正，郡設小中正。由這些中央派充的中正官把主管地區內的各類人才，評定為上上、上中、上下，中上、中中、中下、下上、下中、下下九個等級，叫做九品。然後按品級，推薦他們到政府去做官。名列高品的，可以做大官；下品的只能做小官。由於只按門第的高低來劃分品級和官階的上下，所以這種制度又叫做「門閥制度」。

九品中正制度，雖然是從察舉制度發展而來，但同它又有區別。按照這個制度的規定，推薦人才的權力不屬於地方政府，而由中央政府設在地方上的中正官負責。這樣，既可通過訪問洞悉地方察舉中存在的弊端，又保證了中央對選用官員的品質。與此同時，它根據品德評定等第，然後確定官品，並有嚴格的授官程序。從基本法律原則上說，九品中正制在初行階段，自有其積極意義。但是，任何制度總有正負兩面，這是事物的矛盾性所決定的。在晉朝中後期，政治極端腐敗，世家豪族的政治勢力迅速膨脹，擔任中正官的幾乎全是士族。他們品評人物的標準，單憑門第出身，什麼品德和才能全不顧了，結果就出現了「上品無寒門，下品無世族」「紈綺居高位，賢俊沉下僚」

的局面。

九品中正的選官制度，成了士族操縱政權、發展權勢的一種工具。這對最高統治者來說，不利於加強中央集權；對中小地主階層來說，也成了往上爬的擋路石，很不利於國家政治的穩定，阻礙了社會正氣的發揚。如何找到一種好的選士用人制度呢？那只有通過公開考試、公平競爭和公正錄取的選士辦法，至少在理論認識上是這樣，目的是為了識別選拔真正有用的人才。以皇帝為總代表的封建統治階級也需要真正有用的人才，應該說這樣才符合統治者的自身利益。

這種「史無前例」的用人選士制度叫什麼呢？那就叫「科舉」。科舉就是分科考選的意思。從「夏商周秦 漢」到「三國晉南北」，不斷探索實踐，尋尋覓覓，走走停停，真正是「路漫漫其修遠兮」，歷時近 3000 年，「山重水複疑無路，柳暗花明又一村。」現在是一片曙光在前，一個在當時世界上獨創的嶄新事物就要脫穎而出了。「眾裏尋她千百度，驀然回首，那人卻在燈火闌珊處。」科舉考試制度應運而生，立即光芒四射，讓人們眼花繚亂，血脈賁張，手舞足蹈，奔相走告，興奮驚歎不已。

歷史的責任落在隋唐統治者的肩上。這個科舉制度的催生婆是隋文帝楊堅，而保姆則是唐太宗李世民。

目 錄
CONTENTS

第
一
章

隋朝：
科舉制度之濫觴

一個偉大的創造
——隋朝初開「進士科」

隋（581-618），從隋文帝楊堅開國，到隋煬帝楊廣亡國，一治一亂，只有 38 年。它和秦朝相似，都是短暫的王朝；它和秦朝一樣，在中國歷史上也是個重要的處於關鍵時期的王朝。

隋朝結束了魏晉南北朝以來的分裂混亂局面，重新統一了中國。隋文帝是個治國能手，他一登上帝位，就努力發展生產，安定社會，國家很快就出現一派繁榮景象，史稱「開皇之治」。

隋文帝在位時，財政官員呈報：「府藏皆滿，糧食布帛無處容納，已堆積在走廊和房下了。」文帝詔令再造新庫。後來，又有奏呈說：「新庫落成，亦堆積無餘。」據說足可供朝廷支用五六十年。文帝只好下令說：「告知郡縣，寓富於民，不藏於府，免除今歲租賦，賞賜百姓。」這樣的富裕景象，在歷史上是不多見的。可惜隋文帝雖善於治國，卻不善於治家，終於釀成宮廷悲劇。

隋文帝在國家體制和典章制度改革方面，也很有創見。他為了加強中央集權，鞏固王朝統治，首先是整頓官制，創立了中央三省（尚

書省、內史省、門下省）六部（吏、禮、兵、刑、戶、工），由六部尚書分管全國各種政務。從此以後，歷唐宋元明清，基本上沿襲這種制度。他的另一個具有歷史意義的偉大創舉，就是改革取士用人制度。

魏晉以來，為世族特權階層把持的九品中正制延續了 300 多年，妨礙了中下層士人的進身之路，引起他們的強烈反對。這一制度不僅對人才造成壓抑，而且對國家機構也造成腐蝕。隋文帝深知其弊。為了抑制和打擊豪強大族的勢力，擴大自己的統治基礎，他明令廢除九品中正制，而代之以科舉制。開皇七年（587），文帝令諸州「歲貢三人」，應考秀才。開皇十八年（598），命「京官五品以上、總管、刺史，以志行修謹、清平幹濟二科舉人」。文帝的這一創舉，到煬帝時得到進一步發展。據《通典》卷一四《選舉典》記載：「煬帝始建進士科」；《唐會要》卷七六《制科舉》也說：「煬帝嗣興，又變前法，置進士等科。」進士科的創置，標誌著科舉制度　的確立。雖然當時這一新的制度還不完備，但它卻改變了過去門閥大族把持選舉的弊端，將選舉官吏之權集中到封建中央的吏部，為一般士人進入仕途打開方便之門。特別是進士一科，對後世的影響尤為深遠。

隋煬帝是歷史上著名的暴君。他不僅殺死 3 個同胞兄弟，又趁文帝有病時，將其殘酷殺害。（詳見本書附錄一「關於隋文帝之死」）。

「地下若逢陳後主，豈宜重問後庭花」。這是唐詩人李商隱諷刺隋煬帝的詩句，把他比作陳後主那樣的荒淫無道。但是這個昏君修通大運河和開進士科考試，倒是做了兩件好事。儘管修運河造成橫征暴

敘，引起民怨沸騰，這也是隋煬帝最後走向滅亡的原因之一，但大運河畢竟造福後代，有利於發展經濟，和秦始皇修長城一樣，都是世界歷史的奇跡。唐末詩人皮日休對運河倒有很高評價：「盡道隋亡為此河，至今千里賴通波。若無水殿龍舟事，共禹論功不較多。」

隋文帝父子開創的「科舉制」，還處在初始階段，考試沒有定期，考選辦法也很不完備，考試題目和內容都有隨意性，但開科取士這個政治措施，把讀書、應考和做官三件事緊密聯繫起來了，科舉成為封建知識分子取得高官厚祿的門路和階梯。這種制度，自然受到封建知識分子的熱烈擁護。不僅如此，由於把選拔官吏的權力從地方士族手裏集中到中央政府，削弱了豪門貴族，加強了中央政府的權力，擴大了政權的階級基礎，有利於維持國家的統一，對於加強封建統治確實起了很大的作用。因此，隋朝創立了科舉制度以後，各朝就一直沿用不廢了。

二

初試啼聲已不凡
——隋朝考選秀才進士略述

整個隋朝,大約只考四五次,開頭考取的叫秀才(這和明清時代的秀才,是不同的概念),後來考取的才叫進士,總共只有秀才進士 12 人。人數雖少,卻都是高品質的。「初試啼聲已不凡」,說明這個科舉制的「嬰兒」是很有生命力的。

開皇十八年(598),宰相楊素為主考官。他出了 5 道題,要求仿照司馬相如《上林賦》、王褒《聖主得賢臣賦》、班固《燕然山銘》、張載《劍閣銘》等前代名家作品,寫出 5 篇文章,要自出新意,不能照搬照抄。

考生們拿到題目後,一個個伏案構思,考場裏鴉雀無聲。楊素想這 5 道題沒有一天時間是難以完成的,就說:「限下午申時前交卷,我不準備留你們吃晚飯的。」說罷,就吩咐手下人巡視考場,自己退到別室休息去了。

楊素正在閉目養神時,想不到有一個叫杜正玄的考生就把卷子交來了,其它考生還正忙著打草稿呢!楊素很不高興地說:「你這少年

太不懂事，不好好作文，這樣快交卷做什麼？時間還早著呢！」

楊素是隋朝開國功臣，又是一位頗有學問的文章家。他顯然沒有把面前這個乳臭未乾的毛頭小夥子放在眼裏。可當他把卷子接過來，讀了第一篇，就感到有點驚訝了，待讀完五篇，不禁拍案讚歎道：「寫得好，寫得好！下筆成文，一氣呵就，實在是一位真秀才啊！」當即錄取，並推薦為晉王府參軍。據說這次考試就只錄取這一名。

晉王就是隋文帝次子楊廣，後來奪取皇位便是隋煬帝。楊廣也頗有文才，有一次他叫杜正玄寫一篇《白鸚鵡賦》。杜正玄略加思索，提筆在手，當場一揮而就。群臣傳觀，見通篇構思嚴密，言之有物，文采斐然，莫不歎服。杜正玄說，這算不了什麼，我的弟弟們更是作文快手。

杜正玄，鄴郡人，有兄弟四人。其幼弟杜正藏作文尤其神速，曾令好幾個人並執紙筆，各題一文，正藏交替口授俱成，皆有文理，如同宿構。這好像今天棋壇大師同時同幾個人賽棋一樣。

有人問正藏：「你作文又快又好，是天才嗎？」他說：「哪裏是天才，我靠的是苦讀。書讀多了，又爛熟於心，每逢作文時，好句子就像石縫裏的泉水汩汩流出來了。」

他還把自己的寫作經驗和體會，寫成一部書。該書甫一面世，青年們爭相拜讀。海外高麗、百濟等國人更奉之為至寶，稱為《杜家新書》。

除杜正玄、正藏外，其餘十人是：

劉焯——秀才，為隋朝著名大學問家，著作等身。

王貞——秀才，博學之士，家貧，因病告老還鄉。

杜正倫——秀才，仕唐為中書令（相當於丞相）。

許敬宗——秀才，仕唐為右丞相。敬宗雖有文才，而性輕浮，偏私驕矜。因陰附武后，排擠忠良，取得相位，每為人所不直。其父許善心，仕隋為通議大夫，宇文化及叛逆，善心不屈而死。善心母范氏，博學有高節，撫棺哭曰：「能死國難，我有兒矣！」遂絕食而卒，年九十二。

孫伏伽——秀才，後應唐進士試，中狀元。

房玄齡——進士，後為李世民謀士，唐初名相。

侯君集——進士，唐初名將，屢立戰功。後恃功而驕，私取珍寶婦女，又與廢太子事牽連，被誅。

楊纂——進士，仕唐為戶部尚書。

韋雲起——明經科出身，仕唐為遂州都督。

孔穎達——明經科出身，大學問家，仕唐為國子監祭酒，相當於全國最高學府的校長。

第二章

唐朝：
科舉制度之發展

「天下英雄盡入吾彀中矣」
——唐朝科舉考試概況

隋末煬帝失政，隋朝大廈將傾，廣大貧苦農民被迫揭竿起義。當時還只有 18 歲的貴族公子李世民，富有遠見卓識，乘機勸父李淵起兵。經過南征北戰，李氏父子終於建立了唐朝（618-907）。唐，歷 20 帝，290 年天下，共進行科考 264 次。

唐和漢朝一樣，是中國歷史上強盛的王朝，是威名赫赫的古代東方大帝國。唐朝可謂中國封建社會的黃金時代，看今天世界各地有許多「唐人街」，可見唐風遺韻之一斑了。

唐太宗雄才大略，勵精圖治，唐朝很快就興盛起來。史稱唐初盛世為「貞觀之治」。貞觀三年，戶部呈報，隋末大批流散百姓都先後返回家園，安居務農了，僅從塞外歸來及新招降者就達 120 萬人。要知道那時全國才有 300 萬戶、1000 多萬人口呢！唐太宗有很多政績，常為人們稱道。例如虛懷納諫，理民以法；廢除酷刑和肉刑，過年過節時，甚至允許犯人回家團聚，而犯人卻一一歸來，並不失信；又將大批宮女遣送回家婚嫁等等。故詩人們頌之為「死囚四百來歸獄，怨女三千放出宮」。這對封建帝王來說，確實是難能可貴的。

唐太宗為網羅人才，頗為重視科舉，在隋朝科舉的基礎上，制定出許多新的辦法，促進科舉制向前發展；以後到唐高宗、武周及玄宗各朝又不斷有所增補。這樣，科舉制才大行於世。

　　唐朝科舉考試的科目很多。其中有所謂「常貢之科」，那就是秀才、明經、進士、明法（法律科）、明字（文字科）、明算（算學科）等科。此外，還有道舉（玄學科）、童子（童子科，十歲以下能通一經）、一史（考《史記》）、三史（考《史記》和前、後《漢書》）、開元禮（通習開元時代的禮儀）、三禮（通習《禮記》《儀禮》《周禮》）、三傳（考《左傳》《公羊傳》《穀梁傳》）等特設的科目。各科考試的內容各有不同。譬如，明經要考帖經，就是從經書中提出一句，命考生把上下文默寫出來；要考墨義，就是把經文連注疏全寫出來。進士要考時務策。

　　這裏可以看出，科舉制是統治思想的工具，無論進士科或明經科都要考「帖經」，這就要求士子熟讀四書五經，把知識分子思想禁錮在綱常名教之內。隋唐以後的封建統治者，就是依靠科舉來灌輸封建忠君思想，這是封建時代的「思想領先」。

　　但唐朝設立「算術科」，說明唐朝科舉除經書外還注重實用，不像後來各朝專攻經書，越來越脫離實際，到了明清時又鑽進「八股文」的死胡同，反成害人之物，禍國殃民了。事物總是在一定的條件下走向反面，辯證法往往如此不可抗拒。

　　唐朝參加科舉的考生，有三種來源。一種是各地學館的學生，叫「生徒」，每年經學館考試合格後，可以直接送尚書省參加考試。再

一種是不在學館的考生，自己向所在州縣報考，叫「鄉貢」。考中以後，再去尚書省參加考試，叫「省試」。還有一種是由皇帝特別下詔招集某些知名之士舉行考試的科目，叫做「制科」。制科考試的日期和專案，都臨時決定，考取後可以得到較高的官職，是專門網羅所謂非常人才的一種手段，但是制科出身在當時並不被看做是正途。例如，當時有張瑰兄弟八人，七人從進士出身，一人從制科出身，他們在聚會時，不要制科出身的那一位同坐在一起，叫他做「雜色」。

　　唐朝科舉考試的科目雖多，但最受重視的是明經、進士兩科。唐朝許多宰相多半是進士出身，所以進士科更受到特別重視。進士科也最難考，一百人中不過取一兩名，所以，人們把考取進士比作「登龍門」。當時流行這樣一句諺語：「三十老明經，五十少進士。」意思是說，進士遠比明經難考，30 歲考中明經已經算老了，50 歲考中進士卻還算是年輕的哩！

　　唐朝科舉制度的實行，確實從中小地主階層及其它寒門庶族中選拔了一些政治人才，擴大了專制主義中央集權的統治基礎。據《文獻通考》記載：唐朝共錄取進士 6427 名，明經科及第 1580 名。顯然，由於歷史資料的散失，這個統計數字是並不完備的，特別是明經科人數過少。一般說來，明經錄取名額往往多於進士科，所以，唐代進士總數當在萬人左右。這種陞官發家的誘餌，吸引了當時社會上的大批知識分子。他們幻想著十載寒窗，一舉成名，富貴榮華，頃刻來臨，因而規規矩矩地「兩耳不聞窗外事，一心專讀聖賢書」，等候著皇帝的選用。這種科舉制度真是籠絡封建知識分子，使他們心甘情願為封建王朝服務的高妙手段。

據史載：唐太宗李世民私幸端門，看到新進士們彈冠相慶，綴行而出，不禁喜道：「天下英雄盡入吾彀中矣。」（五代王定保《唐摭言》）彀，張弓引箭，箭頭射得到的範圍。李世民的意思就是說這些英雄「全給我射中了」，落入我的圈套裏了。換句話說，就是來自四面八方的進士們都為皇帝所牢籠和使用了。這句話清楚地說明科舉為封建統治階級服務的本質。但是，成千上萬的士子往往是心甘情願「入彀」，老死而無悔，好比周瑜打黃蓋，一個願打，一個願挨，是兩廂情願的買賣。所以有人作詩云：「太宗皇帝真長策，賺得英雄盡白頭。」作這詩的人叫趙嘏，唐武宗會昌年間考取進士，他算是從親身實踐中品嘗出科舉制的個中味道了。

察舉遺風
——唐朝科舉「開後門」透視

　　隋唐科舉制是新生事物，但它畢竟是在兩漢魏晉的「察舉制」和「九品中正制」的基礎上脫胎而出，因此不免帶有舊制度的「胎記」，我們不妨稱之為「察舉遺風」吧！

　　唐朝士子應試前，要將自己的詩文集恭恭敬敬地呈送給達官貴人和社會名流，求得他們的品題和賞識，這叫「行卷」，或叫「求知音」。「行卷」一次還不行，只怕「貴人多忘事」，所以在臨考前夕，還要再呈送一次，這叫「溫卷」。

　　達官貴人和名流們對某個士子的詩文表示讚賞了，就向主考官打招呼，這叫「推薦」，也稱「公薦」，表示出乎公心，是堂堂正正的為國求賢。

　　主考官收到許許多多推薦信後，就把推薦者排一個隊，誰的官位高，誰的名氣大，然後對照所推薦的詩文，加以評比衡量，心中就有了一個「底」。

　　做好這些「摸底」工作後，就可以公開考試了。唐朝的考場比較

寬鬆，考卷也不糊名。考官把考卷收齊後，再請一二個確有威望的學者來評卷，參考推薦書，初步排出錄取名單，這叫「通卷」。

最後，主考官根據「通卷」名單，反覆斟酌審核和訂正，就叫「通榜」，然後呈報當局批准，放榜公佈。

這樣，經過行卷、推薦、通榜、放榜幾個步驟，原其本意，是想把科舉搞得完善些。因為有些士子詩文固然寫得好，在社會上有點名氣了，可臨場發揮不一定好，或許成績欠佳；而有的士子考分雖高，可實際學問卻平平，所以採取「場內考試和場外推薦調查摸底相結合」的辦法，既保留「察舉制」的某些長處，又發揮「考試制」的優勢，應該說還是合理的。我們不能以今天的眼光，把「行卷」和「推薦」等統統說成是「開後門」而加以否定。例如唐朝大詩人白居易（772-846）年輕時謁見名流顧況。顧況開頭並沒有把這個小夥子看在眼裏，還開玩笑說：「在京城裏白居，可大不易呵！」但讀到「野火燒不盡，春風吹又生」等句子時，立即肅然改容，青眼有加，讚歎道：「能做出這樣的好詩，天下任何地方都容易居了。」於是，顧況就到處宣揚白居易的才華。幾年之間，白居易譽滿長安，名動公卿，很快考取進士。還有當時任國子監祭酒的楊敬之，當讀到浙江仙居人項斯的詩文後，就讚歎道：「幾度見詩詩盡好，及觀標格過於詩。平生不解藏人善，到處逢人說項斯。」由於楊敬之的大力推薦，項斯終於得中高第。也有這樣一種情況，如詩人陳子昂（661-702）從四川初到京師，人地生疏，舉目無親，一時很難找到「知音」。他就想了一條妙計，在大街上用高價買了一把古琴，造成轟動效應，然後當眾將古琴打碎，說：「我是應試舉子，現有詩文百篇，分贈給大家，請

大家幫助遊說。至於古琴是樂工用的，不值得我們注意。」這個類似「大街賣膏藥」的做法，果然很靈，一日之內傳遍長安。後來，他24歲就考取進士。

最有趣的是王維開後門的故事。唐代大詩人王維（701-761），字摩詰，太原祁縣人。開元年間赴京應試，通過岐王李範的關係巴結上九公主。九公主是唐睿宗的第九個女兒，與唐玄宗為同母兄妹。九公主愛聽琵琶，而王維又精於音律，岐王就設計讓王維換上豪華服裝，隨舞伎樂隊上來，為公主侑酒。王維風華正茂，皮膚白皙，身材頎長，姿態翩翩，一曲琵琶，使公主如醉如癡，大得歡心，欲厚賜之。王維答稱，不圖金珠寶物，但願蟾宮折桂。王維有了公主的鼎力支持，果然得中狀元。論起王維的才學，「詩中有畫，畫中有詩」，中狀元是當之無愧的。但如不開後門，那就難說了。請看「詩仙」李白、「詩聖」杜甫，不是連進士也考不取嗎？

到了唐朝中後期，隨著吏治的逐漸腐敗，科場「開後門」歪風才越刮越嚴重。這裏舉杜牧（803-852）考進士為例。中唐著名詩人杜牧於文宗太和二年應試。太常博士吳武陵專門找到主考官崔侍郎說：「我向你推薦一篇奇文《阿房宮賦》，是杜牧作的，此人才華出眾，可以當狀元。」崔侍郎將文章看了，也非常讚賞，但卻表示狀元已經內定了。那麼，第二名呢？第二名也有了。那麼，第三名呢？第三名也不行。太常博士就生氣地說：「你如不將杜牧取在五名之內，你就不是我的朋友。」主考官無奈，只好答應了。杜牧果然中了第五名。

這位主考官叫崔郾，是禮部侍郎，雖然開後門，總算良心未泯，

還不失為君子。至於懿宗時期有位主考官叫裴坦，那就腐敗透頂了。他的兒子裴勳、裴質背後操縱舉事，根據送禮多少，擬定錄取名單。有一位叫盧延讓的考生，寫了「餓貓臨鼠穴，饞犬舐魚砧」「栗暴燒氈破，貓跳觸鼎翻」之類歪詩，居然也被錄取了。有一位和尚與裴坦是故交，看到這種情形，也非常不滿。恰巧，和尚的同鄉舉子翁彥樞來訪，和尚就問：「你希望考第幾名？」翁彥樞說：「第八名足矣。」和尚說：「好！」就直入裴府，對裴家兩兄弟說：「朝廷任命令尊大人知貢舉，這是國家大事。現在全由你倆私下擺佈，錄取的都是豪門公子，寒微書生還有上進門路嗎？」二人聽了大驚，請求和尚包涵，願以金帛相酬。和尚說：「貧僧老矣，要金帛何用？我的同鄉翁彥樞，出身貧寒，確是飽學之士，應給他第八名才好。」翁彥樞果然如願得中。

如果說和尚開後門，還有點「仗義執言」的味道，那麼，奸相楊國忠以權謀私，就是仗勢欺人了。楊國忠的兒子楊暄應考，文章狗屁不通。主考官將情況向楊國忠反映。楊國忠勃然大怒道：「我的兒子即使不中進士，何愁沒有官做？只是你這個主考，要好好考慮自己頭上的烏紗帽了。」主考官無奈，只好將這個楊「衙內」錄取了。楊暄中進士後，立馬被提升為戶部侍郎（相當於中央副部長），還嫌升得太慢呢！

考場腐敗如此，難怪「文起八代之衰」的大文學家韓愈（768-824）也碰了一鼻子灰。韓愈歷經艱辛，雖然考取進士，但在吏部「選試」時，卻陰溝裏翻船了。原來唐朝科舉規定，考取進士只是取得做官的資格，並不馬上授給官職。要取得官職，還要經吏部（相當

於中央人事部）的考覈，叫做「選試」。只有「選試」合格，才呈請皇帝授予官職。選試的內容有四項：一是身，就是體貌豐偉，儀表要好；二是言，就是言詞口齒要清楚；三是書，就是字要寫得端正美觀；四是判，就是有審案判牘疑議的能力。如果選試優秀，就可在中央機關擔任較高職務；如果選試不合格，只好到地方節度使那裏當幕僚，先實習一段時間，不算正式官職，以後再慢慢爭取得到朝廷的正式委任。

按理說，以上四條總難不倒韓愈吧？因為前兩條伸縮性很大，例如相貌奇醜的盧杞還當宰相，裴度身材矮小，也成為一代名臣。韓愈的身材和言談並無不足之處。至於後兩條，更是韓愈的特長，簡直遊刃有餘，如烹小鮮，何足道哉！可事情真怪，韓愈偏偏選試三次都通不過，以至流落長安十年，「饑不得食，寒不得衣，瀕於死而益困」，這種境遇，令人心酸，原因就在於韓愈不善於開後門，沒有得力的人撐腰。

韓愈是唐代古文運動的宣導者，他和柳宗元（773-819）志同道合，世稱「韓柳」，被列為「唐宋八大家」之首。還有六位大文豪是宋朝人。韓愈晚年當國子監博士和祭酒，是一位好老師。他的《師說》千古傳誦，其中「師者，所以傳道授業解惑也」，「弟子不必不如師，師不必賢於弟子」等名句，更被後世奉為真言。

歷史的遺憾
——「詩仙」和「詩聖」為何與科舉無緣？

　　唐朝科舉制度日臻完備，每年舉行一次，基本上沒有中斷。有唐一代進士 6617 名，其中狀元有姓氏可考者 150 多名。唐朝注重以詩賦取士，可「詩仙」李白和「詩聖」杜甫偏偏榜上無名，這怪不怪？李杜與科舉無緣，這究竟是李杜的不幸，還是唐代科舉的不幸呢？這不能不說是歷史的遺憾了。

　　李白（701-762），字太白，號青蓮居士。生於西域碎葉，幼年隨父遷居綿州昌隆（今四川江油）。他少年刻苦學習，才思敏捷，出口成章，日試萬言，倚馬可待。所以，有人說李白自恃才高，豪放不羈，他不屑赴考；如果去考的話，一定百發百中。請看，李白說：「我本楚狂人，鳳歌笑孔丘。」連孔老夫子也不放在眼裏，「安能摧眉折腰事權貴，使我不得開心顏！」他視富貴如浮雲，「鐘鼓饌玉何足貴，但願長醉不願醒」，怎麼肯在區區考試官面前低聲下氣？這說得有道理。但是，人的思想都有其矛盾的一面。李白畢竟不是神，也不是仙，而是人。這些蔑視權貴的詩篇，大都是政治失意以後寫的。當他熱衷於求取功名時，又是另一種心態了。

其實，李白一心想通過科舉，脫穎而出。

李白 25 歲時，「仗劍去國，辭親遠遊」。東下三峽，輕舟如箭，猿聲啼送，到達荊州，然後輾轉北上長安，往返於長安、嵩洛之間。他也像其它讀書士子一樣，到處「行卷」求知音，叩謁權貴者之門，請那些達官名人推薦，總想獲取功名，以實現其經國濟世的抱負。當時唐朝每年都舉行一次進士考試，四方士子雲集長安，多達兩三千人。李白自負才華，睥睨群倫，他當然也會跨入考場，一展其才。（我們現在沒有確鑿證明李白參加科考的歷史資料，但也沒有確鑿證明李白未參加科考的歷史資料，所以只能進行分析推理）他離家時就曾高吟：「仰天大笑出門去，我輩豈是蓬蒿人」，簡直視取功名如拾芥。如今萬里迢迢來到長安，難道還怕考試？何況考的又是他最拿手的詩賦，他難道沒有膽量和這些芸芸考生一決雌雄，競比高低嗎？他也知道，只有通過科考，自己的「滿腹詩書」才能「貨與帝王家」，這幾乎是當時讀書人進身的惟一捷徑。可能是由於沒有得力者舉薦，結果事與願違，落榜而返了。

據史料記載，他先是《上裴長史書》，並多次登門拜謁，卻碰了一鼻子灰；接著，他又向身任荊州大都督府長史兼襄州刺史又兼山南東道採訪處置使的韓朝宗干請自薦，並寫了著名的《與韓荊州書》。這篇文章非常生動，詞句華美，氣勢不凡，顯示出大家風範。可李白在文章中卻把韓朝宗吹捧到天上，「君侯製作侔神明，德行動天地，筆參造化，學究天人」，等等；而提到自己時，又有「君侯何惜階前盈尺之地，不使白揚眉吐氣，直上青雲耶？」顯得有點可憐巴巴。為了請人推薦，求取功名，馬屁拍到這般地步，難怪清代學者李扶九認

為，此文至少是「失言」。韓朝宗這個人在歷史上並無大建樹，雖然在《唐書》裏也有他的傳記，但比起李白來，好像跳蚤面對大象。可這粒「跳蚤」根本不理睬李白，他是有眼不識泰山，想不到面前這個「無名小卒」，日後竟是中國乃至世界詩壇上公認的大明星。李白雖然碰了韓朝宗的釘子，但這封信卻流傳下來了，成為千古傳誦的一篇「絕妙好辭」，而韓朝宗卻因緣李白的文章而名垂千秋了。歷史就喜歡和人開玩笑。

總之，李白第一次長安之行並無收穫。

到了公元 742 年，李白再次到了長安。正在朝中當秘書監的大詩人賀知章看到李白的詩文，非常佩服，歎為「謫仙」，意思是從天上流落到凡間的僊人。賀知章就向玄宗皇帝推薦。此外，李白又找到一條門路，因為李白喜歡求仙學道，擊劍任俠，與女道士持盈法師認識。持盈法師即玉真公主，是唐玄宗的妹妹。這位公主在皇上哥哥面前極力讚揚李白才能。於是，玄宗召見李白，讓他供奉翰林，參加起草文件等工作。

李白為人耿直，好酒放縱，往往看不起庸俗之輩，所以不免得罪人。即使對玄宗皇帝也不像別的臣子那樣卑躬屈膝，俯首聽命。正如杜甫在《飲中八仙歌》所說的，「李白斗酒詩百篇，長安市上酒家眠，天子呼來不上船，自稱臣是酒中仙」。

有一次，他為皇帝草詔，竟借著酒醉命令太監高力士為自己脫靴，高力士因此懷恨在心。後來，李白奉命賦《清平調》三章，讚美楊貴妃。其中有二句是「借問漢宮誰得似，可憐飛燕倚新妝」。高力

士就乘機進讒言，說這是拿漢宮瘦美人趙飛燕諷喻胖貴妃，楊貴妃就向玄宗吹枕邊風阻抑李白，李白因而始終得不到重用。

李白二進長安，都不得志，只好請還山林，再次仗劍遠遊。

李白來到洛陽，湊巧與青年詩人杜甫邂逅。當時李白 44 歲，杜甫 33 歲。

杜甫（712-770），字子美，詩中嘗自稱少陵野老，原籍襄陽，遷居鞏縣，故相杜審言之孫。原來杜甫在此之前也赴長安應試過。唐朝科舉以應制詩為主要科目，而杜甫的詩才如江河山嶽，自不待說。杜甫 7 歲起刻苦學詩，自謂「語不驚人死不休」。他有家學淵源，「詩是吾家事」，加上天資聰穎，才華橫溢，不論經史典籍，還是辭賦文章，均熟諳於心，他人無從相比。杜甫信心滿懷，臨場揮灑，意態從容，自問勝券在握，必中無疑。

考試，畢竟有太多的隨機性。加上唐代科舉又有名人推薦這條門檻，青年詩人終於名落孫山了。

杜甫科場失利後，就與李白結伴，漫遊中原和齊魯一帶，攜手探勝，把酒論詩，或懷古於城堡，或射獵於大澤；訪名山以抒懷，登高臺而長嘯。李杜兩人的真摯友誼，成為中國文學史上的一段佳話。

這兩位詩友暢遊了一段時間後，終於戀戀不捨地分別了。李白南下吳越，後坎坷半生，客死於安徽當塗。杜甫則再一次西去長安，希望實現自己「致君堯舜上，再使風俗淳」的政治理想。但是，塵海茫茫，難覓知音，獻詩干謁，請託推薦，仍是竹籃打水一場空。他有一

首詩，就是描寫這個時期的淒苦情景：「朝叩富兒門，暮隨肥馬塵。殘杯與冷炙，到處潛悲辛。」

天寶六年（747），唐玄宗忽然想到要「搜求天下逸才」，也好讓一些確有才學而屢試不第的士子再有一次機會，就增開「制科」，派宰相李林甫為主考官。杜甫得知這個消息，滿懷希望，養精蓄銳，準備再去拼搏一番。

想不到李林甫這個人是個「口蜜腹劍」的小人。他的醜聞甚多，文墨不通，竟把賀人生子的「弄璋」錯寫成「弄獐」，人們譏之為「弄獐宰相」。現在要這個「弄獐宰相」來主持考試，廣招人才，無異於緣木求魚。因為他壓根兒討厭有才學的賢人，而只希望找些臭味相投的佞人，結黨營私，操縱朝政。他表面上順從皇帝旨意，儼然當起「求賢若渴」的主考官，而肚子裏早就打好了小算盤。

杜甫喜滋滋地又一次進入了考場，把滿腹才華傾注於尺幅試卷上。

考試完畢，杜甫就天天盼望放榜，千百考生也眼巴巴地盼望放榜。

金榜終於公佈了，卻是千古罕見的一紙空榜：「本次科考，經認真評選，竟無一人合格。」考生們傻眼了：怎麼，竟無一人合格？

唐玄宗也覺得奇怪，為什麼沒有一人合格呢？李林甫上表賀道：「陛下德高三王，功蓋五帝，天下凡有才學的人，早已收攬錄用了。目前剩下來的都是些枯木朽株，不中用的，所以一個都不能錄取。這

叫做野無遺賢，是治國的最高境界，連堯舜禹湯文武也達不到啊！陛下治國有方，功業如天，可喜可賀。」

此時，唐玄宗寵愛楊貴妃，已無心理政了，聽了李林甫這番甜言蜜語，也樂得醉醺醺地說：「哈哈，野無遺賢，好好，你辦事我放心，看來我可以高枕無憂、高居無為了。」

就是這「野無遺賢」的德政，把一位「詩聖」給「遺」掉了。杜甫黯然離開長安，返回老家時，「入門聞號咷，幼子餓已卒」。唉！

杜甫後來流落到四川，又東下長江三峽，輾轉荊州。杜甫的晚境同李白一樣淒涼，最後竟客死在岳陽附近的一條破船上。

李白的詩流傳下來約有一千首，杜甫有一千四百多首。詩壇上的兩顆明星雖早已隕落，但「李杜文章在，光焰萬丈長」。這光焰至今仍映照著中國和世界詩壇。

科舉和黨爭
——唐朝後期牛李之爭的實質

在唐朝，由於實行科舉考試的選官制度，中小地主出身的寒門庶族知識分子大量地走進了官場，好多人做了大官，還當了宰相。這樣，就打擊和排斥了豪門貴族世代代做大官、掌大權的特權地位。他們自然不會心甘情願放棄特權地位，於是雙方爭鬥的事件就發生了。在唐朝後期，科舉出身的新官僚集團和世族出身的舊官僚集團之間，發生了一系列尖銳的爭權奪利的派系鬥爭。其中要算「牛李黨爭」時間最長，影響最大。從唐憲宗（806-820）歷經穆宗、敬宗、文宗、武宗到宣宗（847-859），前後延續半個世紀之久，是唐朝後期的重大歷史事件。

所謂「牛李黨爭」，一派以牛僧孺李宗閔為首，一派以李德裕為首。牛派人物多數是通過科舉出身的新官僚，李派人物則多數是身出門閥世家。

科舉出身的官僚，認為自己「十年寒窗」「金榜題名」，自然恃才傲物，志得意驕，看不起沒有「進士資格」的人。他們往往利用「同年」（即同榜考中的人，相當於同學）、「座師」（即主考官，也稱

座主）的關係，結成朋黨，排擠那些沒有科舉學歷的官僚。

那些出身門閥世家的官僚，雖然沒有取得科舉學歷，但又以他們世代相傳的高貴門第相標榜，看不起這些進士們的「草野」出身和「浮華」作風。例如李德裕是貴族出身，家學淵源極深，認為進士雖善於吟詩作賦，卻不一定能經邦濟世，所以，總是打擊排擠科舉派。牛李兩派都分別勾結權貴、宦官和軍閥，爭權奪勢，互為進退。他們鬥爭的起因是：憲宗元和三年（808），當時李德裕的父親李吉甫為相，而牛僧孺、李宗閔還是青年舉子，參加進士考試。考官楊於陵、韋貫之賞識這二人的才學，拔為上第。可是由於二人在文章中批判時政，惹怒宰相李吉甫，「惡其直言，哭訴於上」，憲宗皇帝偏袒宰相，遂將考試官處分降級，對新進士牛僧孺、李宗閔長期「不調」。這就開始結下了怨仇。

後來到了穆宗長慶二年（821），牛黨骨幹李宗閔和錢徽、楊汝士主持科舉考試。李黨成員翰林學士李紳和西川節度使段文昌請考官「開後門」，要求照顧親屬。想不到放榜以後，這些「親屬」全部名落孫山。於是，段文昌等人就向穆宗上訴，控告考試官舞弊，選士不公。穆宗徵求李德裕意見，李德裕力主復試。復試結果，淘汰了十幾名，約占錄取總數的一半。穆宗就將考官李宗閔、錢徽等降級處分。「自是德裕、宗閔各分朋黨，更相傾軋，垂四十年」（司馬光語）。

文宗登位，李宗閔、牛僧孺為宰相，就把李德裕逐出朝廷，派到四川去當節度副使。不久，因為牛僧孺反對接納吐蕃降將悉坦謀，招致朝廷上下的非議，李德裕又重新得勢，回朝當上兵部尚書，把牛僧

孺排擠到淮南。接著，李德裕又升為宰相，就乘機將李宗閔罷官，趕出朝廷。

文宗末年，牛派宰相李珏因為主張立皇太子成美，受到罷官的處分。李德裕依附宦官仇士良，再次當了宰相，牛僧孺、李宗閔就又遭到排斥。牛僧孺在武宗時被貶為循州（今廣東惠陽東）長史，後還朝病死。李宗閔被貶為郴州（今湖南郴縣）司馬，死在任上。整個武宗一代，都由李派當權。宣宗即位，牛派又得勢，李派全部遭到排斥，李德裕本人被貶死在崖州（今海南島）。

牛李兩黨之爭前後經歷了六個皇帝。應該指出，鬥爭的雙方都是站在封建統治階級的立場上，為了鞏固皇權，維護封建統治階級的根本利益，這個大方向是一致的。其區別在於：牛黨代表中下層地主階級所謂寒門庶族的利益，他們大多是通過科舉進身的；而李黨則代表豪門貴族的利益，大多是靠父祖恩蔭入仕的。但由於長期鬥爭的結果，這個陣線也變得錯綜複雜了，我中有你，你中有我，牛黨中也有世家大族，李黨中也有寒微之士。因為科舉制固然受到寒門庶族的歡迎和支持，但豪門貴族也並不完全反對。並不是說凡出生於豪門貴族的子弟，都是不學無術的酒囊飯袋；相反，富豪子弟由於家庭教育條件好，並不乏才華橫溢、資質秀美的佼佼者。這些人往往不願託庇祖蔭，而寧願在考場上一顯身手，博取功名。這裏不妨舉一個例子：唐憲宗元和年間，工部尚書歸登，字仲之；其子歸融，字章之，歷官山南西道節度使及兵部尚書。這父子倆應該算是豪門貴族了。可是，這家的第三代和第四代卻很有出息，歸融之子仁紹、仁澤先後中狀元，還有三個兒子仁晦、仁翰、仁憲也考取進士。更奇的是仁澤之子歸黯

又中狀元。科舉制同樣為豪門貴族帶來了希望。總之，由於科舉制度符合當時大多數人的利益，更有利於擴大封建統治基礎，比起門閥世族壟斷政權，阻塞人才，顯然是更符合加強封建統治的要求。因此，牛李兩派鬥爭的結果，由科舉出身　的官僚集團終於佔了上風。科舉制不僅沒有廢除，反而繼續發展。

五

飛入尋常百姓家
——唐朝科舉制的成效

朱雀橋邊野草花，烏衣巷口夕陽斜；
舊時王謝堂前燕，飛入尋常百姓家。

這是唐朝詩人劉禹錫的一首絕句，題為《烏衣巷》。劉禹錫（772-842），唐德宗貞元年間進士，與柳宗元同榜。烏衣巷，在今南京秦淮河南，其旁有浮橋，名朱雀橋，東晉時建。王謝，即東晉時王導、謝安諸豪門貴族，皆居於烏衣巷一帶。當劉禹錫到此訪古探幽時，早已物是人非，舊日的豪門貴族，皆已零落，飛來飛去的春燕雖在堂前築巢，但屋裏的主人卻是尋常百姓了。

詩人敏銳的眼光，抓住了這個富有歷史意義的鏡頭。

科舉制也就像這飛來飛去的春燕。

整個唐朝考選出來 6617 名進士，其中就有很大一部分出身寒門庶族。現在，他們紛紛走進過去連做夢也想不到的「神聖殿堂」——各級政府機構，而且發號施令，掌握著時代風雲。據統計，唐代共有 369 名宰相，百分之八十是進士出身。至於中央政府機關和各級政府

官員中，進士出身的人數就更多了。這樣，就極大地衝擊了豪門貴族的特權。這個事實，就是《烏衣巷》一詩的最好注腳。

唐朝實行科舉制，在政治上思想上都收到了很好的成效。

首先，以皇帝為核心的朝廷，掌握了考試錄取權和使用權，從而鞏固了中央集權制，有利於社會穩定，發展生產，繁榮經濟。

同時，科舉制又是統治思想的手段。以四書五經、忠君愛國為主要的考試內容，這樣就控制了知識分子的思想，從封建統治者的角度看，就是「入殼」。

還有，科舉制也促進了盛唐文化的繁榮。唐朝可謂詩的國度，上至王公大臣，下至販夫走卒、樵子漁翁以及牧童桑姑，都會隨口吟幾句。據統計，有詩篇傳世的詩人至少有 2200 多人，流傳至今的唐詩至少有 48000 多首。這不能不說是科舉制的一份功績。宋人嚴羽在《滄浪詩話》中就說：「唐詩何勝於我朝？唐以詩取士，故多專門之學，我朝之詩所以不如也。」文章也一樣，韓愈和柳宗元既是詩人又是大文章家，也是經過科舉的磨煉，才成為文壇領袖的。還有，科試對書法的要求很高，書法不好，是考不取進士的。所以，唐代書法藝術在科舉的推動下，也得到很大的發展。被人譽為「顏筋柳骨」的大書法家顏真卿（709-785）和柳公權（778-865），都是金榜題名後，一舉天下知的。

唐代的文苑，百花爭豔，群星燦爛，都和科舉制有很大的關係。

六

及第落榜兩相宜
——唐人考後心態錄

　　從前有所謂人生四樂:「久旱逢甘雨,他鄉遇故知;洞房花燭夜,金榜題名時。」金榜,就是用灑金黃紙書寫的進士名單。一個讀書人能在金榜上題名,當然是夢寐以求的天大喜事,而朝廷也把進士放榜當作國家大喜慶來辦。唐朝新科進士要到杏園舉行宴會,叫做「探花宴」。宴會以後,還要到慈恩寺大雁塔下集體題名留念,以顯示新科進士的榮耀。

　　新進士們盡情陶醉於美酒名花的狂歡之中,可以說無日不在歡宴,其中最盛大華美的要數曲江宴了。

　　曲江在長安城東南角,碧波千頃,綠樹環合,鳥語花香,是遊覽勝地。江岸各種樓閣亭臺、宮殿園林櫛比鱗次。尤其是春日,踏青賞花,士女如雲,「三月三日天氣新,長安水邊多麗人」(《麗人行》);「穿花蛺蝶深深見,點水蜻蜓款款飛」(《曲江》),杜甫曾用他那飽蘸才情的詩筆,描畫過這風光旖旎的京師第一勝景。曲江宴設於曲江岸邊的杏園,亦稱杏園宴。正當杏花怒放之時,紅杏遂被稱為「及第花」。新進士們還要選出兩名最年輕者當「兩街探花使」,或叫「探

花郎」，騎馬遍遊長安的大街、名園，採摘各種早春鮮花。後世科舉稱進士第三名為「探花」，即源於此。

這時，長安城內成千上萬市民也像過節似的，在街頭看熱鬧，簡直把新進士們看做神仙一樣；而年輕的姑娘們則把新進士作為自己心中的「白馬王子」，其癡迷愛慕的程度，決不亞於今天的「追星族」小姐對「體育王子」和電影明星那樣。

在這種熱烈狂歡的情景中，新進士們的心態如何呢？有一首題為《登第後》的詩，可以作為典型代表。

昔日齷齪不足誇，
今朝放蕩思無涯。
春風得意馬蹄疾，
一日看遍長安花。

此詩作者是中唐詩人孟郊（751-814），字東野，浙江武康人。他出身貧寒，多次赴京應試，都落榜而歸。從浙江武康到長安，有幾千里之遙，可以想見，他經歷了多大的艱難困苦。現在居然考中了，詩人興高采烈地說：過去的窮愁潦倒不值得一談了，今日多麼歡暢，前途無量；在春風中我洋洋得意地騎著快馬，一天內和同榜的進士們遊遍了長安著名的花園。

孟郊的詩，形象、生動地描繪出了　新進士們的心態。

但也有少數新進士頭腦比較冷靜，心情比較恬淡，例如唐昭宗龍紀年間進士韓偓（844-923）的登第詩是這樣寫的：

輕寒著背雨淒淒，九陌無塵未有泥。

還是平日舊滋味，漫垂鞭袖過街西。

一個是「春風得意馬蹄疾」，一個是「漫垂鞭袖過街西」，形成鮮明的對照。應該說，這種「不以物喜，不以己悲」的瀟灑淡泊風度是很可貴的。

韓偓後來在朝為官，不趨炎附勢，敢於拒絕權臣李茂貞非法起草文告的指令，說「腕可斷，文告決不可草」。昭宗知其賢，屢欲相之，而韓偓固讓不就。這就是他一生淡泊精神的寫照。

孟郊後來在官場上並不是「春風得意」，只是任江蘇溧陽縣尉，八品小官。他是個孝子，就將母親接到縣衙裏養老，還寫了一首感人至深的詩。他想起過去每次赴長安應試時，母親替自己縫衣的情景：「慈母手中線，遊子身上衣。臨行密密縫，意恐遲遲歸。誰言寸草心，報得三春暉。」這首詩留傳千古，家喻戶曉。1992 年香港舉辦的「最受歡迎的唐詩」選舉，共選出十首，而列為第一的就是這首《遊子吟》。

以上說的是金榜題名後的情況，那麼，落榜之後又是怎樣一番情景呢？

唐人多有豪俠之氣，雖然考場失利，往往磨礪以須，落榜不落志。這裏姑舉兩例：

張祜和崔涯是一對好朋友，兩人都是中唐頗有名氣的詩人，二人一起赴京應試，又一同落榜。於是置酒痛飲，且歌且哭，各訴平生抱

負。張祜說：「此番文戰失利，今生功名無望矣。大丈夫處世，當詩酒江湖，仗劍行俠，扶危濟困，名揚四海，區區進士何足道哉！」崔涯說：「張兄所言，正合我意。我題詩一首，以明此志。」說罷，揮毫狂書：

太行嶺上三尺雪，崔涯袖中三尺鐵。
一朝若遇有心人，出門便與妻兒別。

張祜說：「壯哉！我久慕江淮風物，與兄結伴南游何如？」張祜也題詩一首，其中有兩句是：「人生只合揚州死，禪智山光好墓田。」

張祜後來果然卜居丹陽。一天晚上，突然闖進一位不速之客，此人身材魁梧勇武，打扮非同尋常，腰懸寶劍，手提麻袋，袋中滲血斑斑。來客慷慨陳詞：「久聞張俠士大名，無緣識荊。我平生有一大仇，有一大恩。今夜有幸斬仇人之頭，心中痛快，特來一敘。」隨即問張祜有酒沒有，張祜連忙取酒勸飲，來客連飲三大杯說：「此去三五里有一恩人，早想報答。素知張俠士仗義輕財，請暫借十萬錢，我立即前往送與恩人，則平生恩仇都了，拂曉雞鳴即回，從此永歸門下，赴湯蹈火，肝腦塗地，在所不辭。」

一番話說得張祜心花怒放，肝腸發熱，於是傾囊相助，不下十萬錢，盡予來客。來客擊掌稱賞道：「快哉，真豪俠之所為也。」就將袋子留下，拱手作別，瞬息即逝。

張祜待到雞啼，尚不見客歸；直到日上三竿，還杳無信息。張祜

擔心人頭之事暴露，吩咐家人到後園悄悄埋掉，但打開麻袋一看，乃是一隻豬頭。

崔涯，江南人，後流落江湖，不知所終。張祜卒於禪智寺，恰巧與他先前的詩句相合。

還有一個是山東黃巢。黃巢出生於鹽商家庭，從小熟讀詩書，也會使槍弄棒。他前後三次赴京應試，都落榜了。他慨然歎道：「大丈夫何必困死場屋呢！」那天他到驪山賞菊，乘興寫了兩首《詠菊》：

題菊花
颯颯西風滿院栽，蕊寒香冷蝶難來；
他年我若為青帝，報與桃花一處開。

不第後賦菊
待得秋來九月八，我花開時百花殺。
衝天香陣透長安，滿城盡帶黃金甲。

黃巢返回山東後，就回應王仙芝起義，後自號「衝天大將軍」，於公元880年，率領60萬大軍攻佔長安，真正是「滿城盡帶黃金甲」了。黃巢起義最後遭到失敗，但唐王朝也氣數已盡，很快壽終正寢了。黃巢部將朱溫，先是叛變降唐，後又殺唐末帝，自稱皇帝，國號梁。從此，中國河山又四分五裂，進入了五代十國時期。

五代十國歷時53年，三天兩頭改朝換代，稱王稱帝如走馬燈一樣。在這戰亂頻仍、哀鴻遍野的苦難時期，科舉考試仍然在進行著，這也算是一個歷史奇跡吧！據史料記載，建立在中原一帶的五個王

朝，共開科 47 次，其餘十國大約 20 來次，合計錄取進士 1576 人。

　　科舉仍然吸引著廣大知識分子，可謂薪火相傳、絃歌不絕了。然而「雖科舉未嘗廢，而士厄於亂離之際，不得卒業，或有所長而不能以自見，老死閭里，不為少矣」（《文獻通考‧選舉三》）。在這樣困苦的境遇下，有些知識分子還是矢志不移。如有一位書生名叫桑維翰，因屢試不第，朋友們勸他另尋出路。桑維翰就鑄了一方鐵硯，發誓說：「鐵硯磨穿乃改業。」終於在後晉天福年間考取進士。後來南宋愛國詩人陸游在《寒夜讀書》詩中，就引用這個典故：「韋編屢絕鐵硯穿，口誦手抄那計年。」

兩宋：
科舉制度之完善

「天子門生」
——兩宋科舉制度的重大改革

趙匡胤陳橋兵變，黃袍加身，建立了宋朝。前期建都汴京，史稱北宋，歷 9 帝 167 年；後期都臨安（杭州），偏安一隅，史稱南宋，歷 9 帝 153 年。南北宋共有天下 320 年（960-279），合計開科 118 次。宋代是歷史上考選進士最多的朝代。其中北宋錄取進士 51660 人，比爾後的明清二代進士總和還多出 136 人。南宋取士 45640 人。南北宋合計將近 10 萬進士。

宋朝鑒於五代時封建割據、軍閥混戰的歷史教訓，便把加強中央集權作為頭等政治任務。宋太祖除了採取「杯酒釋兵權」等重要政治軍事措施外，還著手改革科舉制度。宋朝的科舉改革措施大體如下：

■ 皇帝親掌仕權和殿試制的確立

殿試，早在武則天時曾經進行過，但沒有形成固定的制度，以後就沒有再進行。宋太祖開寶六年（973），皇帝親自升殿考試。接著，更明確宣佈：「凡是經禮部考試錄取的，都要在皇帝御前舉行復試。」從此便成為固定形式。為此，宋太祖很得意地對近臣說：「向者登科

名級多為勢家所取，塞孤貧之路。今朕躬親臨試，以可否進退，盡革其弊矣。」（《續資治通鑒》卷第八）以往，科舉考試的錄取名次由主考官員確定，一旦確定便不再變更。這年，權知貢舉知制誥王祐等所奏進士第一名為王式。殿試後，宋太祖親定王嗣宗為第一，而王式被置於第四。自此，殿試與省試名次，始有陞降之別。從殿試制度確立到皇帝親定科舉錄取名次，這些都說明科舉取士之權已經上移，被牢牢掌握在皇帝手中。進士稱為「天子門生」，也自此而始。

皇帝在殿試時可以定出名次，有時對個別考生還可黜落。但在黜落考生這件事上，後來出了一點毛病。因為考生「過五關斬六將」，好不容易到殿試了，還被除名，實在講不過去。有一個舉子叫張元，因殿試被黜，憤而投奔西夏，為夏主出謀劃策，引兵擾邊。此事引起朝廷注意，故從宋仁宗嘉祐二年（1057）起，殿試只排名次，不再除名了。

殿試制的確立，是有很深用意的，它糾正了唐朝科舉的積弊。唐朝士子考取進士後，要到考官那裏「謝恩」，稱考官為「恩師」「座主」，而自稱「門生」，這樣很容易結成朋黨，威脅皇權。為此，宋太祖曾發佈詔書：

國家懸科取士，為官擇人，即擢第於公朝，寧謝恩於私室？將懲薄俗，宜舉明文。今後及第舉人不得輒拜舉官（指主考官）……如違，御史臺彈奏……兼不得呼舉官為恩門、師門，亦不得自稱門生。（《宋會要輯稿·選舉三》）

這裏說得明明白白，科舉為朝廷所開，士子被錄取就要感激朝

廷，向天子謝恩。皇帝還要對新考中的進士賜宴，叫「聞喜宴」。這個欽賜的宴席總是設在瓊林苑，所以也叫「瓊林宴」。這種賜宴新進士的制度，後來元、明、清各朝也一直照行，沒有停過。從此，作「天子門生」，便成了科場中的最大榮耀。

■ 擴大錄取名額和放寬應試條件

宋代不僅廣立科目吸收人才，而且對應試者各種條件的限制也大大放寬。凡應試者，無論家庭貧富、郡望高低、年齡大小，甚至於「工商、雜類」出身之人，皆可投牒自進，允其應舉；只要文章、詩賦合格，一視同仁，予以優惠照顧。如對於毗鄰遼、西夏地帶的士人一是放寬名額，規定河北五路到省舉人有一定比例保證；二是降低恩科條件，比諸路減少一次考試；三是針對西北一帶士人不擅長詩賦策略的情況，規定「東南多取進士，西北多取經學者」（歐陽修《論逐路取人劄子》）。對邊遠地區家境貧寒者，也予以食宿等照顧。開寶二年（969）十月，宋太祖曾下詔曰：「國家歲開貢部，敷求俊義，四方之士，無遠弗屆，而經途遐阻，資用或缺，朕甚愍焉！自今西川、山南、荊湖等道舉人，往來給券。」（《續資治通鑑》卷第六）所謂「給券」，即由官府發給進京應舉的憑證，一路由驛站供給食宿。對年高而屢經省試或殿試落第者，遇殿試時，許由禮部貢院另立名冊奏，參加附試，稱「特奏名」，為那些「困頓風塵，潦倒場屋」的士子在科場上另闢一條蹊徑。在這種寬鬆的條件下，各階層知識分子紛紛走出書齋，爭先恐後地投向仕途。

唐朝進士及第，每科不過二三十人，唐高宗永徽五年，只取進士

一人。到了宋朝，每科通常取二三百人，多者達五六百人。宋仁宗在位 41 年，取進士 4600 多人；徽宗在位 25 年，取進士多達 5550 人。

三 嚴格考試制度和規則

宋代科舉鑒於唐代「開後門」的流弊，制定嚴格的考試制度和規則，以便公平取士：

第一，設同知貢舉官，限制主考官權力。唐代科舉主考官一般由禮部侍郎擔任，宋代主考官實行臨時委派制度，每年一換。起初只設「權知貢舉」一職，主考官只有一人。開寶八年（975），以知制誥王祐權知貢舉，知制誥扈蒙、左補闕梁周翰、秘書丞雷德驤為權同知貢舉。自此，科舉主考官由一人而變為主、副若干人。主、副考官之間相互監督，主考官的權力得到限制。這樣既可減少作弊，又避免考官與舉子之間形成「門生」「恩師」關係。

第二，鎖院制度。淳化三年（992）春，翰林學士承旨蘇易簡奉命權知貢舉，為避免有人到家中請託，他受詔後由皇宮逕赴貢院。此舉受到太宗褒揚，自此成為制度，名為「鎖院」，又稱「鎖宿」。即考官於受命之日，同時進入貢院，關閉院門，在整個考試期間與外界斷絕來往。每日由供給官送進膳食，雜役人員皆發腰牌，以資檢查。直至考試結束，定出等第，考官方得出院。在此期間，均為鎖院時間。

第三，糊名，亦稱「彌封」。即考試時將試卷上考生的姓名、籍貫等密封起來，以防考官徇私。此制始於武則天時代，但沒有形成制

度。淳化三年三月，太宗在殿試時，根據將作監丞陳靖的建議，「始令糊名考校」（《續資治通鑑》卷第十六）。自此成為定制。以後，糊名考校在殿試、省試及諸州解試中普遍實行，並設官掌糊名封印。

第四，謄錄。此為彌補糊名之不足，防止考官通過識別考生筆跡或試卷上特定的記號而舞弊的一種措施。大中祥符八年（1015），始行謄錄法，並設置謄錄院掌管謄錄。程序是：考生交卷之後，由封彌官封上卷首姓名、籍貫，編上號碼，發送謄錄院，在宦官監督下，由謄錄官指揮數百名書吏將試卷抄錄成副本，再將副本送考官評閱。這樣，考官評閱試卷時便無法辨認字跡。此法起初只在省試時實行，後推及於殿試和各類解試。

第五，別頭試，簡稱「別試」。此法始行於唐代，指應試者與主考官有親戚故舊關係的，應試時必須迴避，另派考官設場屋考試。當時稱考功別頭試，但僅限於禮部試，未形成制度。宋於雍熙二年（985）始命省試考官親戚移試別處。從此，除殿試外，凡各級考官和有關官員的子弟、親戚、門客等，應貢舉時皆移場別試，形成制度。

除上述制度、規則外，宋代科舉考試的制度還有許多。其中最重要者，是從治平二年（1065）起，科舉考試定為每三年舉行一次。這一制度的確立，與上述制度一樣，為歷代所因承。直到清光緒三十一年（1905）科舉考試被廢止，其間凡800餘年，除特殊情況偶有中斷外，從無變更。再就是宋代一改唐時科舉及第後須再經吏部考黜，合格後方才授官的慣例，實行科舉考試一經錄取便立即授官的制度。

四 注意限制官僚、貴族的特權

宋代統治者在為各階層知識分子敞開科舉考試大門的同時，比較注意限制官僚、士族在科舉上的特權。開寶元年（968）三月，權知貢舉王祐擢進士合格者 10 人，大臣陶穀之子陶邴名列第六。宋太祖謂左右曰：「聞穀不能訓子，邴安得登第？」遂命中書復試。雖然陶邴經復試合格，但太祖仍認為對大臣子弟應舉要嚴格把關，並因此下詔曰：「造士之選，匪樹私恩；世祿之家，宜敦素業。如聞黨與，頗容竊吹，文衡公器，豈宜私濫！自今舉人，凡關食祿之家，委中書復試。」（《續資治通鑑》卷第五）在此前後，還明令取消了唐代以來盛行的公卿大臣向知貢舉官員推薦考生的「公薦」特權，規定違者重治其罪。當時之嚴，甚至嚴到對官宦有意抑制的地步。雍熙二年（985），宰相李昉子宗諤、參知政事呂蒙正從弟蒙亨、鹽鐵使王明子扶、度支使許仲宣子待問等人，舉進士試皆入等，宋太宗說：「此並勢家，與孤寒競進，縱以藝升，人亦謂朕為有私也。」當即將他們的錄取資格予以罷除（《續資治通鑑》卷第十二）。

此外，如北宋徽宗重和元年（1118），宗室嘉王趙楷殿試第一，徽宗認為宗室子弟「不宜先多士」，降為次等，拔王昂為狀元。南宋孝宗乾道二年殿試，趙汝愚第一。因他是宗親，降為第二，讓給福建永泰縣鄉下的寒士蕭國梁為狀元。

綜上所述，由於宋代統治者採取這些比較正確的措施，故應舉者範圍很廣泛，一般平民出身的也能通過科舉踏上仕途。據《登科錄》統計，南宋理宗寶祐四年（1256）錄取進士 601 名。其中祖、父中有

一代為官者 130 人，祖、父二代為官者 23 人，三代以上為官者 8 人，宗室子弟 40 人。合計官僚家庭出身者僅 184 人；其餘 417 人，約占 69%都是鄉戶平民出身。於此可見當時應舉者範圍的廣泛了。

宋代科舉制度在達到豐富、完備的同時，由於規模的不斷擴大，也造成了取士浮濫，官僚機構和官吏總額不斷膨脹，機構臃腫、吏治腐敗的嚴重後果。據說宋真宗時，有人建議裁減冗員，數目竟達 19 萬多人。再就是科舉考試重文抑武，武舉屢興屢廢流於形式，在人才選拔上造成戰略性的失策。

文星燦爛
——北宋科舉人才輩出

　　北宋時期，通過科舉湧現出許許多多傑出人才，可謂文星燦爛，輝映華夏，這是中國科舉的黃金時代。

　　北宋前期出現了一連串閃光的名人，如寇準、呂蒙正、晏殊、司馬光、歐陽修、范仲淹、韓琦、富弼、孔道輔等，都是在科場中脫穎而出的。其中歐陽修則在文壇上更具有特殊地位。

　　歐陽修（1007-1072），字永叔，號醉翁，晚年又號六一居士。江西吉州永豐人。他 4 歲喪父，靠母親鄭氏撫養成人。幼時因家境貧寒，連紙筆也買不起，母親用蘆荻畫沙盤，教他寫字。這就是著名的「歐母畫荻」的故事，與「孟母三遷」「岳母刺字」等，都是歷史上偉大母親的典範。

　　歐陽修讀書非常用功，小小年紀就將四書五經及有關名篇約 40 萬字背得滾瓜爛熟，被譽為神童。宋仁宗天聖八年，時年 23 歲的歐陽修就考中了進士。後來官至參知政事（副宰相）。一生著作宏富，著有《新唐書》《新五代史》《集古錄》等書，在史學和文學上都有

很高成就。他主張文章應「明道」「致用」，開創了一代新文風，是北宋文壇詩文革新的領袖。

宋仁宗嘉祐二年會試，歐陽修為主考官，策論的題目是《刑賞忠厚之至論》。歐陽修閱卷時，發現有一篇文章特別出色，他的評語是：「學問通博，資識明敏，文采爛然，議論蜂出。」準備評為第一名。這篇文章是誰寫的呢？因為考卷是密封的，上面沒有考生姓名。歐陽修想會不會是自己的學生曾鞏寫的呢？看文章風格也頗有相似之處。如果把自己學生評為第一，恐怕天下人會議論。還是評為第二吧！榜發後，這個獲第二的竟是蘇軾，21 歲。同他一起考取進士的還有弟弟蘇轍，只有 19 歲。比蘇氏兄弟大一二十歲的曾鞏，也同科得中。這三位後來都成為宋朝有名的文學家，尤以蘇軾的成就最大。

蘇軾考中後，去拜見主考老師歐陽修。歐陽修見蘇軾儀表不凡，氣度大方，才華出眾，語言風趣，打從心眼裏喜歡。他想起一個問題，對蘇軾道：「你那篇應試文章條理明暢，議論有力。但中間有一段：當堯之時，皋陶為士。將殺人。皋陶曰殺之三，堯曰宥之三。故天下畏皋陶執法之堅，而樂堯用刑之寬。——請問這『殺三宥三』典故，是何出處？」蘇軾答道：「這是我想當然啊！」歐陽修大笑。人說蘇軾杜撰一個典故，居然也入情入理，其才可知了。

蘇軾和蘇轍兄弟倆是四川眉山人，這一年由父親蘇洵帶他倆赴京應試，想不到兄弟雙雙獲中，真是天大喜事，蘇洵的高興勁兒就沒法說了，但他也有另一番感慨。原來蘇洵少年時「遊蕩不學」，到了 27 歲時，看到別人都中舉上進了，才發憤攻讀，文章也大有起色，卻屢

試不中，憤激之餘，決心不再應考。這一次他帶兩個兒子赴京，竟都中了進士，不免怦然心動。他自我解嘲地吟道：「莫道科場易，老夫如登天；莫道科場難，小兒如拾芥。」他聽說大主考歐陽修很愛才，就把自己的 20 來篇文章託人送給歐陽修看，請求指教。歐陽修一看，覺得文筆老辣，別有風格，真是有其子必有其父，就向宰相韓琦推薦。韓琦也是個詩人，他詠菊花詩：「莫嫌老圃秋容淡，猶有黃花晚節香」，是很出名的。他看了蘇洵的文章，也像看到傲霜之花，非常讚賞，就向仁宗皇帝建議，不經過考試，破格任命蘇洵為秘書省校書郎。父子三人因此同朝為官。

從此，人們稱蘇洵（1009-1066）為老蘇，蘇軾（1037-1101）為大蘇，蘇轍（1039-1112）為小蘇，合稱為「三蘇」。

歐陽修曾以翰林身份多次主持進士考試，秉公辦事，慧眼識人，選拔了許多優秀人才。他選拔和薦引的王安石（1021-1086）、曾鞏（1019-1083）以及「三蘇」父子等，都是歷史上的傑出人物。中國文學史上有名的「唐宋八大家」，除了唐代的韓愈、柳宗元外，宋代的六家，就由歐陽修和他的學生們承包了。

卻令秀才變學究
——詩賦取士與經義取士之爭

　　北宋神宗年間，那個以「改革家」著稱的王安石提出要取消詩賦取士，改為單一的以儒家經典取士。

　　一時朝廷上下議論紛紛，反對最激烈的是大詩人蘇軾。

　　蘇軾主張維持傳統辦法，仍然採取以詩賦為主考選進士。雖然他也承認詩賦對國計民生不一定有多大實際效用，但自隋唐以來已實行了幾百年，曾經出現了不計其數的名臣，可見用詩賦取士不會有什麼壞處，所以沒有必要取消詩賦取士。蘇軾還說，以儒家經典取士，既不容易定出一個明確的標準，也不容易要求投考的士子學習精通，甚至也不便於主考官評判考卷的優劣。因此，蘇軾的最後結論是：以詩賦取士，雖然不一定好，但是行之已久，不可一下子就廢掉；如果以經義取士，那麼弊病就比用詩賦大得多。

　　王安石的看法，和蘇軾恰恰相反。他主張改革科舉考試辦法，明白地指出了以詩賦取士的害處。他說，一個人在少壯時，本應當多多講求天下實際有用的事理，卻教他去閉門學詩賦。即使學好詩賦，科

舉考試得中，進入官場，卻對世事一無所知，如何能辦好國家政事呢？他還指出，認為科舉制度已經完善的看法是不對頭的，科舉考試的辦法還沒有完善，還需要改革。因此，他建議廢除以詩賦取進士，改用經義考試。

在王安石的鼓吹下，神宗曾下令廢去以詩賦考進士，改用儒家經義和對策考士，並且把儒家經典中的《易經》《詩經》《書經》《周禮》《禮記》稱為大經（主要學習的經書），《論語》《孟子》稱為兼經（兼學的經書），定為應考士子的必讀書。規定每次進士考試考四場：一場考大經；二場考兼經；三場考論；最後一場考策。殿試則僅考策，限千字以上。

蘇軾和王安石關於科舉制度的爭論，一方面反映了他們在政治上保守和改革的不同立場；另一方面也反映了科舉制度的本質和不可救藥的弊病。歸根到底，吟詩作賦，固然不切實用；死啃經書，又有什麼好處？由於王安石身為宰相，執掌朝政，他就親自編書，以自己的觀點解釋五經意義，讓全國士子誦讀。然而此舉卻帶來應試之人「專誦王氏章句而不解義」的後果。對此，王安石自己也後悔莫及：「本欲變學究為秀才，不謂反變秀才為學究。」（《宋史·選舉志》）考試和實用脫節的弊病，仍然沒有解決。

我們以歷史的眼光去看這場爭論，就不難發現，問題實質在於科舉本身就是為封建統治階級服務的，它的考試內容只要求忠於皇上，鞏固皇權，所謂「三綱五常」而已。所以它不可能有更新更進步的內容，比如增加一些自然科學知識，歷史地理知識，以及吸取諸子百家

之長的一些哲學思想，等等。否則的話，豈不亂了套，動搖了皇權的思想基礎，那就大逆不道了。所以，如果單純以詩賦取士或經義取士來比較的話，那麼兩害相權取其輕，與其取經義還不如取詩賦。因為詩賦固然可以寫成僵化的程序詩，但由於必具的韻律和精練的語言，或許可以在人們的心靈裏多少保留一點「美感」，在一片荒漠中多少有那麼一點「綠意」。而經義則可以讓人「心死」，可以變成范進和孔乙己。王安石罷詩賦而改經義的結果，竟開明清兩朝八股文之先河，故有人稱這位大改革家是「八股文之始作俑者」。

大水沖了龍王廟
——道學家與科舉

南宋以後，歷朝都以朱熹集注的四書作為法定教科書。四書即《論語》《孟子》《大學》《中庸》，又稱四子書。考試官出題，必須來自四書，舉子作文不用說要以四書為內容，而且必須遵循朱熹的注釋，稍有違反，或自出新意，就不及格。「朱注」成為科舉取士的惟一準繩了。所以當時有句諺語：「朱注熟，吃羊肉；朱注生，喝菜湯。」

朱熹是宋代最大的理學家，他的理學統治元明清各朝 700 多年。封建統治者都大肆吹捧朱熹。朱熹死後，南宋理宗皇帝追封其為「信國公」（後文天祥也被封為信國公），並下令將朱熹牌位抬進孔廟，與孔子像一起供奉，叫做「從祀」。到了清朝康熙年間，又把朱熹與孔子學生顏回、子路等合稱「十哲」。

朱熹在封建社會後期，為什麼有這樣高的社會地位，理學又是個什麼東西呢？這說來話長。

理學，是中國古典哲學的一個派別。在宋元明清時期，理學是中

國思想界的主流。故欲識中國歷史，就不能不瞭解理學。欲說理學，還得先從儒學說起。

儒學，始初為孔子創立的學派，後經孟子發揚光大，遂成為百家爭鳴時代的顯學。它雖然原是維護奴隸制的哲學派別，後卻被改造成為維護封建制的官方哲學，居於統治地位，達 2000 餘年。在這 2000 餘年間，它也不是一成不變的，而是經歷了兩次大的改造。

第一次是在封建社會初期，經西漢名儒董仲舒的改造，將天命論發展為天人感應論，給君權神授製造了根據，使儒學蒙上了宗教的色彩，並取得獨尊的地位。後來，儒與釋、道並稱，成為中國的三大宗教之一。

第二次是在封建社會後期，即封建制經歷了全盛時期走向衰敗的時候，為維繫封建制免於崩潰，後儒又對儒學進行了再改造，以天理論取代了天人感應論，給儒學又披上了一件帶有思辨色彩的哲學外衣，使儒學進一步哲學化了。其哲學的主要概念就是「理」，也叫「天理」，就是天生的道理。主要觀點是「理在先，氣在後」。即精神先於物質，認為世界上的萬事萬物都是從一個「理」派生出來的，故稱之為「理學」。理學家自我標榜說他們上承孔孟，是真正的儒學的傳道系統，所以「理學」也叫「道學」，理學家也稱道學家。這裏要注意，道學與道教，只有一字之差，卻是風馬牛不相及的。

理，作為哲學概念，既包括自然現象，也包括社會現象。

理，被用於解釋政治關係與倫理關係時，指的是維護封建制的綱

紀。理學家解釋說：「宇宙之間，一理而已，其張之為三綱，其紀之為五常。」意思是，宇宙雖大，惟有一理，理擴張開來就是三綱，再條分縷析就是五常。「三綱」，指的是「君為臣綱，父為子綱，夫為妻綱」。綱是提網的總繩。這裏借綱與網的關係，喻指君臣、父子、夫妻的封建關係，即前者居於主導地位，對後者有支配的權力。「五常」，指的是封建道德的五種教條，即仁、義、禮、智、信。這段話的意思總括起來說，即封建綱紀原於天理。換言之，宇宙不變，理亦不變，封建綱紀也永恆不變。這就給「吾皇萬歲萬萬歲」製造了理論根據。那麼，誰要敢於反抗君王代表的政權、父祖代表的族權、丈夫代表的夫權，即誰敢於觸犯封建秩序，那就是觸犯了天理，大逆不道，天下難容。這樣，以維護天理為口實，殺掉反抗者就成了順乎情理的事，即「理所當然」。

　　一言以蔽之，理學是一把精神屠刀，是用以宰割被壓迫與被損害者的反抗意識的，是維護封建秩序的利器。故而，清代哲學家戴震曾說：「酷吏以法殺人，後儒以理殺人。」並指出，理比法更為殘酷。無辜者被酷吏以法殺死，還有人同情和憐憫；可若被所謂的「理」逼殺，冤死，反而沒有人理解與可憐呢！比如理學家為維護男權，提出寡婦改嫁是逆背天理的，說什麼「餓死事小，失節事大」。結果，幾百年來，難以數計的「貞女烈婦」做了封建制下夫權的殉葬品。僅清光緒年間在江西婺源一縣，殉節烈婦就有千人以上。而枉死於君權、族權的又不知有幾多呢！

　　鍛造「理學」這把精神屠刀的，是宋代的幾位名儒。初倡者是北宋的周敦頤（1017-1073），奠基者是同時代的程顥（1032-1085）與

程頤（1033-1107）兄弟，集大成者是南宋的朱熹（1130-1200）。

朱熹，字元晦，後改為仲晦，號晦庵。祖籍婺源（今屬江西省）。南宋高宗紹興年間進士。他 10 來歲時，即發奮攻讀儒學的經典，崇拜孔子，曾說：「天不生仲尼，萬古如長夜。」既長，在官場上多不得意，遂先後聚徒講學達 50 餘年，門人甚多。這些門人，無不是忠心維護封建統治的。他一生在講學之餘，著書 40 餘種（僅後人編輯的《朱文公文集》一書，即有 140 卷），洋洋數百萬言。可見他為維繫封建統治秩序，是深謀遠慮，嘔心瀝血的。

然而，朱熹在世時，他對封建王朝的耿耿忠心卻未得到當權者的賞識，他鍛造成功的那把精神屠刀的現實社會價值，也未曾引起當權者的重視。甚至，當權者一度目理學為「偽學」，視支持理學的官員為「逆黨」，並列出「偽學逆黨籍」，株連所及有記載的便有 59 人。他們大都是朝廷和地方官員，全被罷了官，並永不再用。皇帝還規定，以後凡向朝廷舉薦人才，都必須在開頭就寫明所舉者「非偽學之人」。這真叫「大水沖了龍王廟」。

朱熹生前雖不甚得志，可死後不久卻被推崇起來。理宗趙昀即位後，讀了朱熹的書，大發感慨地說：「朕讀之愛不釋手，恨不與之同時也！」大凡社會動盪，群雄並起鬥爭時，理學沒有多大用處；而社會求安定，統治者需要鞏固時，理學是很有用處的。理宗是一位很有頭腦的皇帝，他首先「慧眼識寶」，認識到理學很有利於封建統治，朱熹是封建帝王的忠實代言人和理論家。經過理宗的大力宣揚，以後的封建統治者也認識到理學和朱熹的價值，就把朱熹集注的「四子

書」作為科舉的主要教材。朱熹這才大紅大紫起來。

和朱熹同時代的有陸九淵（1139-1193），以後又有明代的王守仁即王陽明（1472-1528），都將理學發揚光大。歷史就稱程朱陸王為「宋明理學四大家」，簡言之就是「程朱理學」。

理學的本質是虛偽的，這就決定著那些理學人格化的名儒，有些往往也是偽君子。比如理學家宣揚「夫為妻綱」，夫死妻子應當守節。朱熹就曾親自寫信勸他的一位表妹不要再嫁。可是，他自己卻引誘兩個尼姑做了自己的寵妾。又如理學大講「仁義」「道德」，朱熹卻為葬其母，強行挖掉別人的父母之墳，霸佔他人的「祖業」之地。他為報私仇，還對一個無辜的妓女嚴蕊強加罪名，重刑折磨。他曾鎮壓農民起義，抓來數千人投入牢獄。當聽說新皇帝寧宗已經登位，照例要發佈大赦令時，他搶在赦令到來之前，拉出 18 名所謂的「囚徒」砍了頭。類似之事，不勝枚舉。在南宋時，就有藝人頭頂高冠，身著肥袍，扮作道學家，諷刺他們的迂闊而虛偽。有句成語叫「道貌岸然」，即喻指貌似正經而心懷奸詐的偽君子。這成語就是由此引申而來的。

但話又說回來，我們在批判理學的同時，還應該以歷史的眼光，把理學作為一種歷史文化遺產，仍應取其精華，棄其糟粕。例如「餓死事小，失節事大」。這用之於反對婦女再婚或失貞之類，無疑是封建的、反動的，或者說是不人道的。如果這「節」，是指為了堅持一個中國的原則，維護國家民族的統一和獨立，以及信奉社會主義理論，加強社會主義法制和廉政建設等等，我們不是很需要不怕犧牲的

精神嗎？那些認賊作父，以背叛國家民族的利益為榮，以謀求個人的榮華富貴錦衣玉食為樂的人，很需要讀一讀理學的書。因為，理學強調原則，宣揚道德，崇尚氣節，講求修身，這對我們今天來說，還是有借鑒意義的。朱熹仍不失為古代有傑出成就的思想家、哲學家和教育家，是集儒學之大成的賢哲。

當時與理學對立的，是具有樸素唯物主義的一些思想家，如陳亮、葉適、呂祖謙等。他們批判理學的鬥爭是很激烈的。但在那個時代的思想領域裏，理學仍是主流。

科舉制度發展到這一步，必然趨向腐朽沒落了。任何事物都是向前發展的，如果僵化了或者模式化了，就會導致落後。以王安石廢詩賦取經義為契機，又經過朱熹的理學作為理論基礎，再到明清的八股文，科舉就一步步鑽進了死胡同。

五

文武雙璧
——愛國詩人陸游受屈落榜

南宋前期，武有岳飛（1103-1141），文有陸游（1125-1210），一文一武，堪稱雙璧。這二人應該是理想的「文武狀元」。

大漢奸秦檜以「莫須有」三字殺害「精忠報國」的岳飛，真是山河失色、人神共憤，「千古奇冤，江南一嶽」！

但秦檜還伸出另一隻黑手，迫害愛國詩人陸游，使陸游科舉落榜，坎坷終生。

高宗紹興二十三年會試，為了選誰為第一名，考試官們煞費苦心。

一個是紹興舉子陸游，雖是 20 來歲的青年，但頗有詩名了。此次考試，文字清新，筆鋒豪健，滿腔忠義之氣和愛國熱情溢於字裏行間，令人可佩可歎。考官們大都認為第一名非陸游莫屬。

另一個是當朝宰相秦檜之孫秦塤。秦塤的文章是抄襲其祖父那些投降賣國的陳詞濫調，令人可憎可鄙。但秦檜早就叫人打過招呼，指

定要錄取秦塤為第一。

這樣，擔任主考官的兩浙轉運使陳子茂，就面臨著兩難選擇了。

陳子茂經再三考慮，毅然將陸游拔為第一，秦塤列為第二。

本來，將秦塤列為第二，已經是莫大照顧了。可秦檜仍怒不可遏，立即將陳子茂革職，並以「陸游反對和議」，與朝廷政策不合的政治罪名，取消其殿試資格。在秦檜的淫威下，考試官們無可奈何，只好選拔秦塤為會元。

這個消息傳開後，京城內外輿論譁然。宋高宗也覺得情況不妙，在殿試時選拔張孝祥為狀元，秦塤取為探花。

張孝祥，安徽和縣人，也是著名詞人。他中狀元後，立即上書為岳飛辨冤：「岳飛忠勇為國，天下共聞，一朝被人誣謗，不久便遭殺身之禍，敵國慶幸而其軍隊解體，這決不是國家之福。」又說：「應當趕快恢復岳飛官爵，厚恤岳飛家人，表彰岳飛忠義，使岳飛忠魂含笑於九泉，使公道昭明於天下。」由於高宗的昏庸苟安，秦檜的專橫忌刻，此議終不得行。

直到秦檜病死，高宗退位，孝宗登基，方給岳飛平反，此時是岳飛冤死後 22 年了。

岳飛不僅戰功卓著，而且也是傑出的詩人兼書法家。「怒髮衝冠，憑欄處，瀟瀟雨歇」，一闋《滿江紅》，傳誦千秋。岳飛與科舉無緣，故小說家在《說岳全傳》裏虛構一個故事，說岳飛在武舉比試

時，槍挑小梁王，奪得武狀元。這反映了人民群眾的願望。據說岳飛相貌如儒雅小生。故宮南薰殿藏有岳飛寫真畫像。有人題詩曰：「威名赫赫震朱仙，誰信風流是少年。人說留侯如好女，怪公美貌亦翩然。」

有一次，孝宗問大臣周必大，當今的詩人誰比得上唐代李白。周必大也是南宋著名詩人兼政治家，他極力推薦說，只有陸游才氣橫溢，素有「小李白」之稱。孝宗就欽賜陸游為進士出身。這在封建社會裏，算是一種很大榮譽了。那一年，陸游 36 歲。

陸游一生詩作流傳下來的有 9000 多首。他也是個文武全才的傑出人物，他曾經在抗金前線戰鬥過，「樓船夜雪瓜洲渡，鐵馬秋風大散關」「挺身刺乳虎，血濺貂裘殷」。可惜他懷才不遇，壯志未酬，「僵臥孤村不自哀，尚思為國戍輪臺」。在 85 歲臨終時，陸游寫下了千古傳誦的悲壯的絕筆詩：

死去元知萬事空，但悲不見九州同。
王師北定中原日，家祭無忘告乃翁。

疾風知勁草
——南宋末年科舉的光輝一頁

「人生自古誰無死，留取丹心照汗青。」這兩句千古絕唱，代代相傳，家喻戶曉，像雨露一樣滋潤著千千萬萬人們的心田，簡直就是我們中華民族精神的寫照了。這首題為《過零丁洋》的詩，是民族英雄文天祥被元軍從海道押解北上經香港過零丁洋時寫的。

文天祥（1236-1283），字宋瑞，號文山，江西吉安人。宋理宗寶祐四年，還是 20 歲的文天祥赴臨安應試。他懷著憂國憂民的赤膽忠心，洋洋灑灑寫了一萬字，對國事進行論述。考官王應麟評曰：「是篇古誼若高抬貴手，忠肝如鐵石。」理宗皇帝閱後讚歎道：「這真是忠臣義士，正如他字宋瑞一樣，是大宋之瑞啊！」便欽點為狀元。

宋恭帝德祐元年，元統帥伯顏率 20 萬大軍水陸並進，直撲臨安。垂簾聽政的謝太后下令各州起兵勤王。時任贛州知州的文天祥立即變賣家產，招募民兵 2 萬人，準備星夜開赴臨安。有朋友勸他：「元軍勢不可擋，你帶著這批新招的烏合之眾，就像驅羊鬥虎，以卵擊石，不是白白送死嗎？」文天祥說：「國家有難，我不能坐視不救；如天下忠義之士都能聞風而起，國事還是大有可為的。」

唐太宗有一句名言：「疾風知勁草，板蕩識誠臣。」民間也有同樣說法：「路遙知馬力，日久見人心。」在大難面前，忠奸誠偽，立見分明。同樣是狀元出身又當過丞相的留夢炎，早就投降當了新貴，這時反來勸降，被文天祥痛　一頓。也是進士出身，並擔任左丞相的陳宜中，趁機逃到海外，在暹羅（泰國）定居，後被東南亞一帶人稱為「華僑之祖」。

　　文天祥則臨危受命，與大臣陸秀夫（和文天祥同科進士）、大將張世傑等人堅持抗戰到底，無奈迴天乏術，狂瀾難挽，陸、張等蹈海而死。文天祥兵敗被俘，寫了《過零丁洋》詩，後囚禁在京都土牢裏整整 3 年，仍矢志不移，堅貞不屈。最後，元世祖忽必烈親自勸降：「你不過是偏安半壁的南宋的丞相，我封你為大元丞相不好嗎？」文天祥答道：「正因為我是大宋狀元丞相，絕無再事元朝之理。既然宋朝已亡，惟求一死，以報國家。」遂從容就義，年僅 47 歲。人們在他的衣襟裏，發現寫有一首長詩，題為《正氣歌》。元世祖感歎道：「文天祥是真正男子漢啊！」史書上贊其：「名相烈士，合為一傳，三千年間，人不兩見。」

　　文天祥這種富貴不能淫、威武不能屈的凜然氣節，以及充滿愛國主義精神的光輝詩篇，一直激勵著後人。

　　比文天祥遲 12 年考中狀元的陳文龍，是福建興化人。他也組織民兵奮起抗元，守衛福州。元軍久攻不下，就讓文龍的親戚持書招降。文龍焚其書而斬其使。後城破被俘，雖遭到毒打凌辱，但文龍昂然自指其腹曰：「此中皆節義文章也，狀元可相逼耶！」旋被押送臨

安，囚於太學之側，絕食而死。其母被關押在福州一所尼庵，病重垂危，聽到兒子死訊後，說：「吾與兒同死，又何恨哉！」亦死。

文天祥、陸秀夫、陳文龍等人大義如山，氣貫長虹，書寫了南宋末年科舉史上最光輝的一頁。

南宋最後一屆科舉是度宗咸淳十年（1274），狀元王龍澤，榜眼路萬里，探花胡幼黃。他們金榜題名後，沒有風光幾天，宋朝就亡了。他們得不到一官半職，就下落不明，不知所終了。故當時人將他們三人的名字，編成一首諺謠，題目叫《三不得》：「龍在澤，飛不得；路萬里，行不得；幼而黃，醫不得。」

這算是科舉史上的一點笑料。

第四章

遼金元：
科舉跌入低谷

《日射三十六頭熊賦》
——遼金科舉之一瞥

遼金元時期，北方少數民族入主中原，他們雖然也遵照舊章，進行科舉考試，但並不重視。科舉因而進入低谷時期。

遼興宗重熙五年秋末，遼帝耶律宗真在黃華山圍獵，一日獲三十六頭熊。當他得意洋洋返回燕京，駕臨元和殿，正好殿試開始，主考官奏請命題。這位以武功自詡的遼帝，就出題為《日射三十六頭熊賦》。從這個題目大略可以窺見遼代科舉的粗獷風貌了。

遼是我國北方由契丹族所建王朝。始建於神冊元年（916），初稱契丹國。遼太宗耶律德光大同元年（947）滅後晉，建國號大遼。至保大五年（1125）天祚帝被俘，它先後存在了 209 個年頭。加上耶律大石建立的西遼，共經過 302 年。從聖宗耶律隆緒統和六年（988）開始，方行貢舉。其科舉制度　，「頗用唐進士法取人」（《金史·選舉志》），即大致仿照唐制。最初每科只取進士一兩個，以後逐漸增加，每科 50 名至 70 名左右。考試只是為漢族人而設，契丹族人自己是不應試的。遼代約開考 56 次，錄取進士 2479 人。

公元 1115 年正月，女真族人阿骨打在黑龍江會寧府建立金國。10 年後，金滅遼，遂與宋朝南北對峙。金立國只有 119 年，為元所滅。

至於金朝初期科考情形，這裏不妨舉一個例子加以說明：

河北武安地方有一位漢族秀才，名叫胡礪。他被金兵擄去當奴隸，中途乘人不備逃到香山寺（今北京西郊），幸好寺僧收留他，和雜役混在一起幹活。有一天，金國大臣韓方到香山寺禮佛，看到胡礪像是讀書人，就帶回家和自己兒子伴讀。天會十年，金都元帥完顏宗翰主持進士考試，胡礪也去應試。完顏宗翰叫全體考生跪地，他揮舞馬鞭訓話。當他看到有部分考生頭髮斑白，就厲聲指斥：「你們這些不中用的漢族老奴才，為何要來應試？你們如果真是文章好，少年便登科了。如今為了做官發財，替子孫打算，自知日暮途窮還來考試，對朝廷有何好處？我本想立即將你們殺掉，但念你們的罪過不算很重，姑且讓你們考試。如果在考試中有犯規行為，必殺不赦。」諸生伏地叩頭，汗流浹背，戰戰兢兢進入考場，有的手抖連字也寫不完整。胡礪因為年紀尚輕，又有大臣韓方推薦，僥倖中了狀元。

金初科考的粗率橫暴作風，於此也可見一斑了。

後來，金朝統治者總結了遼的經驗，開始對科舉重視起來了。「金承遼後，凡事欲軼（超越）遼世，故進士科目兼採唐宋之法而增損之。其及第出身，視前代特重，而法亦密焉。」（《金史·選舉志》）

天會五年，金軍佔領河北、河東後，官吏多缺，急需補充，金太宗根據遼、宋舊制的不同，下詔對南、北士人各以其素習之業取士，號為「南、北選」。這個辦法大約實行了 20 多年，又覺得不妥，重新合二為一。到了天德二年，又增設女真進士科，即專為女真人設立的科舉，採用少數民族文字進行考試。這是我國歷史上的一大創舉。有金一代名士，多由此科出身。如元好問就是金代最著名的詩人。

金代約開考 40 次，共錄取進士 1815 人。因為連年戰亂，故史料記載不多。

二

左右兩榜取士
——元朝科舉的種族歧視

「一代天驕，成吉思汗，只識彎弓射大雕。」這是毛澤東主席的光輝詩句。

元朝開國者武功蓋世，蒙古鐵蹄幾乎踏遍歐亞大陸。但馬上得天下，不能馬上治天下。元人掌握國家政權後，不大重視文化教育建設，尤其蔑視漢族知識分子，故有「九儒十丐」之說。

據史料記載，元在太宗窩闊台九年（1237）八月，曾應中書令耶律楚材「用儒術選士」之請，詔中原諸路以論、經義、詞賦三科考試儒生，同時宣佈「其中選者復其賦役，令與各處長官同署公事」（《元史·選舉志》）。考試於次年（戊戌年）舉行，故稱戊戌選試。這是元朝正式建立前首次仿照科舉的辦法選拔士人。但它只在地方一級舉行，故不能算作嚴格意義上的科舉，並且由於「當世或以為非便，事復中止」。元世祖忽必烈即位後，丞相史天澤條陳當行大事，其中提到科舉，但未被採納。

元朝前期科舉停廢達半個世紀之久，直到元仁宗延祐二年

（1315），才恢復科舉。可是元順帝即位，又予以廢除。當時朝廷裏有過一場辯論，參議許有壬認為科舉可以廣攬人才，有利治國。以宰相伯顏為首的頑固派認為，科舉只有利於漢族知識分子，讓漢族人中舉做官，不利於元朝統治。由於害怕漢人造反，元朝統治者規定南方每 20 戶編為一閭，派蒙古人為閭長。每 3 戶合用一把菜刀，嚴禁漢人私藏軍器等。伯顏甚至狂妄地提出盡殺張、王、劉、李、趙五大姓漢人。伯顏反對科舉，據說還有一個小插曲：有一天，他發現有一個馬夫不見了，左右說這個馬夫請假要去考進士了。伯顏十分惱火：「奴隸也去科考，讓這等人考取了，那還了得！」於是，決意廢除科舉。

怎麼馬夫去考進士呢？原來蒙古入主中原後，擄掠了大量的漢族男女為奴，其中不少是宋室官吏子女及其它知識分子。元太宗時曾經想恢復科舉，下令凡漢族儒生掠賣為奴的，允許登記報考。結果一次就登記了 4300 多人。大約伯顏的馬夫也是這一類儒生。

六年以後，伯顏貶官流放道州而死，其侄脫脫為相，又恢復科舉。但此時元朝統治已日暮途窮，油盡燈枯了。

元朝統治實行種族歧視政策，把全國人民分為四等：蒙古人最尊貴，色目人次之；第三是漢人，即原先在遼、金統治下的北方漢族人；地位最低的是南方人，即原先南宋統治下的漢族人等。所以，科舉考試也按種族分等級。蒙古和色目人只考兩場，題目比較容易；漢人和南人要考三場，題目反而艱深。考中以後，蒙古、色目人列為「右榜」，因為蒙古以右為上，算是高一檔；漢人、南人列為「左

榜」，算是低一檔。按規定左右兩榜都各有一個狀元，但左榜漢人卻很難得中，有時還讓蒙古、色目人來當選。中進士後分派官職，右榜也比左榜高。如果蒙古、色目人自願參加漢人、南人科目考試，那麼還可再加一等派給官職。至正八年（1348），漢人王宗哲連中三元，就是鄉試、會試、殿試都是第一，這在科舉史上是非常罕見的，在元朝歷屆科考中也僅此一人，但他也只擔任八品小官，以後再無聲名。

當然，今天我們應該用歷史眼光看待當時的種族壓迫。從宋到遼金元各朝幾百年間，是繼黃帝時代、春秋戰國時代、魏晉南北朝時代之後的第四次中華民族大同化大融合的歷史時期。這期間充滿著壓迫，充滿著災難，有時殺人如麻，血流成河，但畢竟都已過去，民族融合是大勢所趨，是主流。而科舉考試制度，在民族融合過程中，卻發揮了很好的歷史作用。

元朝科舉還有一點很奇妙的。據清代學者梁章鉅考證：「……胡震亨《讀書雜錄》記載，言其友秀州屠用明，得元皇慶三年鄉試錄一帙，其中有一條規定云：軍民僧尼道客官儒回回醫監陰陽寫算門廚典顧未完等戶，以本戶籍貫應試……」

這裏寫得清清楚楚，和尚、道士、尼姑和陰陽先生等，均可持戶口冊應試。在元朝，僧道社會地位較高。當時有民謠：「一官二吏三僧四道五醫六工（科技人員）七匠（各種作匠）八娼（倡優歌妓之類）九儒十丐。」知識分子只比乞丐高一檔，「文化大革命」中，把知識分子稱為「臭老九」，大約源於此吧。既然僧道地位僅次於官吏，那麼讓他們參加科考或許是有可能的。可惜當時究竟有多少尼姑參加鄉

試，已無可考證了。否則，這倒是婦女運動史上的一條珍貴的材料。

總計元滅宋統治中國不到百年，科舉考試屢興屢廢，一共只舉行過 16 次，共取進士 1139 人。一個統一的王朝科舉取士人數之少，為隋唐以來所罕見。

元朝雖然輕視科舉，但還是出了不少人才。如《琵琶記》作者高則誠（1307-1371）和明初著名政治家軍事家兼文學家的劉伯溫（1311-1375），都是元朝進士。相傳《水滸》作者施耐庵也與劉伯溫同科考取，但此事史無確據。

有一點倒是出乎意料，元朝不重儒術，反而歧視打擊知識分子，但「元末仗節死義者，乃多有進士出身之人」（趙翼《廿二史札記》）。如狀元李齊、李黼、泰不華等都是在與方國珍、張士誠起義軍鬥爭中為元朝殉難的。

第五章

明清：
科舉進入鼎盛時期

百歲老童生
——明清科舉嚴格考試等級

　　科舉制度在經歷了元朝的大蕭條後，隨著明王朝的建立，終於走出低谷，又進入一個新的發展時期，在明、清兩代，可謂達到全盛了。此時，西方資本主義正勃然興起，而中國資本主義經濟也已開始萌芽，封建制度如日影西斜，衰朽不堪了。科舉就像是為延續封建制度而注入的一針強心劑，難怪明、清統治者對科舉越來越重視，這大約是科舉所以長盛不衰的一個重要原因吧。

　　明清兩朝在沿襲宋代舊制的基礎上，對科舉增益補充，使之體制更加完備，規模更加擴大，程序更加固定化，文體更加程序化，考試辦法也更加繁瑣，而且一定 500 年，直到清末為止，始終堅持不變。

　　明代科考除洪武六年至十五年停考十年外，都按「三年大比」制進行，文用八股，特別古板嚴格，僵化繁瑣。明朝歷 16 帝，277 年天下，開科 92 次，考取進士 24636 人。其中著名人物有改革家張居正，愛國名將於謙、袁崇煥、熊廷弼、史可法，科學家徐光啟，水利專家潘季馴等，但也出了奸相嚴嵩。

清代科舉大體仿照明制，更加周密苛詳。清代還舉行過幾次制科（特別科）考試，即康乾時博學宏詞科、乾隆時翻譯科、光緒時經濟特科等。清朝從順治入關算起到清末，歷 10 帝，267 年間，共開科 114 次，考取進士 26888 人。明清兩代共有進士 51524 人。

　　明清考試等級有嚴格規定，具體辦法如下：

　　首先，考生在未取得功名前，無論年齡大小，都稱「童生」。童生要先經過童試，童試不算國家正式考試，只是進學考試而已，一般在縣城或府裏舉行，考取的稱為「秀才」。中了秀才就叫做「進學」，或稱「入泮」，這是功名的起點。秀才有資格參加國家正式考試。正式考試分為三級：一鄉試、二會試、三殿試。

　　鄉試每三年在省城舉行，也叫「大比」。考期是八月份，故曰「秋闈」，闈就是試場。由皇帝派正副主考官主持。鄉試中式的稱「舉人」，第一名舉人叫「解元」。舉人才有資格參加會試。

　　會試是鄉試後的第二年春天在京都舉行。由禮部主持，故曰「禮闈」，或曰「春闈」。會試考中的稱「貢士」，貢士第一名叫「會元」。

　　殿試是最高考試，由皇帝親自主持。殿試及格才稱「進士」，算是「天子門生」了，一舉成名，平步青雲，榮耀得很。人們稱中進士是「登龍門」。龍門，源於古代《三秦記》裏的神話傳說。河津一名龍門，水險不通，魚鱉之屬莫能上，上則為龍也。李白說：「一登龍門，則聲價十倍。」

　　進士分三等：一甲三名，第一名稱「狀元」，第二名稱「榜眼」，

第三名稱「探花」，合稱「三鼎甲」，算是賜進士及第。狀元一詞始於唐，凡舉人進京會試，須先到禮部投狀報到，故時人稱進士第一名為狀元，又稱狀頭。第二名好比榜中的眼睛，故稱榜眼。第三名探花，前面已說過，源於唐朝杏園的探花宴。選少年俊秀者為探花郎。

二甲若干名，賜進士出身；二甲第一名（即總第四名）稱傳臚。殿試後宣制唱名，叫做傳臚。三甲若干名，賜同進士出身。雖然都是進士，但品位有所差別。明末來華傳教的意大利人利瑪竇（1552-1610），把秀才、舉人、進士直譯為學士、碩士、博士。但也有人把進士比作大學畢業，狀元比作博士，榜眼探花就是碩士了。這種比擬也不全對。總之，古今學歷是很難類比的。

這裏的基礎是「童試」，也是非常複雜難考的。

童試分縣試、府試、院試三個階段。縣試由各縣知縣主持。應試童生須向本縣禮房報名，填寫姓名、籍貫、年齡、三代履歷，並以同考五人互結，復請本縣廩生作保，名曰「認保」。試期多在二月，分四場或五場進行，考試內容為八股文、詩賦、策論等。錄取者才有資格參加府試。府試由各府知府（或直隸知州、直隸廳同知）主持。考試日期多在四月。報名、填寫履歷、廩生保結及考試場次、內容與縣試略同。錄取者取得參加院試資格。院試在明代由各省提學道主持，故又稱「道試」。至清代由各省學政主持，因學政稱提督學院，故名「院試」。參加院試的童生，其報名等手續與縣試、府試略同。考試分正試、復試二場，試八股文與試帖詩，並默寫《聖諭廣訓》百數十字。揭曉名為出案，錄取者取得生員資格，進而入府、縣學學習，稱

「入學」，也叫「入泮」（因學宮門前有半圓形水池叫泮水）。入學以後，就換上秀才的制服，明代戴方巾，清代帽尖用銀頂，身著藍袍，俗稱藍衫。真是層層設卡，搞了這麼久，過五關斬六將，還只是取得秀才資格，算是入了學，並不算功名。如果連秀才也考不取，即使鬍子白了，也只能稱「童生」。

道光年間，廣東三水縣人陸雲從，當了一輩子老童生，直到做百歲大壽時，才考取秀才。到 103 歲還赴京會試，朝廷憐他年老，恩賜國子監司業一職。有清一代，高齡應試者不勝枚舉。如康熙四十九年禮部報告：「本年各省會試舉人，年屆九十者一人，八十以上者二十人。皆三場完畢，未能中式。」也是康熙年間鄉試，廣東順德考生黃章已百歲，還讓他的曾孫提著燈籠帶路，入場考試。燈籠上大書「百歲觀場」四字，觀者無不嘖嘖稱奇。

像以上這樣沉迷科舉，至死無悔，實在不足為訓。而封建統治者將科舉考試辦法規定得越來越苛細繁瑣，讓廣大學子皓首窮經，久困場屋，淹滯悽惶，無所施展，這實在是對人才的極大浪費和摧殘。

血染科場
——明初南北榜之爭

　　明洪武三十年（1397）春會試，主考官是翰林學士劉三吾和白信蹈，錄取進士宋琮等 52 人，全是南方人，北方舉人全數落選；三月殿試，定陳安為狀元。這引起北方舉人的強烈不滿，他們紛紛指責劉三吾因自己是南人，就包庇南人壓抑北人。朱元璋於是另派侍讀張信等人覆查，覆查結果認為劉三吾並未舞弊違法，原榜維持不變。北方舉人不服，上疏說：張信與劉三吾互相勾結，故意挑出北方人的劣等卷子送呈皇帝，肆行欺騙。朱元璋大怒，竟處死白信蹈、張信和狀元陳安等人。劉三吾已 85 歲，以年老免死，革職充軍。隨後，朱元璋親自閱卷，「欽定」任伯安等 62 人為進士，全部是北方人，於同年夏天放榜，因此這場血腥的「南北榜」之爭，又稱「春夏榜」之爭。

　　1397 年發生的這次重大科場案，其實並不是一場科舉舞弊與反舞弊事件。就主考官劉三吾來說，他徇私舞弊的可能性極小。他從投靠朱元璋以來，一直受到器重，主持過多種重大典章制度的擬定，是經驗豐富、值得朱元璋信賴之人，也的確是比較正派的官僚。而在洪武三十年以前，朱元璋嚴酷暴虐的面目暴露無遺，劉三吾親眼見到眾

多的元老舊臣如何被加以荒謬的罪名誅殺一空，其手段之殘忍、株連之廣泛，足令劉三吾等剩下的各級官僚戰戰兢兢，惟恐禍從天降。耄耋之年的劉三吾，哪裏敢為包庇南方人這種無價值小事，去觸犯暴君的逆鱗呢？至於狀元陳安更是冤枉，好不容易考取狀元，卻血染科場，白白丟了一條命。

　　事情的真相是，朱元璋要抓住南北榜事件來擴大自己的統治基礎，籠絡盡可能多的士人（特別是科舉之途艱難的北方士人）來為自己服務。當時退往長城以外的元朝殘餘勢力仍然經常襲擾北方邊境，明朝也多次大規模徵調軍隊出塞討伐，終不能完全解決問題。因此籠絡北方士大夫，穩定北方局面，在南北籍貫的統治階級人士中調節分配權力，對於明王朝來說十分必要。而劉三吾則自信並無舞弊，仍堅持「江南本多俊才」，不瞭解朱元璋的用意，致有此禍。但對於這樣一個本來可以解釋清楚的政治策略問題，朱元璋卻大動其「不測之威」，殘忍地誅殺無辜。在這一點上，明清歷代皇帝都爭相仿傚，形成一個漫長的專制而黑暗的時期。

　　「南北榜之爭」的第二年，朱元璋死去，來不及將按地域調配進士名額的想法定為制度。直到明仁宗洪熙二年（1425），內閣大學士楊士奇（江西人）才制定辦法，卷子一樣彌封謄錄，但注明「南」「北」字樣，分配名額是「南六十，北四十」。明仁宗贊同說：「往年北士無入格者，故怠惰成風。今如是，則北方學者亦感奮興起矣。」

　　此後又具體劃分為南、北、中三大區，具體確定各省所佔名額，並按戶口增減而加以調整。清承明制，始終執行南北分省取士的辦法。

兩個大兵夾考生
——清初丁酉科場舞弊案

清朝對科場舞弊案，處理非常嚴厲，以「丁酉科場案」最為典型。

順治十四年（1657）是農曆丁酉年，發現順天（即北京鄉試，北闈）、江南（即南京鄉試，南闈）、山東、山西、河南等地均有賄賂舞弊等情事，尤以北京、南京最為嚴重，順治皇帝大怒，下旨徹查嚴辦。

北京鄉試考生達 5700 多人。考試官 10 多人，大多是明末士子，他們承襲明末科場賄買之陋習，各有關節，收受賄賂。放榜錄取舉人 206 人，其中三品以上京官子弟全在其中，一時輿論大嘩。而考官李振鄴、張我樸等以為科場舞弊，乃小事一樁，故不知畏懼，還公開宣揚：「某人中舉全靠我的力量，某人文墨不通，我看情面才讓他中副榜。」李振鄴更膽大妄為，在評卷前讓家僮拿著通關節的 25 人的名單，到考場裏逐一尋對。這更引起廣大考生的憤怒，紛紛向上面揭發。順治皇帝下詔，將考官李、張等 7 人處斬，家產抄沒，家屬充軍，其餘考官革職。抄家中搜得李振鄴那張 25 人的名單，遂按圖追

索，瓜蔓相抄，京城權貴惶惶不可終日，數十名涉嫌行賄者皆下獄。

同年南京也興大獄。主考官方猷、錢開宗髒污狼藉，首場八股題為《論語》中「貧而無諂」一章，取中舉人 120 名，多係賄買關節之徒。放榜後即有無頭詩流傳：「孔方主試合錢神，題目先論富與貧。金陵自古稱金穴，白下如今中白丁。」孔方即銅錢，指方、錢二個主考官。白下，是南京古稱，白丁即文盲。就是說只要有錢，文盲也可中舉。案件查實後，方、錢及其它考官幹員 22 人全部被絞決，家屬充軍。

順治皇帝又傳旨對南北二闈錄取考生全部進行復試。考場設在太和門，考生 300 多，以滿兵二名夾一考生進場，考題由順治親定，考試官臨時指派。在一片肅殺氣氛中，有些考生戰戰慄栗以致不能握筆。如江南才子吳兆騫竟交了白卷，結果充軍黑龍江。他在東北 20多年，適逢沙皇俄國入侵，激起戰事，吳兆騫有不少詩文記述其事，為後人留下了珍貴的文學史料。另有霍某等 8 人成績拙劣，被革去舉人功名，重責 40 大板。但大多數還是考試合格，有的也很突出，如以後成為著名文章家及大學士宰相的張玉書，時年 18 歲，雖在大兵夾持下，仍然鎮定自若，從容揮寫，文字清麗，氣魄恢鉅集。也有僥倖高中的，如陳宿源剛好背熟其父《燕都賦》，就改頭換面，略加修飾，頃刻而就。順治覽之稱善，定為榜首。

其餘山東、山西、河南等地，情節較輕，也作適當處理。

這次「丁酉科場案」，處理嚴厲，震動全國。顯然，清朝統治者也有藉此以樹天威，震儡漢族知識分子之用意。不過，由於確實打擊

了腐敗，故受到廣大士子的歡迎。江南書商刊刻《萬金記》描述其事。萬金，方字去點，錢字去邊，指江南貪贓枉法二主考也。名士尤侗作戲曲《鈞天樂》，蒲松齡寫《於去惡》等篇，也對之讚頌有加。所以，人們認為清朝統治者入關之初，就知道運用科舉收攬士心，這比元朝統治者聰明；在處理所謂「科場舞弊案」時，手段又比明太祖朱元璋高明些。

四

一隊夷齊下首陽
——清初開「博學鴻詞科」

有歷史學家用文藝筆調寫了這樣一個歷史鏡頭：

「四個彪形大漢抬著一乘藍輿小轎正在趕路，殷紅的血從轎底滴出，滴在從山西太原到京師的大道上……當到了離京師還有三十里的驛站，掀開轎簾看時，轎中人已兩腿癱軟，面色蒼白，氣息奄奄了。」

轎中人名叫傅青主，太原人氏，是清初的一代名醫，也是位深得眾望的反清志士。他曾因組織秘密反清的「朱樓社」而被關入大獄，幾被殺頭。後雖被營救出獄，仍矢志不移。

說來也怪，清朝皇帝卻硬要這反清的傅青主入朝做官。傅青主推脫有病不肯出山，竟被強按入轎中抬走了。在路上，他將自己腿上的靜脈戳破，欲求一死。可是，他終於未能死去。儘管傅青主以死相抗，皇帝還是下了一道聖旨，恩免傅青主入場考試，特授官為「內閣中書」。「內閣」是當時朝廷的最高官署，「中書」是在內閣負責起草檔、記載國事以及翻譯等文字事務的官員，一般為七品官。

這在那碌碌鑽營之輩看來可說是「皇恩浩蕩」了，然而傅青主卻感到「死之有餘恨，不死亦羞澀」。當又被強行抬到午門外，他寧死也不肯低頭。最後，執事官員只得把他從肩輿上扶下，頭碰在地上，報稱他已「謝恩」，而後放他回去了。這故事發生在康熙十八年（1679），即初設博學鴻詞科的那一年。

傅青主為反清志士，康熙何以不殺他而要他做官呢？

原來，康熙雖以武功征服了天下，然而卻不能一下子征服人心，尤其難以使素以氣節為重的漢族文人俯首就範。所以，當三藩即將被平定之際，特仿宋代做法，開博學鴻詞科，以收攬漢族文人。當時規定，凡有一技之長的都可應考，考中的都給官做。但是，不少明朝遺臣與素有眾望的學者仍不肯應命入試。康熙遂又下令讓內外大臣薦舉。薦舉不來，就上門去請。請還不來，就用轎子硬抬來。果然，大批學者被拉到了京師。有的拒絕應試入場，有的入場應試卻故意不完卷，或聊以小詩塞之。這也不怕，清廷照樣一一授以官職。所以，許多有學問的人，如朱彝尊、毛奇齡、尤侗等都做了官。但是，仍有一批名儒，不為利誘，不懼刀斧，徵召不就，強抬不走，堅守氣節，至死不渝。其中最著名的有三位思想家，即黃宗羲（1619-1695），人稱梨洲先生；王夫之（1619-1692），人稱船山先生；顧炎武（1613-1682），人稱亭林先生。這三位先生被後世尊為「清初三儒」，都隱遁山林，安於清貧，潛心學術，成為一代宗師。

但是，科舉畢竟是封建時代讀書人的進身之路，所以前明的大批士子還是紛紛來報考了。據清學者王應奎《柳南續筆》記載，當時有

好事者作詩云：「一隊夷齊下首陽，幾年觀望太淒涼。早知薇蕨終難飽，悔殺無端諫武王。」這首詩引用了古賢伯夷、叔齊「恥食周粟」的典故。夷齊倆兄弟曾諫阻武王伐紂，後隱於首陽山，采薇蕨而食，遂餓死。詩作者藉此諷刺前明士子投順清朝的變節行為。可是，後來由於報考的人太多，名額有限，不少人落榜而歸。這些落榜者從此不能以「前明遺賢」自居，也不能以「博學之士」自詡了。於是，好事者又作一詩：「失節夷齊下首陽，院門推入太淒涼。從今決意還山去，薇蕨堪嗟已吃光。」

後來，雍正皇帝回顧這段歷史，意味深長地說：「入關開國之初，我們把好官硬是送給漢兒，漢兒還扭著脖子不肯要。如今漢兒苦心孤詣不遠千里赴京應試，求取功名，足見人心歸附，可謂天子有道，朝廷之慶了。」這段話一針見血，點中了科舉的要害。清朝統治者就是用科舉選士的軟一手和「文字獄」的硬一手，恩威並施，牢籠廣大知識分子為其所用。

「作則」與「維止」
——明清科場文字獄一斑

　　文字獄，古已有之，從春秋時期崔杼殺齊太史兄弟到秦始皇焚書坑儒，莫不如此，但以明清時期最為酷烈。朱元璋當皇帝初期，對文人還算優禮。他說：「世亂用武，世治宜文。」可一班武將挑撥說：「陛下不要太相信文人，文人是很會諷刺人的。」他們說張士誠原名九四，起義後請文士幫他起個官名，文士們就給起名為士誠。朱元璋說：「這名字不是挺好嗎？」這班武將說：「非也，上大當了。《孟子》書上有：士，誠小人也。如連起來讀，不是罵士誠是小人嗎？」

　　從此以後，朱元璋就有了戒備之心。

　　杭州府學教授徐一夔在《賀表》裏有：「光天之下，天生聖人，為世作則。」本是歌頌的話，朱元璋卻大怒道：「生者僧也，罵我當過和尚；光者，罵我是禿子；則音近賊，罵我作賊。」這位教授就被斬首。類似因文字「忌諱」，不少人被殺。

　　這種蠻橫猜忌作風，到了清朝，更是變本加厲，最典型的是下面這個例子。

清雍正四年（1726），相傳江西主考官查嗣庭引用《詩經》中的「維民所止」這一句作為考題。有人誣告，說「維止」就是將「雍正去頭」，屬於大逆不道。（請參閱卷末附錄二：關於「維民所止」試題冤案真相）。

當時稱摘引他人文句進行誣告的為「文悵」。悵者，助虎為惡之鬼也。那麼，誣告查嗣庭的「文悵」是誰呢？據稗史記載，此人就是浙江官員李衛。據說查嗣庭的女兒是一位美貌的才女，李衛求婚不成，遂設毒計報復。雍正得報後，果然大怒。查嗣庭曾是內閣學士、禮部侍郎，後出為江西學政。雍正懷疑他心懷不滿，故意出這樣的考題。但是就以此治罪，恐怕人心不服，雍正是工於心計的，就密令搜查查嗣庭住宅，翻出他的兩本日記，果然在日記中找到了幾條「罪證」。

一條是為《南山集》作者、「逆臣」戴名世喊冤。為逆臣喊冤，自身也就是逆臣了。戴名世是進士翰林，他在《南山集》中記載了南明諸王的一些史實，又用了南明「永曆」年號。結果被人告發，以「大逆」罪處死，孤兒幼女發配為奴。此案牽連誅殺了 300 多人。查嗣庭在日記裏認為《南山集》所記只是一些客觀史料，並無大逆不道之處，牽連誅殺太過分了。這樣，就犯了「同情逆臣」之罪。

再一條是寫到近時熱河水災，淹死官民人等 800 多。日記裏寫這些，暴露陰暗面，有攻擊「大好形勢」之嫌。

找到這兩條「罪證」，總算可以堵住天下人之口了。結果，查嗣庭遭戮屍，其家族遭株連者達幾十人之多。

據統計，康、雍、乾三代，較大的文字獄有 80 多起，其小焉者不可勝記。更可笑的是翰林徐駿，將「陛下」誤寫成「狴下」，立即被革職逮捕。揚州舉人徐述夔，夏日曝書，風吹書頁，作詩云：「清風不識字，何事亂翻書。」用瓷杯飲酒，見有明代年號，因戲題：「大明天子重相見，且把壺兒擱一邊。」經人告發，竟被斬首棄市，家族遭株連。常為乾隆潤色御製詩，深受乾隆寵愛並呼之為「老名士」的沈德潛，就因《詠黑牡丹》詩：「奪朱非正色，異種也稱王」，而遭到開棺戮屍、抄家株連的罪譴。凡此種種，不勝枚舉。

　　「文字獄」在一定時期內，固然強化了清朝的統治權，但卻窒息思想，扼殺文化，阻礙學術的發展，其後遺症是非常嚴重的。據說乾隆時有一位老臣叫梁詩正，他積幾十年的處世經驗，總結為一條：「不以字跡與人交往，無用的稿紙亦必焚毀。」可見社會上對文字獄恐怖的一斑了。

六

旗人不占鼎甲
——清朝採取籠絡懷柔政策

清朝文字獄的主要矛頭是指向漢族知識分子，明顯包含著種族歧視的性質。有清一代，始終是嚴滿漢之防。但清朝統治者比遼金元的統治者高明，懂得文武之道，一張一弛，除了硬的一手外，還善於軟的一手，更多地採取籠絡懷柔漢族知識分子的政策。拿科舉來說，清初搞過兩次滿漢分榜，以後就取消了，再無後例，而且規定「旗人不占鼎甲」，讓科舉功名向漢族知識分子傾斜。所以，科舉考試，漢人就占絕對優勢。

所謂旗人，就是滿人建國之始，滿族與蒙古族聯合創建的一種八旗軍事行政組織，八旗人就叫旗人。鼎甲就是一甲進士前三名，狀元、榜眼、探花。不讓旗人進鼎甲，目的是防止旗人與漢人爭科名。旗人有很多途徑可以當官，科名讓給漢人，可以更好地團結漢族知識分子。據統計：清朝歷屆殿試前三名共計 324 名，其中江蘇 117 名，浙江 76 名，安徽 20 名，江南三省竟占 66%，而滿蒙子弟只有區區 3名。

但是，清朝 275 年天下，任用的大學士、尚書、侍郎等朝廷高級

官員 560 名中，漢人只有 140 名，僅占四分之一。這其中還有奧妙之處，就是漢人任高官的，都要進士出身；不是進士出身，很難當高官。但旗人卻不同，在 420 名旗人高官中，除了少數幾個外，都不是進士出身。乾隆在位 60 年，選拔大學士 60 人，其中漢人 25 名，全是進士出身；旗人 35 名，只有 4 個是進士。還有一點是很露骨的，即漢人一般只能任副職，正職必須由滿族或蒙族人擔任。這就是說，進士、狀元可以由你們漢人去爭取，做大官掌權可不允許。這也算是清朝科舉制的一大特色。

前面提到有清一代，旗人中鼎甲者只有三人，那麼，這三人是誰呢？

清朝初期搞了二次滿漢分榜：一次是順治九年（1652），滿榜狀元麻勒吉；一次是順治十二年（1655）。滿榜狀元圖爾宸。圖爾宸中狀元後，官至工部侍郎，一生平平，沒有什麼建樹。麻勒吉倒名揚一時。麻勒吉是考翻譯科中舉的，會試考了第一名，殿試又考了第一名。精通滿漢文字的麻勒吉中了狀元後，為了顯示對漢文化的熟諳，特地把名字改為馬中驥。現在北京市西城區的群力胡同，當初叫麻狀元胡同，就是麻勒吉舊宅所在地。麻勒吉改名後，這裏也改成了馬狀元胡同。麻勒吉的才華受到順治皇帝的賞識，他當上了給皇帝講解漢文典籍的日講官。飛黃騰達使他飄飄然，盛氣凌人。一次，他受命到地方去巡視，嫌地方官員接待不隆重，又因索要駝馬不遂，大庭廣眾之下，把和他同一年中進士的河北總督張玄希臭　了一頓。張玄希受不了這樣的恥辱，幾乎自殺。麻勒吉因此受劾被降職，不是順治皇帝偏袒，很可能就得削職為民了。康熙年間，他鎮壓吳三桂叛亂有功，

做了廣西巡撫，總攬柳州的軍政。這時他總結教訓，能與漢族官員齊心協力，修復戰爭瘡痍，發展生產，振興文教，使轄區發生了很大變化。奉調離開時，幾萬老百姓夾道挽留。當地百姓為他立了一塊碑，上刻八個大字：「清白一世，治績卓著。」

其實，講「清白」倒未必，據《清史稿》載，麻勒吉一生曾有過幾次受賄、包庇等情事。在他死後，兵部上奏他在廣西平叛時妄報軍功，結果又被追奪官職。

清朝除了出過兩個滿族狀元外，還出過一個蒙古族狀元。這就是同治年間的崇綺。本來，按照祖訓，旗人不占鼎甲，那麼崇綺怎麼當上狀元的呢？

據說，同治四年（1865）殿試結束後，經過幾天的閱卷，大臣們把預定的前十名送皇帝欽定。同治皇帝當時只有 10 歲，他哪知道什麼，不過是照大臣們定的點個頭而已。不料，名字密封的卷子一拆開，第一名是蒙古旗人崇綺。垂簾聽政的西宮慈禧太后和東宮慈安太后沒了主意。小皇帝靈機一動，學著求神抽籤，讓人把前十名的名字寫在一個個紙籤上，丟進一個筒內，自己閉著眼睛去摸。第一次摸是崇綺，第二次摸又是崇綺，第三次還是崇綺。小皇帝堅持要取崇綺，大臣們也覺得科舉考試「只論文字，不分旗漢」。兩宮太后相信真龍天子的手氣，沒有異議。崇綺就這樣成了清朝惟一的蒙古旗人狀元。《清稗類鈔》描述的這則軼聞不知是真是假，不過崇綺成了狀元卻是事實。據說歷史上也出現過類似事例。文秉《烈皇小識》載：明崇禎元年（1628）殿試，皇帝朱由檢禱告神靈，要選一個確有真才實學能

保大明江山的狀元。用金筷子挾紙鬮，第一次挾出的名字是劉若宰，再挾又是劉若宰，三挾還是劉若宰。劉若宰點為狀元後，一生平庸，無所作為。倒是同科進士史可法，忠貞為國，壯烈犧牲，被後人譽為「文天祥式」的英雄。

崇綺中狀元後，其女兒又被冊封為皇后，他成了國丈，很紅了一陣。可惜同治命短，二十歲時就死了，皇后也身殉而亡。從此，崇綺失去了靠山。八國聯軍入侵時，崇綺在保定自殺。

七

千里馬的悲哀
——科舉對科學和文學的壓制

　　韓愈在《雜說》中關於千里馬的一段話很精闢：「故雖為名馬，只辱於奴隸人之手，駢死於槽櫪之間，不以千里稱也。」的確，讓千里馬和老毛驢比賽繞圈拉磨，不僅顯示不出「日行千里」的雄風，恐怕還比不上老毛驢的篤篤悠悠，穩穩地一步一個腳印呢！同樣道理，讓窮極物理的科學家和才華橫溢的文學家們與一般士子去比賽八股文，這也是「千里馬的悲哀」。其實，這也是封建社會由盛而衰時期科舉的悲哀。

　　隋唐及北宋時期，封建社會正如日中天，科舉制剛創立，還虎虎有生氣，雖然李白、杜甫落榜，造成歷史的遺憾，但仍有大批優秀詩人，包括王維、賀知章、白居易、劉禹錫等在內，考取了進士，而大名鼎鼎的「唐宋八大家」大都和科舉結緣。可到了明清時期，推行八股取士，對封建統治者來說，恐怕更需要的是奴才和庸才，那些超群卓異、倜儻不羈之士，是得不到青睞了。

　　讓我們先來看一下明清的小說界吧！

明清的文學以小說為主流，獨領風騷五百年。它是繼唐詩、宋詞、元曲之後，中國文學史上又一座巍巍豐碑。可是，許多傑出的小說家，幾乎都不是進士出身。

號稱中國「四大古典小說」的作者，依時間先後排列如下：

《水滸傳》施耐庵（1296-1370）

《三國演義》羅貫中（1330-1400）

《西遊記》吳承恩（1500-1580）

《紅樓夢》曹雪芹（1715-1763）

（傳說施耐庵可能與劉基同科考取元進士，但無史料確據。）

著名的古典小說還有：

《金瓶梅》（作者署蘭陵笑笑生，生平不詳）

《儒林外史》吳敬梓（1701-1754）

《鏡花緣》李汝珍（1763-1830）

《聊齋誌異》蒲松齡（1640-1715）

（蒲松齡屢試不第，直到 71 歲高齡，才援例出貢，得一個「歲進士」功名，只能算雜牌，並非正宗貨。倒是他的孫子反而金榜題名了，蒲松齡作詩云：「無似乃祖空白頭，一經終老良足羞。」這位老先生不知道《聊齋誌異》的價值，反而對著孫子害羞哩！其實，《聊齋誌異》是無價的文化瑰寶，先生乃中國文化史上一代巨人也。）

此外，明末《三言》《二拍》，也是很著名的古典短篇小說集。它的作者都不是進士。

三言（《喻世明言》《警世通言》《醒世恒言》）編著者馮夢龍

（1574-1646）；二拍（《拍案驚奇》初刻和二刻）編著者淩濛初（1580-1644）。

晚清「四大譴責小說」作者更沒有金榜題名：
《官場現形記》李寶嘉
《二十年目睹之怪現狀》吳沃堯
《孽海花》曾樸
《老殘遊記》劉鶚

還有著名的文藝評論家金聖歎（1608-1661），非但屢試不第，還因哭孔廟而被官府砍掉了腦袋。相傳金聖歎臨刑時吟道：「黃泉無客店，今夜宿誰家？」這二句詩出自明初文士孫仲衍。孫被朱元璋冤殺時吟詩：「鼉鼓三聲急，西山日又斜。黃泉無客店，今夜宿誰家？」這首詩傳聞於朱元璋，龍顏大怒：「有如此好詩，不及時復奏，何也？」於是又殺了監斬官。這個封建帝王的兇殘奸詐和喜怒無常，於此可見一斑。真是天威莫測了。

至於科學技術方面，更被排斥在科舉門外。如東方醫藥巨著《本草綱目》的作者李時珍（1518-1593）、古典科技總匯《天工開物》的作者宋應星（1587-？）、古典地貌學鼻祖徐霞客（1586-1641）等，都不是進士。要是那個時候諾貝爾出世的話，這些人很可能會獲得諾貝爾獎的。

甚堪告慰的倒是出了一個徐光啟。

徐光啟（1562-1633），字子先，號玄扈，上海人。明神宗萬曆三

十二年（1604）考中進士，官至禮部尚書，入閣參贊機務。這個人是當時科舉人士中少有的頭腦清醒者。他在意大利傳教士利瑪竇等人幫助下，翻譯了歐幾里得《幾何原本》《測量法義》《泰西水法》。他又將西方古典天文學介紹到中國來，編了《崇禎曆書》。他晚年編著了50萬字的皇皇巨著《農政全書》，書剛編好，就擱筆而逝。

徐光啟是中國近代科學的先驅者。他是古代天文學家兼農學家，是科舉人物中虛心向西方學習且取得巨大成績的第一人。

伊犁待月與河西左柳
——晚清科場的特出人物

　　科舉制進入清朝後期，已經日暮途窮，奄奄一息了。可是卻令人意外地出了幾位特異人物，為科舉制抹上一道五彩斑斕的晚霞。

　　嘉慶十六年春闈，一位 26 歲的福建青年金榜題名，考取了進士。這個青年叫林則徐。

　　林則徐（1785-1850），字少穆，福建侯官人。父親是個窮秀才，母親是手工勞動者。林則徐 12 歲就在府試中考取第一名，19 歲考中舉人。他讀書目的很明確，就是立志振興祖國。因此，他對岳飛、文天祥、戚繼光等英雄人物十分仰慕。他還專程走訪了岳飛故鄉河南湯陰，拜謁了岳祠，寫出：「黃龍未飲心先赤，白馬難遮血已紅」的詩句，既讚頌岳飛，又以此自勵。

　　不久，青年林則徐投身福建巡撫張師誠幕下當秘書（師爺）。張師誠對林則徐十分賞識，視為「曠世奇才」，並資助他赴京應試，果然一舉成名。

　　道光十八年（1838），林則徐任欽差大臣、兩廣總督，雷厲風行

嚴禁鴉片，在虎門海灘燒毀鴉片2萬多箱，計237萬多斤，全國人心大快。英國悍然發動鴉片戰爭，侵略廣州，林則徐組織軍民，大敗英國侵略軍。英國艦隊攻打廣東、福建都未能得逞，就掉頭北上，攻陷舟山，進逼南京。由於清廷腐敗，畏洋人如虎，被迫簽訂《南京條約》，割讓香港，賠款2100萬兩白銀，開五口通商等等。這是我國歷史上第一個不平等條約。

道光皇帝打了敗仗，反而遷怒於林則徐，將他革職，充軍伊犁。但是廣大人民卻稱頌他為民族英雄。

林則徐無端受到處分，但他無怨無悔，在自己謫居的寓所裏，書寫一副對聯：

偶然風雨驚花落，再起樓臺待月明。

借聯抒情，文筆雋秀，雅韻高情，溢於紙上。好一個「伊犁待月」！果然，林則徐又東山再起了。

原來廣東有一個書生叫洪秀全，因屢試不第，轉入拜上帝會，並於1851年秋，在廣西金田村起義，聲勢浩大。清廷聞鼙鼓而思將帥，又連忙起用林則徐，任命他為欽差大臣，帶兵出征。

其時，林則徐正病痢臥床，但為了國事，他毅然抱病赴任，不幸走到半路上，就病逝了。幸虧沒有和太平軍作戰，否則，他一生清譽就會染上討嫌的污點。

這樣，鎮壓太平軍的任務，終於落在曾國藩他們的肩上。

湘軍統帥曾國藩（1811-1872）和他的學生、淮軍大將李鴻章（1823-1901），都在道光年間先後考取進士。另一位湘軍大將左宗棠（1812-1885），只是舉人出身，因考不取進士，常引以為憾。

據說，曾國藩家族幾百年來從未出過科舉人物，直至曾國藩 24 歲時參加長沙的鄉試。這一屆鄉試，主考官為翰林院編修許乃安，是個對科舉文章頗有眼力的人。曾國藩入場考試，他的文章卻得不到考官的賞識，決定不予錄取，眼見已經落第。不料許乃安在覆查落卷中，發現了曾國藩的文章，大加讚賞，認為文筆雄健，不可多得，於是從落卷中特拔出來，給予中式。四年後，曾國藩參加道光十八年的會試，終於成為進士，由此扶搖直上，成為清室「中興功臣」，封毅勇侯，諡文正，名震天下。

科舉制培養出曾、左、李這樣的人物，本是封建統治者的根本目的，這叫「得人」。抱此觀點的人，往往把曾國藩比為唐朝平定「安史之亂」的郭子儀。可是站在農民起義立場上的人們，又斥之為鎮壓革命的劊子手。近百年來，由於人們立場不同，見仁見智，褒貶不一，曾國藩雖早已蓋棺，卻始終是個有爭議的歷史人物。

但是，《曾國藩家書》卻成為暢銷書。該書文筆流暢，娓娓動聽，其中不乏佳言警句。不管讀者立場如何，大都認為值得一讀，似感開券有益。據說一代梟雄蔣介石對此書推崇備至，常置案頭，反覆披閱。而坊間也不時推出新版本，以滿足讀者的需要。總之，曾國藩學識淵博，著作等身，不愧為晚清一代大文章家。毛澤東評其著作：「是道與文二者兼之，所以可貴也。」又說：「吾於近人，獨服曾文

正」云云。

再說那位左宗棠，後因軍功任陝甘總督。

是時，新疆回部首領阿古柏在沙皇俄國和英國的唆使下，發動叛亂，妄圖另立政權，分裂祖國。清廷裏以李鴻章為首的投降派，認為新疆路途遙遠，如派大軍西征，要耗費大量軍費，而且勝負未可卜；不如讓阿古柏獨立，作為中國的屬國，既可節約軍費，又減少邊境麻煩，相安無事。這時，左宗棠拍案而起，反駁道：「讓阿古柏獨立，就是出賣祖國版圖。試問阿古柏有力量守住新疆嗎？新疆這塊肥肉，早遲不是被英國人搶佔，就是被俄國人併吞。丟掉了新疆，中國西北就永無寧日，子孫萬代後患無窮，這千萬不可以。」

經過辯論，駁倒了投降派的賣國論調。清廷任命左宗棠為欽差大臣，督辦新疆軍務，統領大軍西征。

光緒二年三月，左宗棠大軍進駐肅州，派部將劉錦棠為先鋒，出嘉峪關進擊叛軍。

正在進軍前夕，適進士考試將在北京舉行。左宗棠驀地湧起一件心事。

原來左宗棠儘管官高爵顯，但還念念不忘進士出身。有一次，李鴻章就嘲笑他，你雖然功業蓋世，但不是進士和翰林，身後就不得諡為「文」字。左宗棠咽不下這口氣，就連夜上奏慈禧太后，要求請假赴京會試。

慈禧接奏後，微微一笑，她猜透了左宗棠的心事，並且早就想撫慰這位得力的大將軍了。於是下了一道詔書，大意是目下戰事緊急，主帥不宜請假，特賜左宗棠進士出身，並賞翰林，著以原官繼續統兵平叛。

左宗棠接詔，感激涕零，立即為自己制棺材一具，隨軍進發，表示死戰的決心。果然，大將西征膽氣豪，穴中螻蟻豈能逃？叛軍頭子阿古柏走投無路，服毒自殺，祖國新疆轉危為安。左宗棠也贏得愛國名將的美譽。

左宗棠西征時，命全軍將士在河西走廊及新疆一帶廣植楊柳，這是一種特殊的紅柳，很適宜治理風沙，遮陰行旅，人們稱之為「左公柳」。當時有一位將軍叫楊昌濬作詩贊曰：「大將籌邊尚未還，湖湘子弟滿天山。新栽紅柳三千里，引得春風度玉關。」

晚清著名進士還有：支持維新變法的翁同龢，洋務派首領張之洞，立憲派代表人物張謇，史學家洪鈞，「戊戌六君子」中的劉光第、楊深秀等。

原全國人民代表大會常務委員會副委員長沈鈞儒先生也是清末最後一科進士。

九

洋進士雜錄
——中國科舉制對東亞、東南亞的影響

　　唐開元五年（717），日本學者阿倍仲麻呂，隨日本第 9 次遣唐使團來中國求學。他取了一個中國名字叫晁衡，後考取進士，就留在朝廷裏做官，這大約是歷史上第一個「洋進士」。

　　晁衡先後擔任過左補闕、左散騎常侍、鎮南都護等職，與當時著名詩人李白、王維等友誼深厚，都有詩篇唱和。天寶十二年（753），晁衡以唐朝使者身份，隨同日本第 11 次遣唐使團返回日本。途中遇大風，傳聞晁衡已落海溺死，李白為失去好友而悲痛，寫了一首詩《哭晁卿衡》：

　　日本晁衡辭帝都，征帆一片繞蓬壺。
　　明月不歸沉碧海，白雲愁色滿蒼梧。

　　這首詩用「明月」比喻晁衡的品德高尚潔白，用傳說中的蓬萊仙山借指日本。此刻噩耗傳來，海中的蒼梧山上籠罩著愁雲，連大自然都為之悲痛啊！

　　李白的悼詩，寄哀情於景物，借景物以抒哀情，顯得自然而又瀟

灑，豐富而又不落俗套。李白與晁衡的友誼，不僅是唐朝文壇上的佳話，也是中日人民友好的一個歷史見證。

回頭再說晁衡乘坐的那只船，雖遇到大風暴，幸好沒有沉沒，經歷九死一生，總算漂到安南（今越南）靠岸，又輾轉回到長安。可是，此時經過安史之亂，李白因參加永王起兵抗敵，反而被流放到夜郎，不久遇赦客死安徽當塗。晁衡再也見不到這位好友了。大曆五年（770），晁衡卒於長安。

據史料記載，唐朝的「洋進士」除晁衡外，還有大食人（阿拉伯）李彥，朝鮮人金可記、崔致遠、崔彥為等。

到了明洪武三年（1370），朝廷下令開科取士，高麗（今朝鮮）、安南（今越南）、占城（今越南中南部）等地士子，也於本國參加鄉試，然後選拔舉子到南京應考。其中高麗國有三位考生取中。他們都能用漢文寫作，就是中國話講不大好。其中有位叫金濤的進士，是三甲第五名，授山東東昌府安丘縣丞。後來他們要求回國，朱元璋賞給一大筆錢，護送他們到邊境。金濤後來還當了高麗宰相。這是「洋進士」得到最高官職的記錄。明景泰五年（1454），越南人阮勤考取進士，還當了工部左侍郎，是中央高級官員了。明末萬曆年間，定居揚州的波斯人俰祺也考取進士。

到了清末，對洋人態度有所改變。曾擔任海關總稅務司達 48 年之久的英國人赫德，其子赫承先，攻讀經史，嫻習八股，迫切要求應試，但朝廷不予批准。其時，西學東漸，出國留學人員激增。這些留學生因受西方民主思潮影響，大多傾向革命。清廷出於無奈，想招攬

人才為其所用，於光緒二十九年（1903），指令以「通洋務」著稱的軍機大臣張之洞，擬訂留學生章程，共 10 款，主要內容是對「品行端謹、毫無過錯」（指政治審查）並持有洋文憑（指學術水準）之歸國留學生專開考試，凡中式者分別獎以舉人、進士、翰林出身，並即任官授職。一般說來，凡有外國學士文憑者就是「洋舉人」，碩士是「洋進士」，博士是「洋翰林」。又根據不同學科專業，如工、農、商、文、法、醫等，就有「文科進士」「商科進士」「工科舉人」「獸醫舉人」等各色名目。據說有學牙科的碩士，就賜「牙科進士」出身，並授知縣職，人們稱其為「牙科知縣」，一時傳為笑談。這種「官本位」現象，是根深蒂固源遠流長的。反觀百年後的今天，還有所謂「局級和尚」「處級尼姑」之類，同樣令人有啼笑皆非之感。

在歷史上，中國科舉制度對東南亞文明的發展有著重大而直接的影響。

日本自 7 至 8 世紀起也仿唐制，實行科舉。只是日本科舉大都為貴族官僚子弟所壟斷，較少平民色彩。

朝鮮是最早引進中國科舉制度的國家。公元 936 年，王建統一朝鮮半島，建高麗國；高麗光宗九年（958）首次開科取士，仿唐制設進士、明經諸科，試詩、賦、時務策及帖經、墨義等。不久又仿北宋之制，行彌封謄錄之法。此後近千年之久，科舉制度在朝鮮相沿不廢，直到 20 世紀初淪為日本殖民地後始告中斷。

科舉制度在越南的廢除，甚至比中國還晚。中國於清光緒三十一年（1905），明令廢科舉，而越南於 1919 年（阮王啟定四年）還考

了最後一科進士。越南的科舉制度，完全照搬明、清之制，考試不僅用漢文，而且用八股文。越南民主共和國創建者胡志明主席的父親，就是 19 世紀末阮朝進士副榜出身。

第六章

清末：
科舉制度之廢除

「狗吠」
——八股文是愚民政策的產物

據顧炎武《日知錄》記載，八股文始於明憲宗成化二十二年（1486）。自此以後，作為明清科舉的主要文體，垂 400 年之久。

所謂八股文，就是根據四書五經命題，限制用一定格式、體裁、語言、字數而做的應考文章。八股文又叫「經義」「制藝」「時文」或「四書文」。

根據朝廷的要求，考生在做文章闡述經義的時候，只能依照題義，揣摩古人語氣，「代聖賢立言」，絕對不許發揮自己的見解，不許聯繫現實政事。考生只能循規蹈矩，以孔孟的是非為是非。而且解釋經義，四書一定要以朱熹的集注為準繩，五經一定要以宋元人的注疏為準則，作者必須服從封建道學家的意旨。

考生做文章的時候，不僅在內容上只能像鸚鵡學舌，模擬古人說話；而且在格式上，也有非常刻板的規定。

八股文每篇以 700 字為準，超過了不行，字數太少也不行。每篇文章除開端的破題、承題外，必須包括八個段落，就是起講、領題、

提比、出題、中比、後比、束比、落下（大結）。這就是所謂八股。這八段文字要排成對偶，接連而下；往往用「今夫」「然而」「若使」「苟其然」「而已矣」「也乎哉」等等虛詞逐段連接，逐段結束。稍有逾越，即遭斥除。

按這種規矩寫出來的文章只能是廢話連篇，空洞無物，陳詞濫調，寡淡乏味。這種文章毫無實際用處，只是為了取得功名。一旦中舉做了官，八股文就拋掉了。故人們稱其為「敲門磚」。

魯迅曾憤慨地指斥，「八股文原是蠢笨的產物」，是封建統治者出於愚民政策的需要。下面就讓我們讀一篇八股文吧！

《目耕齋偶存》載有清人蔣拭之的一篇八股文，題目是《狗吠》，語出《孟子》一段話：「夏后殷周之盛，地未有過千里者也。而齊有其地矣，雞鳴狗吠相聞而達乎四境。」文題就是從中摘出二個字。請看作者是怎樣寫的：

物又有以類應者，可以觀齊俗矣。（破題）

夫狗，亦民間之常畜也，乃即其吠而推之，其景象果何如耶？（承題）

若曰：辯物情者，所以觀國俗，睹物產者，所以驗民風。吾嘗入齊之疆，而竊歎其聚俗之盛也。（以上是起講。從此以下，全要用孟子的口氣，也就是所有的議論，都是孟子的意思，這就叫做「代聖賢立言」。）

豈但徵之雞鳴已哉！（此句是第一比前的領題）

自功利之習既成，而人爭誇詐。故鬥雞之外，尤多走狗之雄。

（第一股）

自山海之資既啟，而戶饒蓋藏。則吠夜之聲，不減司晨之唱。
（第二股）

分瀝粒之餘甘，而馴擾優遊，不過與彘豚並畜。乃幕柝相傳，而人為之守望者，狗亦共之徼巡。蓋風雨晦明之間，汪汪者經宵而未靜矣。（第三股）

撫胎伏之無傷，而塵囂角逐，亦只與牛犢同群。乃夜扉既闔，而人樂其安居，狗尚嚴其戒備。蓋草露零浸之際，狺狺者達旦而未休矣。（第四股）

瞻之以影，聽之以聲，非其見聞習熟而獰猙欲啖者，若有異言異服之譏。（第五股）

深巷之中，蓬門之下，苟其一唱噪然而嘈雜齊喧者，並若有同聲同氣之助。（第六股）

由是《國風》十五，而盧令志美，獨誇東海之強。（第七股）

甚而食客三千，而狗盜爭雄，嘗脫西秦之險。（第八股）

苟使民居寥落，安能群吠之相呼；倘非萬室雲連，豈必村墟之四應也哉！

（結束，又稱落下）

這篇洋洋灑灑、冠冕堂皇的文章，究竟說些什麼呢？大意是：孟子所以提到「狗吠」，是說明齊國的富庶。因為百姓富了，當然養狗多了。洗米的剩餘殘粒，可以餵豬養狗。人們巡夜守望，狗亦隨著出力，汪汪吠聲，到處可聞。狗能識別熟人和生人，對生人又咬又吠，一狗叫百狗應，大有「同聲相應，同氣相求」的態度。《詩經》裏說

到田犬戴上頸鈴，在這東海之濱，聽到「令令」的鈴聲，很有美感。齊國孟嘗君所以能逃出秦國，也賴雞鳴狗盜之力。總之，四境之內，千村狗吠，萬室雲連，正是齊國富庶的景象。

這完全是一篇「偉大的空話」，沒有什麼內容，也沒有解決什麼實際問題，只是無病呻吟，天花亂墜。而且通篇不是作者的話，是作者代孟子說的，所謂「代聖賢立言」。孟子哪裏說過這些話呢？翻遍《孟子》一書，只有上述「狗吠」二字。原來是作者設想站在孟子立場上，估計孟子會說出這樣一大篇話。這不是明明弄虛作假嗎？所以八股文的特點，就是「假大空」。

平心而論，如果我們把八股文作為歷史文化遺產來審視，也不能不看到它是吸取了前代駢體散文的精華，形成一種獨特的文學體裁，經過幾百年的錘鍊，無論在修辭技巧、邏輯條理、佈局結構上，均已達到十分完美的程度，如果沒有較高的文字表達能力和豐富的經史知識是做不出來的。我們今天既可把八股文當作古董欣賞，也有一定的借鑒意義。

但是，八股既然鑄成模式，又經久不變，必然走向反面。在八股文薰陶下的人物，最典型的就是《儒林外史》中的范進和魯迅筆下的孔乙己。他們一個是成功的不幸者，一個是失敗的不幸者。他們的不幸，都是科舉制度造成的，都是八股文毒害了他們的心靈。

小腳、鴉片和敲門磚
——中國人深受「三害」之苦

據說山野間有一種小蟲叫蟪蛄，其初生時，肢體輕捷，鳴聲悅耳。待秋風起後，體表漸生甲殼，並不斷硬化，最後臃腫衰憋而死。科舉制也像蟪蛄，逃不出這個規律。八股文就是科舉制的「甲殼」。八股文因科舉制而輝煌一時，最後卻是八股文為科舉制送終。

1644 年，李自成農民軍攻入北京，崇禎皇帝弔死煤山，明朝大臣紛紛降附。李自成的謀士李岩和宋獻策見眾多降臣經過崇禎「靈位」，「竟無慘戚之意」，由此進行了一番深有感觸的對話。

李岩說：「明朝選士，由鄉試而會試，由會試而殿試，然後觀政候選，可謂嚴核之至矣。何以國家有難，報效之人不多見也？」

宋獻策的回答是：「明朝國政誤在八股取士，以及循資格用人。所以一旦國家有難，鮮見忠義，各思自保。其新進者曰：『我功名實非容易，二十年燈窗辛苦，才得一紗帽上頭。一事未成，焉有即死之理！』此制科不得人也。其老臣又云：『我官居極品亦非容易，二十年仕途小心，始得至此地位。大臣非止一人，我即獨死無益。』此資

格之不得人也。可見如此用人，原不顯朝廷待士之恩，無怪其棄舊事新而漫不相關也。」

宋獻策對這些科舉出身新老官僚的心理分析頗為透徹，明朝科舉如李岩所說，也的確「嚴核之至」，正是這種在嚴酷的專制禁錮下從思想到肉體都是重重束縛，備極艱辛的制度，選出來的幾乎只能是奴才，而不是人才。幾十年八股文章的「燈窗辛苦」，使他們頭腦中除了充滿各種規章條款外，幾乎不再有正義感和是非心。

八股文的害處，在明朝的讀書人中，有不少也已領悟到了。如明末學者顧炎武就說：「八股文的毀滅文化，等於秦始皇的焚書；八股文的敗壞人才，卻比秦始皇在咸陽郊外坑儒還厲害。」因為被秦始皇活埋的只有 460 多個儒生，而被八股文葬送的人才卻成千上萬。如果八股不廢除，人才會一天天地被消耗掉，文化就會一天天地荒陋起來，國家又怎麼能不被斷送掉呢？難怪明末有人寫了一張告白，貼在北京廟堂的大門上，對八股因憤慨之極而痛切言之：

謹具大明江山一座，崇禎夫婦二個，奉申贄敬。
晚生文八股頓首拜。

這「贄」是什麼意思呢？就是見面禮。可是接受這見面禮的清朝，仍然繼續以八股取士，禍患更甚。

據說，1900 年八國聯軍攻入北京，清朝君臣逃遁一空。聯軍統帥瓦德西「招本地紳士助理諸事務，設員警巡邏等」，為安定秩序，收買人心，瓦德西居然也借助於科舉考試，在金臺書院懸榜設考場，

出八股文題：「以不教民戰」，出試帖詩題：「飛旗入秦州」。這些題目自然都出於八股文人手筆，而考試日竟然「人數溢額」，「考得金獎者，咸欣欣然有喜色焉」（《清朝野史大觀》卷四《瓦德西考試書院生》）。科舉考試有如鴉片煙，一吸上癮就很難戒掉。這種誘惑力使讀書人天良淪喪至此，實在可悲可歎。清末曾樸的譴責小說《孽海花》第二回說，中國「如今被那些世界魔王強國看得眼紅了，都想蠶食鯨吞起來。難道我們這些人是沒氣的，應得叫人欺負的嗎？不就是害在那班帝王，只顧一時的安穩，不顧萬世的禍害，造出『科名』兩字，把全國人民的心都蒙了，耳都塞了，眼都遮了，憑著人欲殺欲割，一味不痛不癢了」。

在封建社會後期，中國人民深受「三害」之苦，一是科舉和八股文，一是鴉片煙，一是婦女纏小腳。民諺有云：「小腳一雙，眼淚一缸。」

鴉片煙和小腳損害中國人的身體，而「敲門磚」八股文則毒害中國人的心靈。科舉制走到這一步，其腐朽性已暴露無遺了。

三

科舉制的掘墓人
——康梁的變法維新運動

　　大約在中國明清時期，西方資本主義正在封建主義母胎中孕育、發展和壯大，一朝破殼而出，立即震動全世界，並與我們東方這個古老大帝國展開一場殊死的搏鬥。1640 年，英國開始了資產階級革命；美國在 1775 年進行了獨立戰爭；法國在 1789 年爆發了大革命；意大利、俄國、日本等也都不約而同地走上資本主義發展的道路。正如《共產黨宣言》所說：「資本主義在它的不到一百年的階級統治中所創造的生產力，比一切時代創造的全部生產力還要多，還要大。」正因為飛速發展了生產力，西方列強搶佔了世界文明進程的戰略制高點。相形之下，我們中國則仍在封建主義的遲暮中步履蹣跚。清初康熙（1662-1722）、雍正（1723-1735）、乾隆（1736-1795），三朝前後 130 多年，形成了中國歷史上著名的所謂「康乾盛世」。連法國啟蒙學者伏爾泰也稱讚中國是「舉世最優美、最古老、最廣大、人口最多而治理最好的國家」。法國《百科全書》的主編狄德羅在該書《中國》條目中，盛讚「中國民族，其歷史之悠久，文化、藝術、智慧、政治、哲學的趣味，無不在所有民族之上」。但是，落日雖然輝煌，畢竟不是朝陽，接踵而來的卻是長夜無歌。面對世界範圍工業革命的歷

史性大浪潮、大挑戰、大轉折，清朝君臣們仍是閉關鎖國、故步自封、夜郎自大、井蛙看天，表現出驚人的麻木。特別是限制工商業、蔑視科學技術、加強集權、禁錮思想、反對改革的做法，愈加嚴重地制約著社會的進步。這是一場全新的東西方龜兔賽跑，其勝負自不言而喻了。中國終於由一個洋洋自得的天朝大國急劇地墜入落後挨打的悲慘境地，從而唱響了悲歌——馬克思稱之為「奇異的悲歌」。在這場悲歌中，延續千年的科舉制度，卻向著以八股取士的惡劣方向發展，更是一曲中國老封建的喪歌了。

鴉片戰爭一聲炮響，掃滅了腐朽的大清帝國威風，也喚醒了億萬中國人奮起救亡圖存。許多知識分子紛紛要求維新變法，矛頭所向直指科舉制。康有為和梁啟超等人就是維新運動的帶頭人。

康有為（1856-1927），廣東南海人。他早就厭惡封建八股，也恥於在科名上追逐。但在當時社會環境中，他不得不沿著科舉老路爬行。光緒十四年，康有為赴京應試。他發憤寫了一篇長達五六千字的《上皇帝書》，提出「維新變法、救亡圖存」的主張，但受到頑固派的阻撓和攻擊，被斥為「書生狂言」，落榜而歸。

光緒二十一年春（1895），康有為再次赴京會試。其時正逢甲午戰敗，議訂《馬關條約》，賠款白銀 2 億兩，割讓臺灣等。消息傳出，群情憤激，康有為和梁啟超聯合 18 省 1300 名在京應試舉人，堅決反對簽訂《馬關條約》，誓死反對割讓臺灣。臺灣舉人羅秀惠等人更是義憤填膺，垂淚痛陳「臺灣閭巷婦孺莫不欲食倭人之肉」。大家公推康有為起草《上皇帝書》，康有為熱血沸騰，慨然允諾，操起如

椽大筆，飽蘸炎黃乳汁，用一日兩夜時間，寫出 18000 餘字。其中論到八股文之害時，尤為痛切。他寫道：

今日之患，在吾民智不開，故雖多而不可用。而民智不開之故，皆以八股試士為之。學八股者，不讀秦漢以後之書，更不考地球各國之事，然可以通籍，累至大官。今群臣濟濟，然無以應事變者，皆由八股至大位之故。故臺、遼之割，不割於朝廷而割於八股；二萬萬之款，不賠於朝廷而賠於八股；膠州、旅大、威海、廣州灣之割，不割於朝廷而割於八股。

這篇皇皇大文，更激起了舉子們對清廷的不滿，大家一致決定集體上書請願。五月二日，都察院門前，車馬阻塞，長達數里，北京為之震動。這就是有名的「公車上書」。清廷害怕引發全國人民反抗，急忙在《馬關條約》上蓋用「御寶」，批准了喪權辱國的不平等條約，從而拒絕了舉人們的愛國要求。但「公車上書」對侵略者的正義譴責，表達了中華民族的浩然正氣；同時，要求改革的呼聲，也是對頑固派的一次有力批判。

康有為一向以「經世致用、維新救國」為己任，從此，他和梁啟超等一班志士繼續從事他的維新變法事業。這次維新變法運動，雖遭到以慈禧太后為代表的頑固派的殘暴鎮壓而失敗，光緒皇帝被囚禁，譚嗣同等「六君子」被殺害，康梁逃亡海外，但頑固派的末日也來臨了，清王朝的氣數已盡，包括科舉制在內的封建老古董，都將送進歷史博物館。

請看下面這個時間表吧！

1901 年（光緒二十七年）詔令廢除八股文；

1902 年（光緒二十八年）詔令禁止婦女纏足；

1903 年（光緒二十九年）詔令取消武舉考試；

1905 年（光緒三十一年）詔令廢科舉，興學校；

1906 年（光緒三十二年）再令嚴禁鴉片；

1911 年（宣統三年）清帝遜位，中華民國成立。

第七章

歷代武舉

臥聽元戎報五更
——歷代存在重文輕武現象

　　武舉考試始於武則天長安二年（702），歷代相因，與文士考試並立為兩大科。初稱武舉，明清時改為武科。歷代共進行過武考 500 次左右。

　　唐朝武舉不設武狀元，到了北宋神宗時，才有武狀元名稱。神宗熙寧九年（1076），福建興化人薛奕考取武舉第一，是為中國第一個武狀元，同期文科狀元又是福建興化人徐鐸。神宗皇帝因此特別高興，特賜詩表示慶賀：「一方文武魁天下，四海英雄入彀中。」

　　遼金元是幾個少數民族統治的朝代，除金代試開武科一次外，都停止武舉。原因是防止漢人造反，漢人舞文弄墨還可以，要使槍弄刀是絕對不允許的。

　　到了明朝才恢復武科考試，仍沿宋制，與文科一樣，三年一考，也點狀元。明太祖朱元璋頒佈的《文武科取士法》規定：「應武舉者，先之以謀略，次之以武藝，但求實效，不尚虛文。」這裏看出對兵法韜略的重視，要求武士首先應有文化知識。

清朝武科與文科同時進行，文、武二科還允許互相改試。即文生員有願改入武場，武生員有願改文場者，照文武生員鄉試例，起送各文武場鄉試；文舉人有願改入武場，武舉人有願改入文場者，照文武舉人會試例，起送各文武場會試。其中式者，照例送入新冊；不中者，仍各歸入文武原冊內。尊重考生自由，允許任選「專業」，這也是考試制度的一大進步。

　　總的來說，歷代對武舉不大重視。例如文進士有專門「登科榜」，而武進士則無；文進士檔案資料比較齊全，而武進士資料則粗疏不詳。在官職任命上，文進士較高，武進士則偏低。還有武舉考試也很不正常，時興時廢。這從統治者角度看，還有另一層深意，也可謂特殊心理吧。如唐德宗年間，諫議大夫田登上本奏道：「武舉人持弓挾矢，數千百人入皇城，恐非所宜。」皇上聽了覺得有理，下令停止武舉考試。但十多年後，他的繼承者憲宗皇帝又恢復了武試。

　　宋代因接受唐末武人專橫割據的教訓，也長期不搞武舉。宋仁宗初時曾開武舉，還「親試武舉十二人」，後因朝臣提出不同意見，又停了下來。再過十來年，司馬光向仁宗皇上建議：「詔舉人先試以孫吳大義，以策為去留，以弓馬為高下。」皇上採納了他的意見，武舉才得以恢復。

　　由於朝廷對武舉採取這種「走走停停、猶猶豫豫」的態度，影響所致，就在社會上造成一種「重文輕武」的思想定勢。北宋名將狄青，因戰功卓著，官至樞密副使。由於不是文科進士出身，仍為朝臣輕視。狄青發牢騷說：「我與宰相韓琦職位一樣，功勞不比他少，我

只差一個進士及第。」宋真宗時，有一次接待契丹使臣，使臣喜歡射箭，要宋朝派人伴射。真宗覺得這是件關係國家體面的大事，想找一個既有學識又善射箭而且儀表堂堂的人，大臣中只有翰林學士陳堯諮符合這些條件。陳堯諮是狀元出身，亦善射箭，真宗對他說，如果願意改充武官伴契丹使臣射箭，一定重加賞賜且封高官。陳堯諮回家請示老母，母親氣得拿起拐杖就打，罵道：「你狀元及第，父子都以文章出任朝廷大臣，現在卻想貪戀富貴，辱沒家門！」可見這種重文輕武風氣入人心之深。

造成這種重文輕武的現象還有一個重要原因。中國歷史上除了軍閥割據時期外，一般都由文官領導武將，這有利於中央集權。一個文進士出身的人能較快地得到重用，「一舉首登龍虎榜，十年身到鳳凰池」，許多老將都俯首聽命了。戴璐《藤蔭雜記》裏講了這麼一個故事：某富翁有二婿，一婿為守備，很有點地位了；一婿是秀才，沒有什麼名堂。富翁自然看重守備而忽視秀才。後來，女婿守備升為副將，富翁越發喜愛他了。但不久，秀才接連大捷，蟾宮折桂，金榜題名，被任命為御史，來地方巡視閱兵。副將女婿連忙戎裝披掛，遠郊迎接，報名進謁。翌日五更開操，進帳恭請御史大人登臺閱兵。這位進士連襟得意非凡，在枕上賦詩曰：

黃草坡前萬甲兵，碧紗帳裏一書生；
而今始信文章貴，臥聽元戎報五更。

星含寶劍橫
——武舉英雄譜

「武舉英雄譜」上赫然寫著兩個金光閃閃的名字：郭子儀和戚繼光。

郭子儀（697-781），陝西華縣人。他身長七尺有餘，體格魁梧雄健，是標準的關西大漢。唐玄宗開元初年，應武舉考試，武藝高強，拔為「異等」。當時還沒有武狀元名稱，「異等」大約就是武進士第一名吧！

郭子儀中武舉後，初掌宮禁宿衛事務，後任天德軍使兼九原太守朔方節度右兵馬使，駐軍今寧夏和內蒙古一帶。

天寶十四年（755），擁有幾十萬軍隊的安祿山突然反叛。那時，天下承平已久，忽聞「漁陽鼙鼓動地來」，舉國為之震驚。初聽到軍報時，唐玄宗還不肯相信。原來，安祿山是個胡人，狡點善變，曾經犯罪遇赦，後因某種機緣，被唐玄宗和楊貴妃認為義子，並擢為領軍大將。當時全國分為十個藩鎮（相當於十大軍區），而安祿山身兼范陽、平盧、河東三鎮節度使（即軍政長官）。不管玄宗信不信，安祿

山大軍已打破潼關了。玄宗只好淒然逃離了長安往四川避難。不料走到馬嵬驛，禁衛軍嘩變，殺死奸相楊國忠，為玄宗寵愛的楊貴妃也「婉轉蛾眉馬前死」了。

在這山河破碎、風雨飄搖之際，郭子儀臨危受命，擔任朔方節度使，和李光弼等將領一起，率軍從內蒙北路南下長城，直搗叛軍後背，使安祿山首尾難顧。玄宗之子肅宗才得以組織力量，進行反攻平叛。

安祿山攻陷洛陽和長安二京後稱帝，第三年就被兒子安慶緒殺死了。

安慶緒接著稱帝，第三年又被部將史思明殺死。

史思明接著稱帝，第三年也被兒子史朝義殺死。

史朝義稱帝不到三年，兵敗勢窮，只好上弔自殺。

這場叛亂，從公元 755 年到 763 年，歷時 9 年，史稱「安史之亂」。

郭子儀因歷次戰功卓著，晉封為「汾陽郡王」。肅宗皇帝對他說：「吾之家國，由卿再造。」

據說郭子儀當年還是一個低級軍官時，因觸犯軍令將被問斬，幸好遇見大詩人李白。李白慧眼識人，連忙向上司求情，才解救了他。李白也想不到做了這樣一件好事，竟保住了唐朝的「擎天柱」。

在封建社會，異姓封王，是天大喜事。可郭子儀以平常心處之，從不居功自傲。唐代宗時，郭子儀第六子郭曖招為昇平公主駙馬。有一次，小倆口吵架，郭曖打了公主一巴掌，罵道：「你不要擺皇帝女兒的架子，你李家天下靠我郭家保。我的父親只是不肯做皇帝罷了。」公主哭訴於父皇。郭子儀立即將兒子捆綁杖責，並押入宮中待罪。幸好這位代宗皇帝還算明理，他說：「老百姓不是有句諺語，不癡不聾，做不得親家翁。兒女閨房之言，何足聽也。」（見《通鑒》）這樣，一場天大風波竟以喜劇結束。有一出古戲叫《打金枝》，就是描寫這個故事。

郭子儀活到 80 歲高齡。他有許多兒孫，每天都向爺爺請安，他往往叫不出孫兒名字，只是含笑點頭而已。郭子儀家族團結，同享天倫，其樂也融融。

在家庭關係上，明朝抗倭名將、民族英雄戚繼光卻很不幸。因為戚繼光治軍嚴明，相傳其子在台州與倭寇作戰時，違令誤失軍機，戚繼光含淚斬之。戚夫人深懷失子之痛，夫妻因而不和，令戚繼光抱憾終生。

戚繼光（1527-1587），字元敬，號南塘，又號孟諸，山東登州人（今蓬萊）。少年戚繼光努力讀書，博通經史，又寫得一手好詩文，加上父親有一定政治地位，家境較富裕，具備了這許多優越條件，戚繼光完全可以和其它書生一樣，在科場上拼搏一番，中舉做官，飛黃騰達。可戚繼光非常厭惡八股文，他熱心習武，想參加武舉考試，他寫詩道：「雲護牙籤滿，星含寶劍橫；封侯非我意，但願海波平。」

立志要平定東南沿海倭寇，為國家建功立業。

明世宗嘉靖二十三年，戚繼光 17 歲時，父親病故，依例承襲父職，任登州衛指揮僉事。不久，戚繼光以優異成績得中武舉，後因俺答入侵，是科進士試暫停。戚繼光被提升為都指揮僉事。由於浙江沿海告急，調任浙江參將，分守寧波、台州、溫州三府。是時明朝各級政府腐敗，軍隊紀律渙散，沒有什麼戰鬥力，往往倭寇未到，聞風先逃。戚繼光就招募義烏一帶剽悍驍勇而又樸實的鄉民 3000 多人，加強訓練，嚴明紀律，號稱「戚家軍」。嘉靖四十年（1561），倭寇一萬多人大舉侵掠溫臺沿海各地。戚繼光指揮「戚家軍」，九戰九捷，盡殲入侵之敵。從此，「戚家軍」名聞天下，倭寇聞風喪膽，從浙南轉向福建騷擾了。朝廷又調戚繼光為福建總兵官，與抗倭名將俞大猷等協同作戰，最終平定倭患，鞏固了海防。

戚繼光一生雖戎馬倥傯，但著述不輟，有軍事著作《紀效新書》《練兵實紀》以及詩文集《止止堂集》等問世。他晚年閒居時，仍念念不忘海防：「殘宵坐對寒燈盡，遠思悠悠在海東。」一片忠貞愛國之情，溢於字裏行間。

在歷代的武狀元中，也有不少英雄人物。

薛奕，福建興化人，北宋神宗熙寧九年武狀元。公元 1082 年，從征陝北，與西復作戰，英勇殉國。

徐徽言（1093-1128），浙江衢州人。北宋哲宗元符三年文進士出身。後專意習武報國，徽宗特授武狀元及第。徐徽言慨然率軍赴陝北

前線，抗擊金軍，屢立戰功。不久，北宋淪亡，高宗南渡。金兵十萬大舉進犯，徐徽言孤軍三千退守晉寧。金將婁宿強攻不克，利用徽言妻弟、降將折可求至城下勸降。徽言責以愛國大義，可求道：「君與我姻親，何太無情？」徽言挽弓厲聲道：「爾與國無情，我與爾尚有何情？」言罷一箭射中可求，開城縱兵追擊，斬金將婁宿之子而還。後因糧盡援絕，徐徽言不幸被俘，不屈而死，年僅 35 歲。

王來聘，北京人。明崇禎四年考取武狀元。其時，登州參將孔有德叛變，王來聘以副總兵身份率軍征討，英勇犧牲。

馬全，山西陽曲人，清乾隆二十五年武狀元，後官至江南提督。在平定大小金川叛亂時，馬全身先士卒，力戰而死。

將軍死節蓮池院
——冷兵器時代的思考

古代武舉考試，究竟考些什麼內容？

回答很簡單，首先考氣力。古代打仗，主要拼氣力。楚霸王項羽就是著名的大力士。正如他自己作詩所說的：「力拔山兮氣蓋世。」拔山，顯然是文學誇張；但《史記》裏說他「力能扛鼎」，應該是寫實。一隻鼎有 800 斤重，兩隻手能扛得起來，準能得奧林匹克舉重冠軍了。《三國演義》描寫關羽能將 82 斤重的青龍偃月刀，舞動得像風車樣飛轉。項羽和關羽如晚生幾百年，就都能考取武狀元。

唐時武舉要通過長垛、騎射、步射、馬槍、翹關等項目。翹關就是舉重，背米五斛行二十步者為及格。古代五斗為一斛，五斛少說也有三四百斤。除這些體力技能的考覈外，也要考察相貌和語言等，如「軀幹雄偉、應對詳明、有驍勇才藝及可為將帥者」。有時文官也要求考武舉，必須身高六尺以上，年在四十以下，「強勇可以統人者」，才准許報考。

宋朝規定能拉一石力硬弓射一百五十步且能中的者為優等。後來

規定步射一石三，馬射八斗；又改定馬射六斗，步射九斗。如果拉不動這些弓，下一步的考試資格就沒有。但是，宋朝也開始對武舉作出文化素質的明確規定，除了武藝，還要「副之策略」，要能通孫吳兵法等。南宋孝宗還提出「文士能射御，武士知詩書」的要求。

金代是少數民族統治，武人掌權。武舉只開過一榜，點了一名金人狀元，名叫溫赫特額珠。金代對武科考試的文化方面也有明確規定：「問孫吳書十條能說五者為上等」，「孫吳書十條通三者為下等」。如果一條不通，哪怕你武功再好「皆黜之」。

明朝規定：「騎射，人發九矢，中三矢以上者為合式；步射，亦發九矢，中五矢以上者為合式。」還規定要通曉兵法，謀略出眾者，方能參考。「先策略後弓馬，策不中者不許騎射。」也就是說，文化考試不及格者連參考的資格都沒有。在等級的確定上，文化考試成績也很重要。「答策洞識韜略，作論精通義理，參與弓馬俱優者列為上等；策略頗優而弓馬稍次者，列於中等之前；弓馬頗優，而策論粗知兵法，直說事狀，文藻不及者，列於中等之後；其它或策論雖優而弓不及，或弓馬偏長而策不通，俱黜之。」這些把文化成績提高到相當重要地位的規定，立意是在篩選將才帥才，這才符合朝廷開設武舉考試的初衷。

清代武舉，又恢復以武試為主。先試馬步射，馬射縱馬二回發六矢，中三矢者為合式，缺一者不能參加步射。步射發九矢，中五矢為合式。只有馬步射合格的，方能參加拉硬弓、舞刀、舉石的比氣力的考試。弓有八力、十力、十二力；刀有八十斤、一百斤、一百二十

斤；石有二百斤、二百五十斤、三百斤。以重量定等級。還規定拉硬弓要三次開滿，舞刀要前後胸舞花，舉石要離地面一尺。三項中必有一二項合格者，才能考文化課。

文化考試先規定寫試策二篇，論文一篇，以《論語》《孟子》《司馬法》等書出題。但考慮到習武之人寫論文確有困難，就改為默寫《武經》一段，約百餘字，但要求默寫準確，不能錯亂或任意塗抹，否則為不合格。

武舉考試發展到明清時期，已經非常周密和完善了。但在這周密和完善中，卻隱伏著最大的不周密和不完善。這也許是歷史的嘲弄！

明清時代，正是西方資本主義從發生到發展的時期。為了尋找新的殖民地，西方列強的遠洋鐵甲艦隊向東方開過來了。他們的大炮昂起炮口已經對準我們了，可我們仍繼續做著老封建的美夢，我們的武科始終停留在冷兵器時代，從武則天到慈禧太后，1200 多年不變。

落後就要挨打！果不其然，英國充當急先鋒，鴉片戰爭轟開了老大帝國的國門；接著英法聯軍，接著甲午海戰，接著八國聯軍，索性英、美、法、意、俄、德、日、奧一起來。而我們這位愚昧迷信的慈禧老佛爺，還真的相信同樣迷信愚昧的義和團能「刀槍不入」「除妖滅怪」，真想借義和團之力趕走洋鬼子，永保大清江山。可義和團的血肉之軀，在洋槍洋炮的射程內，像割麥子那樣一排排倒下去了。據說在北京東交民巷外交使團只駐守 500 洋兵，而一萬多義和團的勇士們，吶喊衝鋒，前仆後繼，攻了一個多月，還攻不破。義和團的勇士們被洋槍打中，一排排倒下去，路為之塞。這是西方科技文明和東方

愚昧落後的一場殘酷遊戲！

於是，慈禧和光緒「西狩」了，派盛京將軍（蒙族狀元）崇綺率部退守保定。聯軍又追到保定城下。這位將軍害怕被俘受辱，就自殺於城內蓮池書院。

這個世界怎麼啦？老祖宗的法寶怎麼不靈啦？關公 82 斤青龍偃月刀怎麼也不威風啦？這就是冷兵器時代行將結束時的思考，這也是無可奈何的歷史歎息。

第八章

科舉萬花筒（上）

姓名關係禍與福
——科舉制中的正名觀

人的姓名只是一種代表符號，並無吉凶禍福之分。但人們取名的時候，往往寄託某種希望和祝願。孔子也說過，必也正名乎？名不正則言不順；言不順則事不成。所以，取名要注意一定含義和音節、美感大方，是必要的。但在科舉時代，有時因一個名字，竟關乎得失，繫於禍福。這是完全出乎人們意料的。流風所至，難怪如今城市街頭掛有「正名軒」招牌，專門替人取名。下面說一些科舉時代因姓名而引起的悲歡故事。

據黃瑜《雙槐歲抄》載：明永樂二十二年（1424）殿試，原擬第一名是孫曰恭。當大臣們把寫好的名單呈皇帝過目的時候，皇帝一看就連連說，不行不行，孫暴怎能做狀元。主持閱卷的大學士楊士奇解釋說，不是孫暴，是孫曰恭。古代直行書寫，曰與恭連起來，看著就像個暴字。不管楊士奇怎麼解釋，皇帝還是覺得不順眼。最後，按皇上的意思，將第三名的邢寬點為狀元。明成祖朱棣為什麼忌諱這個暴字而推崇寬字？這有很深的心理因素。因為他是明太祖朱元璋的第四個兒子，按照封建宗法社會嫡長子繼承制，他沒有資格做皇帝。他是

通過陰謀和武力而奪取皇位，因為害怕別人說他殘暴，對暴字有特殊的敏感。他力圖在晚年樹立一個寬厚仁慈的形象，他說：「邢寬好，刑政寬和嘛！」

和孫曰恭一樣，吳情也因名字欠佳而倒楣。據查繼佐《罪惟錄》載：嘉靖二十三年（1544）殿試，吳情起初被擬為第一名。名單送到嘉靖皇帝那兒，他一看就反感。吳情聽起來就是「無情」，皇帝說：「無情之人豈宜第一」，就將吳情降為第三。那麼換誰做狀元呢？忽然想到昨晚夢中驚雷，又見殿前旌旗被風吹拂，扭成雷字形，於是要大臣在應試者中找一個名字中含雷的人，結果找到秦鳴雷，遂定其為狀元。秦鳴雷，浙江臨海人，授翰林修撰，累官至南京吏部尚書，著有《談資》及傳奇《青風亭》等。

明弘治九年（1496）殿試，孝宗朱祐樘發現應試者中有個叫朱希周的，即取為第一名。因為朱希周與皇帝同姓，希周，希望朱家王朝像周朝那樣享國長久，為後人所宗，最為吉利。

據《清稗類鈔》記載，乾隆五十四年（1789），皇帝年屆八十，特別忌諱說「死」，而喜聽「壽」字。當殿試閱卷大臣將頭十名的卷子呈上時，皇帝看到第十名是胡長齡，便捋著鬍鬚笑盈盈地說：「胡人就長齡吧。」清朝皇族是滿族，過去也被稱作胡人。胡人長壽，這不是大吉大利嗎？胡長齡一躍成了狀元。

無獨有偶，山東王壽彭也因名字吉利而走運。他高登金榜以前，命運一直不佳。父親給一個鄉紳做帳房，家境貧寒，他多次想爭取作為貢生入國子監就讀，也被人擠掉了。好不容易挨到鄉試中舉，臨近

會試的幾天，忽然又病了。在親友們的勸說下，他勉強去應試。這一年是光緒二十九年（1903），正逢慈禧太后七十大壽。本科為恩科，即所謂的「萬壽科」，為太后賀壽之意。在這前二年，八國聯軍入侵北京，慈禧太后與光緒皇帝倉皇出逃，喪權辱國的《辛丑合約》簽訂以後，他們才返回北京。此時慈禧太后心境極壞，動不動就發火，朝臣們想著法子討這位「老佛爺」的歡心。這次殿試，主考官是孫家鼐，他們也在再三斟酌，如何順太后之意。當他們發現應試舉人中有個王壽彭，高興極了。壽彭，是壽比彭祖的意思。彭祖是歷史傳說中的老壽星，活了 800 多歲。「王壽彭」可以理解為帝王之壽如彭祖，還有什麼能比這更能討慈禧的歡心呢？孫家鼐決定擬王壽彭為第一名，呈太后審定。慈禧太后前幾次殿試定名次時，都是橫挑鼻子豎挑眼，把閱卷大臣們弄得戰戰兢兢，左右不是。這次看到王壽彭這個吉祥如意的好名字，又見王壽彭字寫得很漂亮，慈禧大悅，連試卷內容也未及細看就欽點其為狀元。

也有投機取巧、臨時改名的。當咸豐皇帝即位時，有位應試的孫姓舉人立即悄悄改名為「孫慶咸」。開科後，雖然他的文章平平，但考官們認為其名暗蘊「慶祝咸豐登基」之意，為博新主子歡心，遂將他取為會試第一。

二

野雞和豬
——科舉避諱雜談

　　什麼叫避諱？就是對帝王及尊長的名字要加以迴避。據《左傳》：「諱始於周。」這裏又分為三種類別：一是國諱，二是官諱，三是家諱。

　　國諱，比如唐太宗李世民，就要用「代」字替換「世」字，以「人」替代「民」。以致觀世音菩薩，也叫觀音了。漢高祖劉邦的皇后叫呂雉，只好把雉雞改稱「野雞」。

　　官諱，凡宰相以及主考官的名字，在文章中要加以迴避。

　　家諱，祖父及父親的名字也要迴避。如詩聖杜甫的母親名叫「海棠」，杜甫就終身不詠海棠詩；其父名「閒」，在傳世的 1453 首杜詩中，竟不著一個閒字。唐朝科舉考試中，為避諱竟鬧過一場風波。著名詩人李賀想參加進士考試，但李賀的父親叫「晉肅」，晉與進同音，李賀若考中進士，就犯了家諱。這在當時是個「不孝不敬」的罪名。李賀為此顧慮重重，躊躇不決。一些跟李賀爭進士名額的人，更加推波助瀾，造謠攻擊，竭力阻止李賀應試。大文學家韓愈堅決反對

這種腐朽的「避諱觀」。他專門寫了一篇文章，題為《諱辯》，加以駁斥。他說，如果父親名仁，這仁與人同音，豈不是兒子就不能做人了嗎？或者就不能做仁義的事了嗎？韓愈的文章思想深刻，邏輯嚴密，是無可辯駁的。在韓愈的鼓勵支持下，李賀就勇敢地報考了。但事與願違，以李賀之才，卻屢試不中。是否因為鬧了這場避諱風波，考試官們嘴上不說，心中有鬼，故意不予錄取呢？這就不得而知了。李賀鬱鬱不得志，死時年僅 27 歲。死後 15 年，唐昭宗追賜他進士及第。

避諱制度到了明朝，變本加厲，每因一字之諱而屢興文字獄。如明太祖朱元璋少年時做過和尚，就同阿 Q 的癩頭疤一樣，忌諱「僧」「生」「光」等字。

朱元璋的第七代子孫朱厚照，是歷史上有名的草包皇帝，廟號明武宗。因為亥年出生，加上朱與豬同音，不僅文字中要避去「豬」字，甚至下令禁止養豬和吃豬肉，以致祭孔廟時，竟找不到豬。幸而這個草包短命而死，豬才未絕種。

清代文化專制橫行，屢興文字獄，科舉避諱變本加厲，從避名字擴大到避忌語，嚴重束縛著人民的思想。《清稗類鈔》裏提到，著名書法家何紹基（子貞）於道光十六年（1836）殿試的時候，本來列入前十名，後來發現他的卷子裏有「大行」二字，這兩個字往往用來表示皇帝死了，也是犯忌的，於是把他的名次從一等降到二等。陸以湉的《冷廬雜識》談到，嘉慶年間有個叫孔梧的，鄉試本來已選中，不久發現他詩裏有「聖化」兩個字。「化」也可以作為「死」的代稱，

「聖」常指皇帝,「聖化」不就等於說皇帝要死嗎!沒說的,立即除名。更慘的是陸潛,道光年間他參加鄉試,被發現詩中用了「騫崩」二字,這兩個字好像與「駕崩」意思差不多,「駕崩」也就是皇帝死了。主考從榜上把他的名字塗掉了。陸潛捧著卷子大哭,眼睛也哭腫了,從此一病不起。慈禧太后的乳名叫「翠妞兒」,因此試卷中切忌「翠」字。有一考生詩作甚佳,但句中用了「翠浪」一詞,這還了得!翠而且浪,豈非放蕩之甚?如進呈御覽,禍恐不測。考試官雖愛該生之才,也只好忍痛割愛,大筆一揮,將其勾銷了。

光緒年間,尚書裕德多次擔任主考官,凡考生誤觸其父祖輩名諱時,他立即起身,整肅衣冠,對著試卷恭恭敬敬地施禮,然後將該卷束之高閣,不再評閱,這名考生也就白白落榜了。這是個極古板極迂腐毫無心肝的老官僚。這種偽善而頑固的作風,令人厭惡。與之對比,也有比較開明的考試官。據褚人獲《堅瓠二集》載:明正德年間,名士李夢陽為江西提學副使。一次考試諸生,應試者有人與李夢陽同名。點名時李夢陽對那人說:「你有多少才學?竟與我同名!」於是出聯要該生作對,詞云:「藺相如,司馬相如,名相如,實不相如。」該生應聲對道:「魏無忌,長孫無忌,彼無忌,此亦無忌。」屬對巧而當,李夢陽大為稱賞,便把該生拔置前列。

南宋永嘉學派代表人物葉水心在朝廷做官。有一個青年學子竟冒充他的名字,又將他早年發表過的文章,擅加點竄,假稱己作。(按今天觀點,這是侵犯智慧財產權的行為)葉水心很生氣,就當面質問他,此人坦然認錯。葉水心冷靜地細察經過此人修改過的舊作,有的確實改得不錯,覺得這個人頗有才華。就問他,你既然有如此才學,

何不去考試中舉，自取功名呢？前人有詩說得好：惟有糊名公道在，孤寒宜向此中求嘛！那青年神態黯然，說家境貧寒，有種種困難。葉水心就幫助他找到一份工作，有了安身之處，然後鼓勵他讀書上進。後來，此人果然考取進士。

這個青年名叫陳讜，福建建寧人。葉水心寬宏大度、提攜後進的高尚風格，因此廣為人們傳誦。

神童淚
——科舉童子科的得失

　　在科舉考試中，常有一些早慧的少年兒童參與其中。唐玄宗時，8 歲的劉晏能詩會文，向皇帝獻賦頌。宰相張說對他考試後，認為他是國家的吉祥瑞兆。唐玄宗降旨授予劉晏太子正字的官職，讓他陪太子讀書。後來劉晏成為著名的宰相，是個理財能手。人們稱劉晏的這次考試為神童試，朝廷後來特地為選拔早慧兒童設立了童子科。唐代規定，凡 10 歲以下，能通曉一種儒家經典，並背誦《孝經》或《論語》每卷各 10 條的人，就給予官職。如果能通曉七種儒家經典，就給予進士出身。大曆年間，朝廷頒令，童子科考試與進士、明經同樣對待。韓愈寫過一篇《送張童子序》，這個張童子只有 9 歲，從州縣到禮部的考試，都是一次通過。過了兩年，又通曉兩種儒家經典，考試合格，授予了官職。

　　到宋代，童子科考試更屢見不鮮，也選拔了一些人才。宋太宗時洛陽郭忠恕通曉九經，7 歲就考取童子科。雍熙年間，11 歲的楊億被召童子試，授予秘書正字職務。淳化二年（990）泰州神童譚孺卿獲得進士出身。宋真宗咸平年間，宋綬通過童子科考試。景德年間，14

歲的晏殊、13 歲的姜蓋獲賜進士出身。祥符年間，又有李淑、趙煥被選拔出來。宋仁宗即位後，以童子試得賜進士出身的有 10 多人。

神宗元豐七年（1084）四月禮部童子科試，11 歲的饒州童子朱天賜，背誦《周易》《尚書》《毛詩》《周禮》《禮記》《論語》《孟子》七部書，無一字差錯。當時在場旁聽者達數百人，而他並無驚慌之狀，鎮定自若，背誦如流。有些人不信，叫他再背，他竟一連背了五次，因此獲欽賜五經出身。

據當時的版本統計，這七部書共 28.3 萬餘字。其中《周易》24207 字，《尚書》25800 字，《毛詩》39224 字，《周禮》45806 字，《禮記》99020 字，《論語》13700 字，《孟子》35410 字。

同年 10 月禮部的另一次考試中，朱天賜的堂兄朱天申除背誦以上七經外，還增加《孝經》《揚子》《老子》三部書，竟百試不爽。還有個撫州童子黃居仁，再添背《論語大義》。這二人都獲五經出身。

宋孝宗淳熙元年（1174），西夏國女童林妙玉請求應試童子科，朝廷有關部門選了儒家經典 43 種來考她，她樣樣通曉，背誦熟練，人們大為驚奇。皇帝下詔封她為孺人。

這些神童是不是天才？對此人們歷來都有爭議。大文學家歐陽修卻有獨到的見解。有人問歐陽修，你的記憶力為什麼這樣好，幾十萬字都能倒背如流，是不是天才？他說：「其實並不難。我只是中等以上的天資，靠的是勤奮，我每天讀三百字，持之以恆，不過四年半就

讀完這些書。如果資質稍為愚鈍一點，每天讀一百五十字，九年也可以完成了。」

王安石也持相同的觀點，他寫了《傷仲永》，認為不加強後天培養，不繼續努力，即使神童也泯然眾人矣。所以古人有云：「小時了了，大未必佳。」很值得深思。

童子科也帶來嚴重的負面影響。據葉夢得《避暑錄話》記載，自從饒州地方出了神童朱天申兄弟後，遠近四鄉爭相仿傚，人們不問自己的孩子有沒有天賦，以及其它客觀條件怎樣，便從五六歲起，就要他們識字背五經。兒童天性愛玩，為了束縛他們的天性，一些家長把孩子放進大竹筐，弔到大樹的枝幹上，不讓孩子接觸書籍以外的東西，只讓他們一天到晚背儒經。有的文人趁機撈取錢財，替人家訓導幼兒。事先講好價，小孩子每能背誦一經就得若干錢，他們便晝夜監督孩子誦讀。可憐那些天真活潑的孩子，一個個被整得像個木頭人，有的甚至被逼死了。這與今天的學校和家長為了追求升學率，拼命加重學生負擔的做法，如出一轍。這類望子成龍、揠苗助長的做法，換來的是深刻的教訓。所謂神童教育，真是血淚斑斑，可憐天下父母心啊！

什麼是神童？俄羅斯科學院專家德魯日寧認為，小時候就顯露才華是內分泌腺中荷爾蒙水準高的結果，其中包括垂體和腎上腺。天才兒童的神經系統在整個機體還沒有發育起來時就已高度發達。這種兒童約占人口的 1%。男神童比女神童多。如果孩子是左撇子，家長最好不要強迫他改過來，因為大多數神童都是左撇子。神童長大後，才

華往往會消失。大約在 10 歲後才智盡失的例子很多。例如 19 世紀著名的「神算子」科爾貝恩，6 歲時的計算能力震驚世人，可 10 歲時就喪失了這種能力。到了少年時代，他甚至不能在紙上進行基本的運算。所以，做父母的以及學校如何幫助神童正常健康成長，是十分重要的。

副榜和捐納
——五花八門的國子監

每三年在省城進行科考，稱為鄉試（秋闈）。鄉試錄取舉人，往往僧多粥少，落榜的總是絕大多數。所以，在正式舉人錄取後，再選擇若干成績優秀者為「副榜」。副榜可以直接送國子監就讀，這樣的人稱為副貢。明朝進士也有副榜，以後取消了。張良擊秦始皇博浪沙中，誤中副車，故後人戲稱鄉試之副榜為副車。

國子監是朝廷辦的中央官學，算是最高學府。地方辦的叫地方官學。

在地方，童生經過縣試、府試、院試，取得官辦學校生員的正式身份。官辦學校都有一定名額的生員，國家給予一定的經濟補貼，叫廩餼或廩膳，每人每月六斗谷左右。享受廩餼的生員就叫廩生。廩生的名額很少，每個學校二三十名而已。

地方官學每年選送一定名額的學生到中央官學國子監去讀書，稱為歲貢。清代一般府學每年選一名，州學三年選兩名，縣學二年選一名。每個名額之下選一兩個遞補的人。人選由地方學官在廩生中按資

歷選送，所以歲貢也稱挨貢。這挨貢的確也夠挨的了。《儒林外史》四十五回餘持說：「生員離出貢至少十多年哩。」

清代遇到皇帝登基或者大型慶典，有特別恩賜的貢生，這樣選送的貢生叫恩貢。另外，明清兩朝根據朝廷需要選拔特別人才，又有所謂拔貢，或稱選貢，清代多數情況下是 12 年選拔一次。與拔貢類似的還有優貢，也是作為一種特別優秀人才的選拔，而且不一定要有生員的資格。

上述副貢、歲貢、恩貢、拔貢、優貢，合稱五貢。由五貢出身而任官職的人和舉人進士一樣，被認為是正途，和雜流出身的人不同。話雖這麼說，但在人們心目中，「五貢」當然不及舉人進士金貴。好比今天的「五大生」（夜大、函大等），總不及正規大學畢業生吃香。

在國子監讀書的除了貢生之外，還有監生。它包括恩監、蔭監、優監、例監四種形式。恩監是皇帝恩賜入監讀書者，蔭監是貴族官僚子弟因長輩為朝廷效力或殉國而特准入監讀書者，優監即由增廣生員、附生直接選憂入監讀書者，例監是指童生通過捐納一定數額的財物而進入國子監就讀者，又叫捐監。

國子監學生資格可由捐納錢物而得，最初實行之時就遭到議論。朝廷此舉完全出於無奈，或因戰爭耗費巨大，朝廷無力支持；或因災荒賑濟，朝廷動員民力。最早實行捐監在明代景泰四年（1453），山東饑荒，臨清縣學生員伍銘等人願捐米 800 石，請求允許入國子監讀書，得到批准。後來屢有人因襲，捐納錢物入監，也的確有人通過此道發跡。據朱國禎《湧幢小品》介紹，有個羅圭峰，在地方考了 7 次

都考不上，後來捐監到國子監讀書，連中解元、會元。清代康熙三十年（1691），朝廷用兵西北，軍費開支太大，國庫不敷支出，便准許人捐錢入監讀書，從此也就成為一個慣例。一些素有田產的老財主及經營致富的暴發戶，即使斗大的字識不得幾籮，都可憑捐納買到一個監生頭銜，也稱是中央最高學府的生員了。儒林冒濫成風，實在有辱斯文。

貢生和監生們通過了國子監的考試，可以直接參加鄉試。不願回原籍應試的，還可以參加京城地區的鄉試。雖然和生員一樣都必須在鄉試錄取後才能成為舉人，但他們可以通過其它途徑進入官場，即使沒有成為舉人，也可以像舉人一樣戴金雀頂冠，穿藍綢邊的公服和披領。

這裏必須說明一點，就是可以通過捐納取得監生資格，甚至有錢也可買到官職，但卻不能憑捐納買到舉人和進士。舉人和進士必須通過考試獲得。至於有的通過舞弊手段非法竊取科名，那是另一性質問題了。

貢生和監生雖說是國子監的學生，但並不是長年在國子監學習。在國子監學習叫坐監，根據身份不同，坐監的日期有長有短，比如恩貢 6 個月，歲貢 8 個月，副貢 6 到 8 個月，拔貢、優貢 14 到 16 個月。雖有這麼些條條框框，都是徒具形式，真正在國子監讀書的，常常是寥寥無幾。人們注重的是國子監學生的名義和優遇。

以壯國威
——科舉對相貌儀表的考慮

　　科舉考試也要考慮到考生的相貌儀表，這從唐朝時就已開始了。到了明代，更把容貌作為重要條件。

　　查繼佐《罪惟錄》記載，洪武四年（1371），明朝舉行開國後的第一次科舉考試。本來擬定郭沖為狀元，可是朱元璋覺得此人貌不驚人，不足以顯示大明帝國的新興氣象，於是將氣宇軒昂、相貌堂堂的吳伯宗點為狀元，「以壯國威」。

　　明惠帝建文二年（1400），殿試原擬王艮為第一名，明惠帝聽大臣描述了王艮的長相，嫌王艮形象不佳，改為第二。誰來做狀元呢？閱卷大臣意見不一。一部分人主張胡廣，一部分人主張湯溥，誰也說服不了誰，只好請皇帝定奪。惠帝命令宣胡廣、湯溥上殿，他要親自看看再定。胡廣接到聖旨，立即前往。他長得文雅秀氣，一表人才，惠帝一看即中，就定他為狀元。不過惠帝覺得他名字不太好，「胡」通常指北方那些襲擾中原的少數民族，「蠻胡」怎麼能讓它擴張廣大呢。惠帝讓胡廣改名為胡靖，「靖」有安定、肅清的意思。湯溥本來長相也不差，可惜他動作遲緩了些，胡廣先他上殿，湯溥只能痛失狀

元桂冠。

前人創式，後人效尤，以貌取狀元就形成了習慣。陸容的《菽園雜記》裏說，正統元年（1436），明英宗朱祁鎮第一次臨朝試進士，大學士楊士奇主持閱卷。初定浙江的周旋為狀元，名單剛宣讀，就有人發問，周旋相貌如何？在場的幾位浙江籍官員連忙插話，說這個人身材修長，皮膚白皙，算得上浙江的美男子。當時沒有照相機，無法驗看相片，只好憑口頭描述了。大臣們一聽，那還有什麼好說，又有文才，又有扮相，就奏報皇上。御旨批准，周旋定為狀元。等到傳臚唱名，官員們大吃一驚。站出來的周旋不僅談不上漂亮，而且相當醜陋。浙江籍的幾個官員面面相覷，不知怎麼回事。原來浙江應試的考生中還有一個周王宣。周旋是溫州人，而周王宣是淳安人。「旋」和「王宣」，浙江人聽來音差不多，把周王宣當作了周旋，造成了誤會。生米煮成了熟飯，狀元已經宣佈出去了，也不好更改，周旋幸運地保住了狀元頭銜。

英宗有了第一次的經歷，第二次就謹慎了。正統四年（1439）殿試，大臣奏報名次，定張和為第一名。英宗不放心，特地派貼身太監去實地觀察一下長相。太監到張和的住處看了看，回來報告張和的一隻眼睛有毛病。英宗提筆將張和降至二甲第一（總第四名）。最後經過太監相面，取施槃為狀元。

讓皇帝操心中魁狀元的臉相，總不是個事。後來殿試初定名次後，乾脆就讓新進士們都到內閣來唱一次名，看了長相再確定狀元。陸粲的《庚巳編》記錄了一件趣事。成化十四年（1478）殿試，大學

士萬安主持閱卷。開始大臣們看了一天卷，找不出一份十分稱意的卷子。萬安左翻右翻，覺得江西泰和人曾彥的卷子比較出色。大家經過反覆比較，覺得萬安有眼光。當天晚上，入選新進士唱名。喊到曾彥時，萬安特意留神觀察一下。看上去曾彥身材偉岸，面目英俊，氣度不凡。萬安暗暗高興，一唱完名，就興奮地對同僚們說，狀元可以確定了。大家也一致同意萬安的意見。憲宗問明情況，批准了萬安所定名次。

待到傳臚唱名的那天，應聲站出來的狀元曾彥，皺紋滿臉，髭鬚滿腮，分明是個年將花甲的老漢，毫無儒雅之氣。萬安和大臣們大吃一驚。典禮結束，他們急忙找出曾彥的卷子看，怎麼看也覺得文章非常平庸。一夜之間有這麼大的變化，是大臣們眼睛有毛病，還是曾彥有神明相助，施了障眼法？其實，哪有神明相助，只不過是萬安和大臣們老眼昏花而已！

明弘治十二年（1499）殿試，原定浙江寧波人豐熙為第一名。皇帝派人去看豐熙的相貌，說一隻腳有毛病。於是改選廣東南海倫文敘為狀元。倫文敘身材高大，風姿英俊。據說其頭顱將近二尺長。但豐熙的對策寫得很出色，皇帝十分讚賞，遂定其為一甲第二名，卻賜同狀元及第，作為安慰。

豐熙成為戴狀元冠的副狀元，千古僅此一例。

到了清朝，考生在履歷表上要填寫「相貌」。因為當時沒有照相，這髭鬚就要認真了。常熟有個考生叫沈廷輝，30多歲，在相貌欄上填了「微須」。新任學官胡希呂為人固執，認為微須就是無須，

因此，其它幾位略有鬍子而填微須的考生，被看成假冒，遭到斥責，不准進場。沈廷輝和被逐的秀才們不服氣，就和胡學官爭辯起來。胡希呂生氣道：「朱熹老夫子在《四書注》中明明白白地寫道，『微者無也』。你讀書人連這點也不知道嗎？」秀才們反問道：「經書上說，『孔子微服而過宋』，難道孔老夫子脫得赤條條嗎？」胡希呂一聽傻了，張口結舌，無言回答。此後就不再斥逐「微須」者了。

清朝末年，國外已有照相機了。據說有人從國外攜帶照相機回國，要為慈禧太后拍照。起初，慈禧還怕靈魂被攝，予以拒絕。所以終科舉之世，科舉檔案中都沒有使用過照片。

六

魔道相生剋
——科場舞弊與反舞弊鬥爭

　　功名利祿的誘惑是較難抵禦的，考場舞弊作為考試制度的伴生物，它的陰影從一開始就籠罩在科舉場上。唐朝科考還有「察舉遺風」，採取「場內考試與場外推薦調查摸底相結合」的辦法，考場比較寬鬆。對此，我們不能以今天的眼光，統統說成「開後門」而加以否定。宋朝開始，採取糊名、謄錄、鎖院等制度，迨至明清，考試制度越來越嚴密了。但是，道高一尺，魔高一丈，舞弊也越猖獗，花樣也越刁鑽。這是封建專制制度下，官本位的權力體系與人才競爭機制之間不可調和的矛盾必然造成的。

　　唐朝常有雇「槍手」代考的。如著名詩人溫庭筠就是替人代考的老手。宋朝以後嚴格考場制度，槍手代考比較難了，夾帶便成為科舉考試中最常用的舞弊手段，搜查夾帶則是科場關防的主要任務。夾帶的東西不外乎是跟考試內容有關的經書典籍，或是前人高中者的優秀例文，或是好事者猜題擬作的範文。

　　最常見的夾帶形式是往衣服裏藏，往鞋帽裏塞。後來查得嚴了，就將衣服鞋帽做成夾層，把東西縫在夾層中。為了對付這種夾帶，清

朝規定，應試者衣服鞋襪統統必須用單層的，皮衣服要去掉布面子，氈衣要去掉布裏子。上有政策，下有對策，有人乾脆就在衣服上寫東西。至今北京故宮博物院還保存著一件寫滿密密麻麻四書五經的內衣，堪稱文物中的一絕。這樣寫的人算是笨的，有些精明的夾帶者採用的是密寫方式。他們用墨魚汁把四書五經寫在青面衣褲上，再在上面塗泥巴，外表上看什麼也沒有。入了考場，把乾泥搓掉抖一抖，文字就顯露出來了。過一段時間，字跡又會自行消退。

除了穿戴物以外，攜帶物也是用來夾帶的道具。一般進考場可以帶文具、餐具、食品、燭炭之類，用一個籃子裝著，考生就在這些東西上打主意。比如，把筆筒掏空，硯臺做夾底，蠟燭弄成空心，塞進夾帶物。或者把紙卷包在食品中。有些人專靠幫人製作夾帶物品賺錢。馮夢龍《古今譚概》裏說到，宋代有人用薄紙書寫參考文字，揉成紙球，公然在市場上叫賣，想必銷路不錯。後來又有人製作石印袖珍本四書五經出售，方便考生夾帶。明代萬曆十九年（1591），南方某地科試。點名進場時，士兵們讓考生一個個開懷解衣，仔細搜尋。一個考生脫開衣服後，兵士們發現他屁股下有根細線頭，伸手一拉，線頭牽著一個油紙包從肛門裏滑出來，紙包裏是一卷薄紙抄的四書五經之類。

乾隆皇帝登基後，對於日益猖獗的夾帶很惱火，下詔痛責舞弊歪風，並且作出規定，凡考生進入考場，硯臺不准過厚，筆管要鏤空，水壺要用泥瓷的，木炭不得超過二寸。蠟燭臺須用錫制的，單盤，臺柱空心通底。糕餅之類要切開。考籃須編成玲瓏格眼式，等等；又訂立嚴格的搜檢辦法，並且懸賞，誰抓到一個夾帶者，賞銀一兩。對抓

獲的舞弊者，枷鎖示眾。自此夾帶之風為之稍殺。

考官與考生串通起來舞弊，也是科舉場上的一個景觀。雙方約定暗號，考生在卷中寫出暗號，考官見暗號則給予好成績。這就是所謂的「關節」。《清稗類鈔》記載，湖南人李幼梅的祖父李星沅同某翰林有師生關係，這位翰林到李家作客，知道李幼梅博學多才，但科場不太順利，就對他說，如果我做了湖南的主考，一定錄取你。他們便約定，以當時流行的「水煙袋」為暗號，把這三個字嵌進詩的前兩句。第二年，這位翰林真的被派到湖南當主考。李幼梅知道了，心中暗暗高興，妻子見他喜形於色，便追問緣故。李幼梅把原委都告訴了妻子。他妻子回娘家又把這事告訴了母親。李幼梅的岳母再把它透給另兩個女婿。考試閱卷的時候，那位翰林發現三份卷子中都有「水煙袋」三個字，心中疑慮，斟酌再三，取二棄一。大概老天爺故意開玩笑，這棄去的正是李幼梅的卷子。李幼梅卷中詩的頭兩句是：「煙水蒼茫生，人材夾袋中。」好像是應了詩的意思，李幼梅「夾」得出不來了，倒便宜了二位連襟考中了。

嘉慶三年（1798），湖南鄉試，出現移花接木奇案。考生傅晉賢賄買考場吏役，偷換試卷。嶽麓書院高材生彭峨，在鄉試結束後，把自己答卷文章抄了一份送給老師嶽麓書院山長羅典。羅典看了，非常讚賞，認為可望奪得第一名。但揭榜後，彭峨卻名落孫山。而新刊發賣的闈墨（優秀答卷選）中，解元傅晉賢的答卷竟是彭峨的作品。羅典決心要弄個水落石出，替彭峨討回公道。他找到湖南巡撫姜晟，要求核對筆跡，鑒定真偽。鄉試是姜晟親自監臨的，事情弄不好要惹大麻煩。姜晟希望羅典私了，答應叫傅晉賢向彭峨賠償萬兩白銀。羅典

不為所動，堅持正義，告發了這一案。經過審查，是科場彌封官樊順成主謀，他讓傅晉賢出 1200 兩銀子，串通其它彌封官，把取在高等的彭卷抽出，割換卷面，移到傅晉賢名下，用私雕的假印加驗。樊順成得贓銀 200 兩。真相大白後，彭峨的科名失而復得，樊順成被處斬，傅晉賢被絞死，姜晟等一些考官都受到了處分（事見商衍鎏《清代科舉考試述聞》）。

光緒十九年（1893），正是鄉試之年。浙江省正副考官是通政司參議殷如璋和翰林院編修周錫恩。這殷如璋與浙江紹興人周福清是同科進士，算是年兄同學，素有交情。周福清就是魯迅先生的祖父。周福清見自己的老朋友來浙江當主考官，就想開後門，替自己長子周用吉（魯迅之父）弄一個舉人功名。

按照科舉規矩，考官一踏上本省境地，即刻處於嚴密關防戒備之下，連同所帶隨從人員，都要遷入貢院居住，軍警封鎖內外交通，不得拜客，謝絕謁見，一直到考畢放榜，才能宣佈撤銷戒備。周福清熟悉這套規矩，知道考官一進入浙境，就無法私通關節了。於是，他就早早趕到蘇州等候。7 月 27 日，浙江考官的座船順著運河南下到達蘇州。周福清不便親自前去拜會，就叫長工陶阿順拿了他的親筆信去見主考官殷如璋。據說，這信的內容很簡單，一張紙上寫著：「憑票付銀洋一萬元正。」另一張寫：「馬官卷、顧、陳、孫、章，又小兒第六，均用宸衷茂育等字。」此外，還附有周福清的名片。

這封信意思是明明白白的：一萬銀洋是許諾的酬金，要求賄取中舉的是「馬、顧、陳、孫、章及周用吉」等六人，「宸、衷、茂、育」

四字是暗號。

由於長工陶阿順辦事莽撞，此事被副主考獲悉，行賄敗露，周福清被關進杭州監獄，判處「斬監候」（類似死刑緩刑）。10 年後雖得到大赦，但周家已殘破不堪了。

為糾正考試夾帶歪風，皇帝下詔切責；為懲治科場買賄調卷，一個殺頭，一個絞死；查獲一封未遂的行賄信，判處斬監候。這說明封建統治者對科場舞弊是動真格的。聯繫清初丁酉科場案等大要案，對殺歪風、整腐敗，是痛下決心，雷聲大，雨點也大的，確實起了敲山震虎、殺一儆百的作用。但舞弊恰如蛔蟲，始終和科舉制共生同存，直至科舉制度　廢除為止。這也許可以看成是魔和道相生相剋、互為消長的道理吧。

頭上三尺有神明
——科場也有正氣歌

在千載科場競逐中，雖有污泥濁水，但相對而言，科場比起官場來還是乾淨些，這主要是有不少仁人志士、飽學君子在起主導作用。他們好比滿天星斗照亮著夜空；他們像根根樑柱，支撐著巍峨大廈；他們是科舉事業的主流；他們唱著科場正氣歌。下面舉幾個小故事，以見一斑。

「終南陰嶺秀，積雪浮雲端；林表明霽色，城中增暮寒。」這首詩的作者是唐朝洛陽人祖詠，詩題《終南望餘雪》。

據《唐詩紀事》載，這是祖詠在長安寫的應試詩。按照規定，應該作成一首六韻十二句的五言排律，但他只寫了這四句就交卷。有人問他為什麼不按規定寫，他說：「意思已經完滿了，何必畫蛇添足呢！」

因為詩不合科考規格，當然進士也考不中了。祖詠這種忠於藝術寧棄功名的精神，實在是難能可貴的。反觀和祖詠同場考試的人，有許多雖然考中了進士，但他們的應制詩一首也沒流傳下來，倒是祖詠

這首因不合規定而未予錄取的詩，卻千秋傳誦不衰。

宋真宗景德年間，朝廷舉行進士考試。來自四面八方的考生，都是經過州試和省試選拔上來的。大臣張文節上奏真宗皇帝：「臨川人晏殊，是一位神童，可否破格讓他應試？」真宗比較愛才，聽說是神童，就特許參加殿試。

這晏殊年紀雖小，臨場整理衣冠，器宇軒昂，神態坦然地進入殿堂，一點沒有拘束怯場的樣子。真宗看了，不禁暗暗稱奇。

不想晏殊拿起試卷一看，就說：「這個題目我在十天前已做過了，草稿還在，請另出一題吧。」真宗打心眼裏喜歡這個孩子的誠實作風，就重新命題。晏殊略加思索，提筆一揮而就，早早就交了卷子。真宗看了晏殊的文章，讚賞他學識不凡，文才敏捷，就特賜「同進士出身」。

清順治十五年（1658），常熟孫承恩殿試中式。在決定名次時，順治皇帝看到孫的名字，忽然想到常熟有個舉子孫暘曾犯事流放，不知這兩人是否有親屬關係？就傳旨學士王熙速去查詢核實。恰巧王熙素與孫承恩友善，就將實情告知。原來犯事的孫暘正是孫承恩親兄弟。王熙為好友前途擔憂。孫承恩沉思良久，慨然說道：「是禍是福，自有天命。我既不能欺騙皇上，也不能不認親弟。請你據實稟奏吧！」順治聽了王熙稟報後，讚歎道：「不欺君不賣弟，誠乃君子也。」當即欽點為狀元。

上面說的是一些優秀考生們的高尚風格。同樣，在歷代科場中，

也不乏清正廉明、潔身自好的考試官。唐朝尚書許孟容知貢舉，好友宋濟應考。可是許孟容堅持標準，不予錄取。揭榜後，宋濟很生氣，認為許孟容不夠朋友。許孟容特地設宴招待宋濟，說明公私道理，終於取得宋濟的諒解，雙方友好如初。宋哲宗元祐三年，蘇軾為主考官，好友李方叔落榜了。李方叔的母親哭道：「蘇學士為主考，我兒子卻考不取，今生無望了。」蘇軾寫了一首詩勸慰方叔，在「詩序」中說：「余與李方叔相知久矣。領貢舉事，而李不得第，愧甚。」蘇軾為什麼說「愧甚」呢？他是愧自己評文眼光不准啊！他自我解嘲地說，唐朝一位主考官叫呂謂，也把狀元卷子漏掉了。

清末著名學者俞曲園（1821-1907），浙江德清人。咸豐年間進士，曾任河南學政。據歐陽昱《見聞瑣錄》載，他的上司曹登康把22名考生條子交給他，要他照顧錄取。俞毫不徇情，把這些條子投於火中。及榜發，22人無一錄取。曹恨甚，上奏稱俞出題割裂聖賢語句，有攻擊朝廷之嫌。幸虧俞的老師曾國藩極力替他開脫，才使他免於處刑，僅革職回家。現在西湖邊的俞樓就是俞曲園的故居。俞曲園孫子俞陛雲，光緒年間探花；俞陛雲之子俞平伯就是受到毛澤東主席不公正批判的紅學家，1990年10月，90歲時逝世。

據金埴《巾箱記》：明崇禎年間，金蘭主持京城地區科試，他焚香起誓：「徇私舞弊，國法難容；埋沒人才，良心有愧。頭上三尺有神明，必有報應。」

「頭上三尺有神明」，這是迷信的講法；但在古代，科學不發達，又沒有馬克思主義作為指導，人們認知自然和認知社會的水準有

限,「敬畏神明」,這在客觀上起到防惡從善的作用。

在歷代科考中,流傳著許多奇聞軼事,實在令人不可思議,姑錄數例以廣見聞。據呂相燮《科場異聞》載:明朝江西泰和典史曹鼐,夜間看守女賊。女賊姿色豔麗,肆意挑逗,以求脫身。曹鼐呵斥止之,大書「曹鼐不可」於紙,對天焚燒自誓。後曹鼐應試,空中飄來一紙,有「曹鼐不可」四字。當時人有個習慣語,稱狀元為「不可」,取不可企及之意也。宣德八年(1433),曹鼐遂中狀元,此事廣為流傳。

錢詠《熙朝新語》:清雍正二年(1724)狀元陳德華於未第時,亦拒絕私奔女子引誘,援引前朝故事,也書「曹鼐不可」四字自勵。

《藤蔭雜記》載:乾隆二十八年(1763)狀元秦大成,居家盡孝,多有善行。其妻死後,母親買一姑娘為其續弦。洞房之夜,姑娘含悲而泣,秦大成問其緣由?答曰本已許配鄰村李某,因父母嫌李家貧,強令改嫁雲。秦大成頓生惻隱之心,立即禮送姑娘回家與李某成親,並奉贈嫁妝。後夢見神人與語:「送你一個狀元。」

明天順七年(1463),吉水彭教赴京會試。旅途投宿某店,樓上倒水,一枝金釧隨水落下,被彭教的隨行僕人拾得,未聲張。走了好多日,盤纏將盡,僕人獻出金釧,說明原委,想抵充川資。彭教大驚,命僕人立即返回,把金釧交還失主。僕人為難,說往返費時,將誤試期。彭教認為:金釧乃貴重之物,物主失去它,恐將鬧出人命。人命事大,考試事小,金釧不可不還。僕人只得聽命。果然,失主是一女子,因受屈正要自盡,金釧送到,救了她一命。彭教卻因此事耽

誤了試期。誰知這年考試貢院發生大火，燒死 90 多人。於是延期考試，彭教中式，次年廷試竟狀元及第。此事據張岱《快園道古》。但也有傳說還釧救人是永豐人狀元羅倫所為，不知孰是孰非。

朱國禎《湧幢小品》：明景泰三年（1451）殿試，紫禁城內驟起龍捲風。應試者王越剛書寫完畢的試卷被吹走了。第二年，朝鮮使者進貢，其中有一件禮物，竟是被風吹走了的王越試卷。王越遂得中進士，人們稱王越祖上必有積德。

清乾隆二十六年（1761）殿試，原擬浙江趙翼為第一名。恰巧西北戰事大捷，皇帝說，江浙人狀元很多了，西北還沒有，就定陝西王杰為狀元。趙翼作詩歎曰：「到老始知非人力，三分人事七分天。」

的確，這「七分天」是難以意料的。南宋淳熙間，汪玉山被任命為知貢舉。他馬上想到自己一位非常要好的朋友，屢試落第，自己這次得幫幫他。汪玉山趁尚未入闈，立即約朋友到浙江富陽郊外某寺廟會面。在富陽的寺廟裏，汪玉山與朋友同榻而臥，半夜時分，才悄悄告訴朋友自己可能知貢舉，約定考卷中用三個生僻的古字為暗號。考後閱卷，汪玉山果然在一份卷子中發現了這三個字，非常高興，估計是朋友的卷子，批了個上等，排在前列。閱完卷一拆封，那份卷子並不是他朋友的。汪玉山心裏暗暗奇怪。過了些日子，朋友來拜會，汪玉山十分生氣地責備他，為什麼把暗號賣給別人。朋友連連喊冤，並對天起誓，聲稱絕對不會幹這種事。他告訴汪玉山，他在考試那段時間突然患病，差點命都沒了，根本沒去應試。而且他也知道事情洩露非同小可，怎麼敢出賣。那麼，這究竟是怎麼回事呢？不久，那個以

暗號字得中的人來拜謁汪玉山。汪玉山問他，考卷中為什麼用三個冷僻的古字。那個人沉默了好一會兒，才告訴汪玉山，他也覺得此事蹊蹺。他敘述了事情的經過：此次來京考試，路過富陽，借宿於郊外一座寺廟。他和寺廟裏的和尚在殿堂邊閒步，見旁邊一個屋子裏放著一具滿是灰塵的棺材。和尚告訴他，那是一位官員女兒的靈柩，停厝10 年了，不見親人來問，又不好擅自埋葬。當晚他夢見一個女子對他說，應禮部試如用三個古字，一定能登高第，登第後別忘了幫她枯骨早點入土。他醒過來，覺得很奇怪。考試的時候，照著夢中女子所說用了那三個古字，果然高中。他有感於那女子託夢之言，日前已專程赴富陽寺廟，安葬那女子了。

汪玉山聽了臉色都白了，嚇出一身冷汗。此後每與親友談論，總是說：「冥冥之中，自有神靈，欺心虧心的事斷不可為也。」

八

詩對恩怨
——科舉人士奇聯妙對趣談

1962 年 10 月的一天，在海天佛國的普陀山，一位姑娘在梵音洞邊的礁石上徘徊。看她滿臉憔悴、愁思鬱結的樣子，必有什麼難解的焦心事。原來她因三次高考落榜，在愛情上又遭受挫折，就準備輕生，一了百了。幸經遊人發覺，及時救助，才未出事。恰巧，全國人大副委員長郭沫若正在普陀訪問，為勸慰那位女青年，就把前人一副名聯書贈給她：

有志者，事竟成，破釜沉舟，百二秦關終屬楚；
苦心人，天不負，臥薪嚐膽，三千越甲可吞吳。

這副對聯用了兩個歷史故事，表達了不達目的誓不甘休的決心與毅力。楚霸王項羽破釜沉舟，大敗秦軍；越王句踐臥薪嚐膽，吞吳雪恥。

那位女青年讀了這副對聯，重新點燃了生命的火花，鼓起生活的風帆，踏上新的征途。她後來還給郭老回了一首詩：「梵音洞畔幾彷徨，此身已欲付汪洋。妙筆竟藏回春力，感激恩師救迷航。」

顯然，這裏的恩師是指郭老，但原對聯的作者也是恩師。因為借郭老的筆寫出那副對聯，確有回春之力啊！

這副對聯的作者是誰呢？那就是寫《聊齋誌異》的蒲松齡。

蒲松齡，山東淄川人。他自幼聰明，才智過人，19歲應童子試，一連考中縣、府、道三個第一，取得秀才資格，名噪一時。可後來命運不濟，一次次赴試都名落孫山，只好回鄉長期作塾師謀生。

榜上無名，腳下有路。他決心寫出《聊齋誌異》。為了激勵自己發憤寫作，就寫了上述這副對聯。他當然想不到這副自勵的對聯，在200多年後，竟引起一位姑娘的共鳴，從而挽救了她的青春生命。

因一副對聯救人，也有因一副對聯結怨的。

明初江西吉水人解縉，是有名的才子。他出口成詩，常常借詩對諷刺人。毛澤東主席在《改造我們的學習》中引用的一副對子：「牆上蘆葦，頭重腳輕根底淺；山間竹筍，嘴尖皮厚腹中空。」據說就是解縉作的，用來嘲笑那些迂腐書生。因此，解縉雖才高卻容易得罪人。

解縉十幾歲就中了進士，到朝廷裏做官。有一次同官僚友們聚會，互相出聯對句。一個權臣看他乳臭未乾，嘴邊沒毛，蓄意當眾取笑他，出了上聯：

二猿斷木深山中，小猴子也敢對鋸（對句）；

這個上聯很刁鑽，有點不懷好意。用「小猴子」來隱喻解縉年幼

無知，少不更事；又用「對鋸」諧「對句」，顯然看不起解縉的才學。

解縉少年氣盛，才思敏捷，怎咽得下這口氣？立即對出更加尖刻的下聯：

一馬陷足污泥內，老畜牲怎能出蹄（出題）。

這裏用「老畜牲」暗指那位權臣，「出蹄」諧「出題」，對得天衣無縫。滿座人肚中暗笑，面上失色，羞得那權臣惱怒不得，無地自容。

後來，解縉為贊立太子和諫討交趾（安南）事，被該權臣構陷，下詔獄死時，正值英年。

過去科舉人士都會吟詩作賦，對聯乃雕蟲小技，文人學士之間互相聯對，屬於社交會友風流雅事。也有互相戲謔嘲弄的，但以不傷感情為度。明末崇禎朝戶部尚書姜垓出聯戲朋友徐枋：

桓溫一世之雄，尚有枋頭之敗；

借歷史故事把徐枋的大名嵌進去。徐枋是舉人出身，精於詩畫，他對的下聯也如法炮製：

項羽萬人之選，難逃垓下之誅。

這副對聯也許是讖語，都不幸而言中。不久明亡，徐枋父死難，一家流散；姜垓逃亡幾死，其兄削髮為僧。

傳說清代曾國藩與左宗棠常常意見不合。有一次，曾出聯求對：

季子有何高？與余意見竟相左；

原來左宗棠字季高，此聯剛好把他的姓和字嵌進去，而且語含輕蔑。左宗棠不僅是統兵戰將，也是詞壇老手，他的下聯也嵌進「曾國藩」三字，並回罵了他：

藩臣徒誤國，問爾經濟有何曾？

曾國藩考中三甲進士，就是「賜同進士出身」。因科名不算高，每耿耿於懷，引為憾事。這好比今天只是大專畢業，而非本科一樣。

有一次，曾國藩與賓客宴集，座中有一位客人叫李元度，也是江南名士，官任浙江鹽運使，新近娶了一位如花似玉的小妾，寵愛異常。曾國藩遂當眾笑道：「我有一題，看諸君誰能屬對？」上聯是：

替如夫人洗腳

如夫人者，小老婆也。李元度心知這位曾大帥有嘲諷之意，立即應聲答道：

賜同進士出身

下聯恰如一拳擊中曾國藩的心病，羞得他半天說不出話來。

清末江蘇常熟人翁同龢，是光緒皇帝的老師，屬於維新派。他曾任戶部尚書，掌管租稅錢穀和國家財政收支，相當古代的大司農官職。據說他與安徽合肥人李鴻章意見不合。李鴻章任直隸總督兼北洋大臣，八國聯軍侵佔北京後，又被任命為全權大臣，其職權相當於過

去的宰相。李鴻章是媚外賣國的典型人物，故翁同龢出聯嘲他：

宰相合肥天下瘦

李鴻章也反唇相譏：

司農常熟世間荒

出聯和對聯，都極富機趣。

明永樂十九年（1421），泰和曾鶴齡狀元及第。曾鶴齡赴試途中與浙江幾名應試者結伴同舟，當時南士赴京多取運河水路。浙江諸士沿路高談闊論，頗為狂妄自負，見曾鶴齡沉默寡言，便有些看不起，故意舉書中疑難叩問，曾鶴齡遜謝不知。浙士於是嘲議曾鶴齡淺學薄才，說他中舉赴試不過是偶然走運，索性稱他「曾偶然」，曾鶴齡也不計較。待金榜揭曉，曾鶴齡高居榜首，同行浙士則榜上無名。曾鶴齡寄詩致意云：

捧領鄉書謁九天，偶然趁得浙江船。
世間固有偶然事，豈意偶然又偶然。

此事見周文英等著《江西文化》引《堅瓠首集》。但另一傳說，也與這「偶然詩」大同小異。清朝廣東斗門縣有個秀才叫陳尚伯，家境貧寒，就到乾霧鄉教館，賺點微薄薪水，維持家計。他讀書用功，但不會應酬，所以有些人看他不起，笑他寒酸。恰巧這一年廣東鄉試，陳尚伯一舉奪魁。地方上幾個酸秀才，仍然不服氣，有的說，考中考不中，都是偶然的。有的說，今年文曲星害了眼病，看錯人了也

說不定。於是，陳尚伯也寫了一首《偶然詩》：

> 偶然不是這偶然，偶然直上九重天。
> 世界多少偶然事，諸君何不學偶然。

據《清稗類鈔》載：康熙九年（1670）狀元蔡啟尊，浙江德清人。當其未第時，路過江蘇山陽縣。該縣知縣是當初鄉試的同榜者，蔡寫了名帖上縣府拜訪，知縣接到門卒通報，在名帖後批字：「查明身份再來通報。」蔡憤然拂袖而去。想不到明年殿試，蔡中了狀元。山陽知縣連忙送了一份厚禮，表示歉意。蔡回寄了一首詩：

> 一肩行李上長安，風雪誰憐范叔寒。
> 寄語山陽賢令尹，查明須向榜頭看。

九

網眼釣榜眼
——科舉人士的婚戀故事

「金榜題名」「洞房花燭」「書中自有顏如玉」。關於科舉人士的戀愛婚姻，往往是當時人們最熱門的話題，有著永遠說不完的故事。

每當科考皇榜一出，便有豪門富戶爭相搶進士為婿，稱之為「榜下捉婿」。不僅進士如此，即使考取秀才和舉人的，也同樣是追星的對象。

梁啟超（1873-1929），字卓如，號任公，又號飲冰室主人，廣東新會人。他4歲開讀，6歲就讀畢五經，9歲就能洋洋灑灑寫出千言的文章了，所以被目為「神童」。光緒十五年，廣東鄉試，他考取第八名舉人。

鄉試放榜後，副主考王仁堪想自己女兒還無對象。而梁啟超少年英俊，才學不凡，前途未可限量，何不就把女兒許配給他？但又不便直面啟齒，不妨請主考官做個媒人吧！主意打定，就去找主考官李端芬。當王仁堪剛踏進李寓，還來不及寒暄，急性的李端芬劈頭一句：「你來得正好，我正有事找你商量。」王仁堪問是什麼事，李端芬

說：「我的妹妹李蕙仙，相貌出眾，又多才多藝，想請你做個媒，好嗎？」王仁堪問對象是誰？李答：「梁啟超。」王仁堪一驚，只好把要說的話咽回去。唉，「本是擇婿客，反成說媒人」。後來，梁啟超和李蕙仙結為夫妻。

《太平廣記》載，唐代狀元盧儲，當初向江淮郡守李翱行卷求薦。李翱女兒很有才華，她看了盧的詩文，大為讚賞：「此人將來必中狀元。」李翱知道女兒心意，就派人向盧儲提親，遂訂婚約。第二年，盧儲果然成了狀元，他滿懷欣喜，前去迎親，樂滋滋地寫了一首《催妝詩》：

昔年將去玉京遊，第一僊人許狀頭。
今日幸為秦晉會，早教鸞鳳下妝樓。

南宋紹興年間，士子陳修，早年喪妻，人勸其再娶，他說科考未捷，何以家為。一直孤身苦讀，到了73歲，才高中榜眼。宋高宗嘉其心志，憐其孤苦，遂賜23歲宮女施氏為婚。施氏從此飛出宮禁，得配進士，真是喜出望外；雖夫婿年老，也心甘情願。而陳修以古稀之年，娶宮女為妻，好比遇見天仙下凡，更是心滿意足。於是，比翼繾綣，甚得閨房之樂。有好事者戲為作詩云：

熟讀文章多少擔，老來方得一青衫。
新人若問郎年紀，五十年前二十三。

這類老少配的婚事，在科舉人士中，恐怕是並不少見的。明朝一位李姓舉子，也是古稀之年，髮妻亡故，幸而高中恩科。有媒人上門

提親，說一位 17 歲姑娘，頗通文墨，因家庭變故，遭遇困厄，願嫁新貴人。洞房花燭之夜，李某自慚年大，又辛酸又高興。新娘作詩勸慰曰：

月下結緣金紫郎，調頭兩好正相當。
洞房何必論年紀，笑看梨花壓海棠。

這詩或許是好事者所作，而託言新娘以資笑談耳。七十老翁，調一個頭不正是十七少年郎嗎？

這裏說一個溫州民間流傳的網眼釣榜眼的故事。

網眼，是打魚工具的網路；榜眼，是進士第二名。這二者雖是諧音，但互不搭界，是風馬牛不相及的事物。故事的起因是這樣的：

明朝中葉，永嘉寺前街王家有一個孩兒叫王瓚，天資聰穎，讀書用功，在學館裏就數他的成績最好。到了 13 歲那年，按當地風俗，是定親的時候了。王瓚的父親王梅軒就託媒人物色對象。

近村茅竹嶺下富戶張達龍有個 12 歲的獨生女，容貌姣好，又知書達理，性情溫柔，是張達龍的掌上明珠。求親的進進出出，連門檻也被踏破了。張達龍揀這揀那，沒一個合意的。

有一天，媒人上門替王家做媒。張達龍早就聽說小王瓚讀書好，王家雖不富裕，倒是正派人家，就一口答應了，擇日舉行定親儀式。定親那天，王家叫家人阿福挑了一擔禮盒，隨著媒人到了茅竹嶺下，張達龍早在路上等候，不等媒人開口，就拉住媒人附耳說：「我女兒

堅決不同意這門親事，我做父親的也不好強迫。請你將禮盒挑回去，改日我向王梅軒先生賠禮道歉。」媒人和阿福聽了，氣得說不出話來。

為什麼有這個突然變故呢？原來有幾個學館的孩子聽說張家小姐要定親，就向她開玩笑說：「張家小姐一朵花，嫁給寺前爛腳三。」張小姐臉漲得緋紅，哭著對父親說，死都不嫁給爛腳的人。

那麼，小王瓚是否爛腳呢？只是有一次王瓚走路不小心，被荊棘刺破了小腿，包了幾貼草藥就好了。小朋友們開玩笑叫他「爛腳三」，因王瓚在兄弟中排行第三。這個綽號叫開了，說者無意，聽者有心，所以張家小姐誤以為王瓚真的是爛腳。

現在，阿福和媒人感到左右為難了：如果將禮盒挑回去，不僅鄰里笑話，也太不吉利了。只好慢慢地沿著甌江邊走，邊走邊想辦法。過了半個時辰，恰巧走到江邊楊宅。這時，一位叫楊為善的打魚人，正在陡門邊扳罾。看見走來的兩個人，好像心事重重，就問：「兩位客人，禮盒挑到哪裏去呀？」阿福滿肚的氣正沒有地方出，就應了一句：「誰家有女兒，我就挑到誰家去！」楊為善一聽話音，猜出他們定是在親事上出了問題，就笑著勸慰說：「人客，先把擔歇下來，慢慢講清楚，我老楊為你們兩人出出主意。」

阿福就把經過情況詳細說了一遍。楊為善聽了，就說：「這事不難，我恰有一個女兒，長得標緻，又聰明伶俐。只是姻緣往往有天數，待我將網收起來，如果有一對鯉魚，這婚姻就算數；如果網上的魚是單數，或者沒有魚，那就請你到別家去想辦法。」說著網罾慢慢

地拉上水面，一看，不多不少，正好是兩條金光閃閃活蹦亂跳的鯉魚。

後來，王瓚中了榜眼，漁家出身的楊氏也成為誥命夫人，雙雙衣錦還鄉，群眾就說楊家的「網眼」釣了「榜眼」。王瓚想起當年被張家拒婚的事，仍然不痛快，當官轎抬到茅竹嶺下時，他故意掀起轎簾，捲起褲腿，想讓嶺下張家看看是否爛腳。整個嶺下村的人都來一睹榜眼公的風采，惟獨張家閉門不出。所以看熱鬧的人都說：「氣煞嶺下張，笑煞江邊楊。」

據史書記載：王瓚（1462-1524），字思獻，明弘治九年榜眼及第，曾任禮部侍郎，有《甌濱文集》問世。王瓚為官公正廉潔，敢於諷刺大宦官特務頭子劉瑾，幾乎得禍。後劉瑾伏誅，王瓚才轉危為安，舉世號稱直臣。

第九章

科舉萬花筒（下）

酸葡萄心理
——科舉功名過眼雲煙之一

科舉，好比一張遮天蓋地的大網，或如神話小說裏所寫的乾坤袋。無論是巍巍青山，滔滔大河，滾滾紅塵，盡在此網中，收入此袋裏。千百年間，哪一個讀書士子能跳得出來？

人們可以在口頭上說不慕功名，厭棄科舉，可心裏卻酸酸的。許許多多的士子都有這種酸葡萄心理，唐朝著名詩人孟浩然也曾這樣。

「春眠不覺曉，處處聞啼鳥；夜來風雨聲，花落知多少。」這就是孟浩然作的，差不多家喻戶曉，人人會背。1992年，香港舉辦「最受歡迎的唐詩選舉」，結果選出10首，這首《春曉》就是其中之一。可見孟浩然的詩，千百年來深受人們的喜愛。

孟浩然（689—740），湖北襄陽人。40歲以前隱居家鄉鹿門山，讀書作詩為樂。後來想想，做隱士固然好，就這樣隱居一輩子，畢竟不甘心，還是要求取功名。「鄉曲無知己，朝端乏親故。誰能為揚雄，一薦甘泉賦。」（《田園作》）「欲濟無舟楫，端居恥聖明。」（《臨洞庭上張丞相》）於是，收拾行李，到長安去應試。

可是，時運不濟，沒有考取進士。孟浩然就以詩會友，廣泛交遊，王維就是他的詩友之一。王維狀元及第，少年得志，正在朝廷當監察御史。有一次，他邀孟浩然到辦公的內署見面，切磋詩藝，談興正濃，忽然玄宗皇帝蒞臨，孟浩然只好躲在床下。玄宗覺察到屋裏有人，又見桌上攤著詩稿，就問王維這詩是誰寫的？王維知不能隱，就如實稟告：「是朋友孟浩然的作品。」玄宗說：「既然是詩人朋友，就請出來　相見吧！」孟浩然連忙從床下爬出，整衣拜見。玄宗讀了幾首詩，都點頭贊許，當讀到《歲暮歸南山》時，眉頭卻皺起來了：

北闕休上書，南山歸敝廬。
不才明主棄，多病故人疏。
白髮催年老，青陽逼歲除。
永懷愁不寐，松月夜窗虛。

玄宗不高興地說：「你自己說北闕休上書，不求仕進，怎麼責怪朕棄你不用呢？你進士沒有考取，也沒有設法求見，我日理萬機，怎麼會知道你呢？你還是回到南山隱居去吧！」孟浩然無言以對。

孟浩然本來還想再應試，既已觸怒玄宗，自知功名無望了，就回到襄陽，終身是個布衣，後病疽死。

平心而論，孟浩然這二句詩不能稱盡善盡美。「不才明主棄」，固然惹惱了玄宗；那麼「多病故人疏」，是否就令朋友們心悅誠服呢？恐怕未必。實際上應該這樣寫才對：

「我這幾年身體不大好，有的朋友看我常常生病，就討厭我，但

並不是所有朋友都是這樣。其實，有不少朋友還是依舊熱情對待我，就拿眼前的王維老弟來說，身為狀元了，也並沒有疏遠我呀！」

但這樣一寫，雖然很全面，可半點詩味也沒有了。唉，寫詩真難！

作詩，當然要運用誇張、比喻、形容等修辭法，但如何顧及實事求是原則，也是不容忽視的問題。用酸葡萄心理寫詩，藝術性可能很強，但往往經不起邏輯的推敲。

二

偎紅倚翠難度日
——科舉功名過眼雲煙之二

寒蟬淒切，對長亭晚，驟雨初歇。都門帳飲無緒。留戀處，蘭舟催發。執手相看淚眼，竟無語凝咽。念去去千里煙波，暮靄沉沉楚天闊。

多情自古傷離別，更哪堪冷落清秋節！今宵酒醒何處？楊柳岸曉風殘月。此去經年，應是良辰好景虛設，便縱有千種風情，更與何人說。

這首《雨霖鈴·寒蟬淒切》，是北宋詞人柳永所作，描寫深秋傍晚，一對戀人在汴京郊外長亭裏，執手分別的情景。其中「今宵酒醒何處，楊柳岸曉風殘月」，更是融情於景的絕唱。這首詞是柳永的代表作，也是北宋婉約詞派的傑作之一。

柳永（980-1053），原名三變，字耆卿。因兄弟輩排行第七，又稱柳七，福建崇安人。其父當過縣官，有一份豐厚的家產，故柳永青年時代在汴京，過著花天酒地的生活。整日出入秦樓楚館，穿行花街柳巷，與歌姬妓女們混在一起，編寫詞曲，讓她們彈奏演唱。故他的

詞曲風靡一時，有「凡有井水飲處，即能歌柳詞」的說法。

但是，在提倡「聖人之道」的宋代，對於這種偏重抒情的「純文學」畢竟是排斥的，何況柳永有些作品還涉及「淫詞褻語」，就更有傷風化了。封建統治者儘管自身荒淫無恥，「後宮佳麗三千人」，可對老百姓還是要慎男女之大防，強調禮教治天下的。所以，柳永的所作所為自然被目為「離經叛道」，為當世所不齒了。

就在這樣的情勢下，柳永第一次應試失敗了。

柳永考進士落榜，非但不改變作風，反而更加放蕩了。他填了一首《鶴衝天》詞，其中有句云：「黃金榜上，偶失龍頭望」「才子詞人，自是白衣卿相」「且恁偎紅倚翠，風流事，平生暢。青春都一晌，忍把浮名，換了淺斟低唱！」這意思是，偶然考不中進士，算得了什麼？我做個才子，填詞作曲，比你宰相大臣還要風光。青春易逝，百年光陰只一瞬間，拋掉身外浮名，還是和歌妓們吃吃酒唱唱歌，多麼快活呢！這首詞很快流傳開來，連宋仁宗也知道了。

柳永第二次去考進士，因為成績優良，會試錄取了。到了殿試時，宋仁宗看到「柳三變」名字，就想到《鶴衝天》的詞，皇帝發話了：「這個人喜歡和歌妓們淺斟低唱，不要浮名，那何必來考進士呢？還是讓他去做白衣卿相吧！」

結果，又落榜了。柳永索性自號「奉旨填詞柳三變」，尋花問柳，玩得更痛快了。

可是，慢慢地他玩得不大痛快了，因為他犯了一個常識性的錯

誤。他不知道吃喝是要錢的，一日開門七件事，柴米油鹽醬醋茶，哪一樣都需要錢；「偎紅倚翠」，就同今天找「三陪女」差不多，沒有錢，誰陪你？因為他是公子哥兒，一切都有父親給錢。後來，他父親去世了，家產也花得差不多了，這就迫使柳永認真思考，今後怎麼辦？他既不會種田，又不會做工，窮愁潦倒，當然什麼也玩不成了。如果去種田做工，胼手胝足，滿身汗臭，根本談不上「偎紅倚翠」「淺斟低唱」了，惟一的出路就是科舉做官。所以，他只好把放浪的作風收斂起來，重新攻讀詩書，又把名字改為「柳永」，又去求助宰相晏殊，托他在皇帝面前講好話。這樣，第三次再去考進士，總算考中了，派他去當一個屯田員外郎的小官，每月有五斗米薪水，肚皮總算能填飽了。

好為子孫謀
——科舉功名過眼雲煙之三

《紅樓夢》裏有首「好了歌」：

世上都曉神仙好，惟有功名忘不了；
古今將相在何方，荒冢一堆草沒了！
世上都曉神仙好，只有兒孫忘不了；
癡心父母古來多，孝順兒孫誰見了？
……

為兒孫謀取科舉功名的，千千萬萬。如按正規走，那也是人情之常；如借權力侵蝕科舉，悖理違法，則不僅害己，也將貽誤子孫。張居正就是這樣，到頭來竹籃打水一場空。

明神宗宰相張居正（1525-1582），湖北江陵人。嘉靖二十六年進士出身。他是一個頗有爭議的政治人物。褒之者稱為明朝「宰相第一」，貶之者斥為「權奸」。

因為朝廷裏有派性，品評人物各有偏頗，這不足為怪。但從歷史資料看來，張居正倒不失為「救時之相」。他的許多改革措施，都切

中時弊，對穩定國家大局，發展社會生產，收到了較好的效果。尤其是他重用戚繼光、俞大猷、譚綸等人，平定倭寇，保衛海疆，其功更不可沒。但正因為搞改革，就得罪了許多人。

張居正是一個有許多缺點和錯誤的好人，一條重要錯誤就是沒有過好「家庭關」。

萬曆初年，張居正長子敬修會試落榜，這本來是尋常的事，在分數面前人人平等嘛，難道你宰相的兒子就非高中不可嗎？可是張居正不高興了，他給考試官一點「小鞋」穿，又停止當科的「館選」，以示報復。什麼叫館選呢？就是在應屆進士中選一些人進翰林院。現在卻不選了。人的眼睛是雪亮的，考試官們背後紛紛議論了，你張居正自命「公正」，也教育下屬要秉公辦事，可對自己兒子就私字當頭了，你算不得「賢相」。

萬曆五年，張居正次子嗣修應試，這一回立竿見影就中了進士第二名「榜眼」。據張瀚《松窗夢語》說，張嗣修殿試的那次，張居正裝模作樣地迴避，不參加閱卷。副宰相張浦州主持閱卷，初定名次，張嗣修在二甲第一，也就是總第四。按程序呈送皇帝欽定。皇帝大多是走過場，照準而已。張居正早已買通了皇帝左右的太監，他讓太監把送上去的前二名卷子挪到第三第四，原來的第三第四擺在上面。皇帝照太監捧來的卷子順序一念，便成定局。張嗣修由二甲跳到一甲，成了榜眼。一些官員覺得張居正太過分了。張居正大言不慚地說，他張浦州是我引薦給皇帝的，為什麼那麼小氣，不肯把一甲給我兒子呀！

萬曆八年，張居正三兒子茂修應試。這一回，張居正更覺得自己年老了，有權不用，過期作廢，就大大地做了一番小動作。他親自寫了一篇「策問」，叫三兒子背熟，殿試時真正是一揮而就，果然中了狀元。長子敬修同榜中了二甲十三名。

三兒子中狀元後的第三年，張居正得病而死。據說張居正還有第四、第五個兒子，年尚幼。故有人作詩云：「狀元榜眼盡歸張，豈是文星照楚鄉。若是相公身不死，五官必定探花郎。」（熊慶年《科舉百態》）。

張居正死後，反對派就大張旗鼓地進行攻擊，羅列了張居正許多罪狀，其中「以巍科私其子弟」就是一條，意思說張居正以權謀私，讓兒子科名高中。

神宗皇帝登基時，還是個孩子，全靠張居正輔政，10 年功夫，兵精糧足，海內粗安。神宗稱之為「先生」，尊之以師禮。可是神宗這個人心術不定，耳朵又軟，張居正死後屍骨未寒，就翻臉不認人了，立時下詔查抄家產，掃地出門。張居正長子敬修在酷刑下被逼自殺，次子嗣修革職，三子茂修流放充軍。全家被關禁餓死了十幾口人。張居正本人「死有餘辜」，撤銷一切榮譽封號，差一點要「掘墓鞭屍」，後來不知道誰勸了一句，才算作罷。神宗把張居正的改革措施全部推翻，重用了一批不學無術的小人，另搞一套。這樣一折騰，國事不可問矣，明王朝也不可救藥了。

張居正這個人不但頗有才能，且思想也比較開通，倒有點樸素的唯物主義精神。比如他不相信長生不老，人死了「一暝而萬世不視」；

認為喪葬只是避免屍骨外露，別無深意，故不需厚葬。此外，他提出對大臣子弟應嚴格要求，「不宜與寒士爭進」，等等。這些無疑都是很正確的。可對自己兒子偏偏忘了這一條，竟「與寒士爭進」了，雖然科名高中，最後還是《好了歌》所唱的下場，惜哉！

東方莎士比亞
——科舉功名過眼雲煙之四

筆者在拙著《漫談作文「訣竅」》（北京市：北京語文出版社，1994年再版）中曾引述了一個故事：

德國19世紀文藝界的兩個名人貝多芬和歌德，本來是互相尊重的。但是，有一次他倆在波希米亞浴場邂逅後，卻怒氣衝衝地分手了。那天午後，當貝多芬正和歌德熱烈地敘談時，德國皇室裏一群人走過來了。皇太子一向崇拜貝多芬，就熱情地脫帽致敬，皇后也跟著點頭致意。貝多芬非常厭惡貴族，把頭一昂，裝做什麼也沒看見。歌德可不同常態了，他受寵若驚，連忙整理好衣領，脫帽彎腰，向皇后和太子致敬。看到歌德這副卑躬屈膝的樣子，貝多芬斥責道：「你不是我想像中的《浮士德》的作者，你是一個可笑的庸人！」正如後來恩格斯所指出的：「歌德有時非常偉大，有時非常渺小。」而貝多芬不媚權貴的骨氣，頗為世人所稱道。西諺有云：「天下王子千千萬，貝多芬只有一個。」

無獨有偶，這和湯顯祖的故事有點類似。

明代著名戲劇家湯顯祖（1550-1616），字義仍，號海若，又署清遠道人，江西臨川人。他的父祖輩不僅嗜書喜文，尤愛戲曲藝術，湯顯祖從小耳濡目染，就對戲曲發生了濃厚的興趣。

湯顯祖 14 歲中秀才，20 歲中舉人，早就文名遠播不同凡響了。萬曆五年，湯顯祖與好友沈茂學一同赴京考試。沈茂學的才華雖遜於湯顯祖，但也出類拔萃，是士子中的佼佼者了。

當時宰相張居正也聽說湯顯祖和沈茂學兩人是當今才子，有心收攬人才，為己所用；同時，他又有一個小算盤，因為次子嗣修才學平平，想藉此機會讓嗣修和才子結交，可以作為掩護，同登金榜，以堵曉曉之口。

於是，張居正派人到了學館，對湯顯祖和沈茂學說：「首輔大人久聞二位相公的才名，願一睹風采，來日務必請到相府一敘，便宴款待。」沈茂學一聽，不禁大喜道：「想不到首輔大人如此虛懷若谷，禮賢下士，看得起我們這些窮書生，明日一定前來拜見求教。」可湯顯祖卻冷冷地說：「我一向潔身自好，無意趨奉權貴。功名全憑本領，不願以自輕鑽營換取。我明天有事，茂學兄願意去，只管自己去，我恕不奉陪。」

張居正聽說湯顯祖不肯前來，不禁怒道：「我張居正少年進士及第，文名滿天下，歷經嘉靖、隆慶至今，也是三朝元老了。當今皇上委政於我，文武百官依附於我，天下大事惟我一言是決。湯顯祖區區小子，不識抬舉，敢藐視老夫，真是豈有此理！」

這次考試結果，沈茂學中了狀元，宰相次子嗣修得了榜眼，而才華傑出的湯顯祖榜上無名。考生們都為湯顯祖抱不平，湯顯祖說：「我得罪了當朝權貴，豈能再登金榜？但我視富貴如浮雲，沒有進士也罷，賦詩唱曲，足娛平生。只是世事茫茫難自料，恐怕今日赫赫權貴，到頭來不免南柯一夢罷了。」

萬曆十年，張居正病死，果然滿門遭殃。湯顯祖再赴京試，順利得中進士，當了七品芝麻官。湯顯祖為官清正，愛護百姓，扶持農桑，政績斐然。但幾十年宦海浮沉，他看透了官場黑暗，毅然辭職回鄉，築居玉茗堂，專注於戲曲創作，寫出了《紫釵記》《牡丹亭》《南柯夢》《邯鄲夢》，並稱「玉茗堂四夢」。這些戲曲反映出現實主義與浪漫主義相結合的藝術特色，體現了反對封建禮教、追求個性解放的思想主題，對後世的戲曲創作產生了深刻的影響，尤其《牡丹亭》一劇更是千古絕唱。後人評價他為「絕代奇才，冠世博學」，譽其為「東方莎士比亞」。

五

「一人永占」
——科舉功名過眼雲煙之五

上篇提到「東方莎士比亞」湯顯祖，本篇再說明末清初戲劇家李玉。

原來封建時代的科舉，雖然鼓吹公開考試、公平競爭、公正錄取，但卻限制奴婢和賤民出身者參加科考。這就是封建統治者的階級局限性。李玉出身奴婢之家，但他從小飽讀詩書，才華橫溢。他也想「學而優則仕」，通過科舉，青雲直上，顯親揚名，但他這一願望卻為無情的現實所打破。首先是家主申紹芳百般阻攔，認為家奴之子不配參加科考。接著，又因阻攔不果，而將他告到官府那裏去了。這一連串的壓制與打擊，終於使李玉對仕途心灰意冷，他轉向於戲曲創作，並藉此抒發、宣洩自己的情懷與感慨。

在歷史上，關於李玉身世的資料非常有限，僅散見於一些私人筆記及有關著述的序跋題記之中。據褚贛生《奴婢史》考證：李玉，字玄玉，後避清康熙帝玄燁之諱，而改字元玉。別號一笠庵主人、蘇門嘯侶。蘇州吳縣人。他大約生於明萬曆末年，卒於清康熙二十年（1681）。李玉父親姓名無考，只知其為世代官宦蘇州申家的奴僕。

申家之著名者為申時行，他於明萬曆六年入閣，萬曆十九年告老下鄉，直到萬曆四十二年去世。其子孫亦相繼為官，大兒申用懋官至兵部尚書，小兒申用嘉官至廣西參政，孫申紹芳曾官戶部侍郎。需要特別指出的是，自申時行辭官家居以後，申家一門皆對歌舞戲曲甚感興趣，廣蓄聲伎，家樂極盛。李玉作為申家奴僕之子，自小即受到這種環境的薰染，這無疑為他日後戲曲事業的成功打下了基礎。

李玉仕途無望，就一心撲在戲曲事業上。事實證明李玉的這一抉擇是正確的。這不僅更好地發揮了他自己的才幹與專長，而且有力地推動了中國戲曲藝術的發展。他不但創作出 30 餘種戲曲佳作，而且還較深入地探討了中國戲曲的起源與發展。李玉所創 30 餘種戲曲，今仍存 19 種，其中尤以「一、人、永、占」四出著稱於世。「一」，指《一捧雪》；「人」，指《人獸關》；「永」指《永團圓》；「占」，指《占花魁》。在這些劇作中，李玉皆無例外地表現了自己的思想感情，愛誰恨誰，一目了然。如他在《一捧雪》中，就精心謳歌了一名忠僕，如撇開歷史局限性不談，其所表現的忠僕俠義精神的確頗為感人。

《一捧雪》中的忠僕名叫莫誠，他正直善良，通情達理。他隨主家莫懷古一道上京師補官，結果因嚴嵩之子嚴世蕃索要莫家傳家之寶（一隻名為「一捧雪」的玉杯）不果，而欲陷害莫懷古時，莫誠以身代主，從容就死。李玉為何要塑造這樣一個奴僕形象，他自己在該劇中借別人之口有所表露，即身為社會下層的奴僕不能默默無聞地虛度一生，應「爭光出氣」「萬古流芳」，所謂「金石寸心堅，忠義實堪傳」，無疑是李玉自己內心思想的真實流露與表白。無怪乎前人早已

看出其創作《一捧雪》的動機，如清代焦循在《劇說》卷四中即直接指出：「其《一捧雪》極為奴婢吐氣，而開首即云：『裘馬豪華，恥爭呼貴家子。』意固有在也！」

　　李玉在科舉上沒有占得一個名次，但在戲曲事業上卻「一人永占」了。

莫作「兩忘」人
——科舉功名過眼雲煙之六

諺云:「上臺終有下臺日,得意須思失意時。」科舉人士一旦取得功名,所謂「十載寒窗無人問,一舉成名天下知」,「朝為田舍郎,暮登天子堂」,由於反差太強烈了,往往被勝利衝昏頭腦,而他們最容易犯的毛病,就是「得意忘形」。待到加官晉爵以後,有人拍馬溜須,有人送財獻寶,他們最容易「見利忘義」,被糖衣炮彈擊中,斷送了前程。

下面兩個得意者的故事,令人深思。

康熙二十九年(1700),年羹堯考取進士,一路青雲直上,春風得意,升任川陝總督,平定青海和西藏叛亂,加上擁立雍正登位有功,被授撫遠大將軍,封一等公,權勢顯赫,炙手可熱。

於是,年羹堯居功自傲了。他濫殺無辜,招怨樹敵,貪贓枉法,令路人側目。當赴京朝見皇上時,要總督巡撫等地方官員在路旁跪送;到達北京時,街道戒嚴,王公大臣出郊迎候。雍正皇帝表面上雖優禮有加,但實際上心懷疑忌,早有烹狗之念。

年羹堯少年讀書時，塾師王老先生對他說：「賢弟聰明英俊，將來必能金榜題名，取富貴如拾芥。老夫有八字相贈：『朝乾夕惕、急流勇退』，切記切記，望好自為之。」年羹堯俯首答道：「謹遵師父教訓，銘記在心。」朝乾夕惕，是一句成語，表示朝夕戒懼，不稍懈怠的意思。如調一個頭，意思也同樣。

雍正三年二月庚午，恰遇罕見天象，日月合璧，五星聯珠。年羹堯在賀表中使用了「夕惕朝乾」一詞。雍正大怒：「年羹堯故意把朝乾夕惕顛倒了，眼裏還有皇上嗎？」主子既然開了口，平日裏對年羹堯不滿的官員紛紛奏本揭發，本來拍馬討好的人也反戈一擊，落井投石。皇帝傳旨把年羹堯逮捕，並判其犯有大逆罪 5 條、欺君罔上罪 9 條、越權罪 16 條、狂妄悖逆罪 13 條、獨斷專行罪 6 條、忌刻罪 6 條、殘忍罪 4 條、貪污瀆職罪 18 條、侵蝕罪 15 條，共計 92 條大罪。按律當凌遲處死，雍正表示從寬，詔令自裁。其子年富斬首，其餘親屬充軍戍邊，婦女為奴，全部家財查抄沒收。偌大的一個將軍府也就換了新主人。

天台山上那位王老先生淚眼北望，喟然歎道：「老夫八字贈言，全沒記住。後四字根本忘了，前四字又記顛倒了。可悲啊！」

王黼，北宋祥符時人。據說兒時因進餐亂撒飯粒而受到母親指責：「你這樣不愛惜糧食，將來會報應的，以後餓肚子就苦了。」王黼卻頂嘴道：「我用功讀書，以後中舉做官，書中自有千鍾粟，還怕沒飯吃？」王黼的父親聽了兒子這番話後，滿心歡喜道：「兒啊！你想到讀書中舉，也算是有志氣的。但你母親的話也是金玉良言，你可

要牢記在心，日後終身受用。我教你讀一首唐朝李紳寫的《憫農詩》吧！」

宋徽宗年間，王黼考中進士，當了朝廷大官，過著錦衣玉食僕婢侍候的富貴生活，漸漸地忘了「誰知盤中餐，粒粒皆辛苦」了。從雕樑畫棟的府第裏，每天都有白花花的剩飯通過廢水溝排出牆外。一群群麻雀飛集而來，爭啄著溝邊的飯粒。所以，王宅牆邊，麻雀聲響成一片。

王宅隔鄰不遠有一座古寺。寺僧看著這些珍珠般的飯粒，不禁搖頭歎息，就拿了簸箕和笊籬，將它撈起來，用清水洗淨曬乾。短短的幾年功夫，竟積了滿滿一囤。

古話說：「天有不測之風雲，人有旦夕之禍福。」王黼因主張聯金攻遼，反被遼兵所敗，新登基的宋欽宗以「誤國」罪將其革職查抄，關押在王宅隔鄰的古寺裏，聽候審判發落。時值嚴冬臘月，一家男女老少惶惶如喪家之犬，缺衣少糧，狀甚淒慘。平日裏一班趨炎附勢的朋友害怕牽連，都遠遠避開了；有的還落井投石，水中打狗。只有寺僧一日三餐送來飯食，全家人賴以果腹。

王黼垂淚拜謝寺僧道：「師父大恩大德，我王某沒齒不忘，只有來生補報了。」寺僧答道：「出家人以慈悲為懷，施食並不望報。」王黼又說：「請問師父，你送來的飯特別香甜可口，好像不是普通稻米煮的。」寺僧笑道：「實不相瞞，這些米飯原是君家之物，我不過是物歸原主罷了。」於是，把廢水溝撈飯粒經過一一說了。王黼聽了，羞慚滿面，仰天長歎道：「我暴殄天物，該有惡報。這叫自作

孽，不可活了。」遂絕食而死。

科舉人士也不乏頭腦清醒、潔身自好的堂堂君子，呂蒙正就是一例。

> 一炷清香一碗泉，灶君司命上青天。
> 玉皇若問人間事，蒙正文章不值錢。

相傳這首《祭灶君詩》是呂蒙正青年時寫的。舊時風俗，每年農曆十二月二十四日，灶神要上天庭向玉皇回報。所以家家戶戶焚香祭供，使灶神吃得滿意，可以幫主人家講好話，求得來年吉利。但是，呂蒙正因為家貧，連酒肉也供奉不起，只有一碗清泉水，實在怠慢了。如果玉皇問起來，就請灶君照直說：「呂蒙正還沒有中舉，所以文章不值錢。」

呂蒙正（944-1011），字聖功，河南洛陽人。太平興國年間狀元，是北宋時著名宰相。相傳呂蒙正少時寄住山寺苦讀，寺僧每晨施食，排隊分饅頭。呂蒙正天天聞雞起舞，趁著晨曦讀書，早早就去排隊，順利領到一份食品。

忽一日，寺僧說今天破除舊規，從排尾分起，恰好分到排頭，對不起，就少了你呂相公一份。呂蒙正只好餓肚子了。第二天索性等隊排定了，才姍姍來遲，站在排尾。可寺僧說今天仍按老規矩，從頭分到尾，對不起，呂相公，又少您一份。呂蒙正心知寺僧有意捉弄自己，但在他人屋簷下，不得不低頭。第三天瞅準時機，排在當中，看你這刁和尚又有什麼花樣？不料寺僧從頭尾分起，到了中間，對不

起，呂相公，又少了您一份。

後來，呂蒙正中了狀元，名聞天下，重遊山寺，寺僧擊鼓歡迎。呂蒙正笑說，不知今日饅頭如何分法？寺僧答道，狀元光臨，佛門生輝，分饅頭不必排隊，雙手奉上。呂蒙正歎道：「人情冷暖，世態炎涼，即使出家人也不能免俗啊！」

自此，呂蒙正終生不忘貧賤，為官清廉，生活樸素。有一次，有客送來一方古硯求見，說不用注水，用嘴巴呵口氣，就濕潤得可以磨墨了。呂蒙正說，我不要你這寶物，即使一天能呵出十擔水，不過值幾文錢罷了。又有人送來一面古鏡，說能照二百里。呂蒙正說，我的臉孔不過碟子大，照二百里做什麼？

呂蒙正一生三次拜相，晚年因病告退，真宗皇帝還親自登門看望，垂詢國事。問他諸子中誰可用？呂蒙正答道，我這幾個兒子都是豚犬，不堪重用的。惟有侄子呂夷簡還可以。還有門客富言之子富弼，將來倒是個難得之才。後來，呂夷簡和富弼果然都成為一代名相。

七

眾人皆醉誰獨醒
——科舉功名過眼雲煙之七

科舉好比西洋鏡萬花筒，五色繽紛，光怪陸離，令人眼花繚亂。惟大智者才能置身其外，冷眼旁觀之。在科舉的紅塵世界中，眾人皆醉，誰是獨醒者？誰是獨行者？

明代大書畫家、「吳中四才子」之一文徵明，曾畫有《四時讀書樂圖》，布景設色，清雅絕塵，並配以春夏秋冬四首詩，真是畫中有詩，詩中有畫，詩畫交融，情景並茂，蘊含著無限的書香雅趣。

這幅畫後來又演化為磚刻，幾百年來廣泛鑲嵌於明清古城門樓及民居宅院之上，與人們朝夕相伴，出入相親。對千千萬萬的學子們來說，這幅畫無疑是莫大的精神撫慰，他們雖為中華文化薪火相傳含辛茹苦，但甘之如飴，無怨無悔。

配在畫幅上的四首詩，更是膾炙人口，先前的讀書人幾乎都會背誦。

讓我們來讀一讀《四時讀書樂》的全文吧：

春日讀書樂

山光照檻水繞廊，舞雩歸詠春風香。
好鳥枝頭皆朋友，落花水面亦文章。
蹉跎莫遣韶光老，人生惟有讀書好。
讀書之樂樂何如，綠滿窗前草不除。

夏日讀書樂

新竹壓簷桑四圍，小齋幽敞明朱曦。
晝長吟罷蟬鳴樹，夜深爐落螢入幃。
北窗高臥羲皇侶，只因素稔讀書趣。
讀書之樂樂無窮，瑤琴一曲來薰風。

秋日讀書樂

昨夜庭前葉有聲，籬豆花開蟋蟀鳴。
不覺商意滿林薄，蕭然萬籟涵虛清。
近床賴有短檠在，及此讀書功更倍。
讀書之樂樂陶陶，起弄明月霜天高。

冬日讀書樂

木落水盡千崖枯，迥然吾亦見真吾。
坐對韋編燈動壁，高歌夜半雪壓廬。
地爐茶鼎烹活火，一清足稱讀書者。
讀書之樂何處尋，數點梅花天地心。

這四首詩是誰寫的呢？原來是宋末元初的隱士詩人翁森的作品。

翁森，字秀卿，號一瓢，浙江仙居縣人，住在離城四十里的括蒼山中。「一瓢」這個詞語源於《論語》，是孔子讚揚顏回簞食瓢飲讀書自樂的話，翁森以此為號，就說明其志趣了。後人為了紀念他，就將這一帶村莊叫做「一瓢鄉」。該鄉附近有風景優美的括蒼洞，為道家第十洞天，是著名的旅遊勝地。

翁一瓢生逢亂世，後隱居括蒼山，建安洲書院，教化鄉人，從學者先後達 800 多人。有人勸他去應考做官，他嘲笑元朝不重視讀書人，鄙視元朝的考試不正統，他還用打油詩戲弄一些不學無術的考生和謀私鑽營的考官。在仙居一帶，至今還流傳著翁一瓢先生許多機智風趣的故事。

又有人問他，你既然不屑參加科舉考試，也不願做官，那為什麼努力教大家讀書呢？他說，讀書是為了明理。自孔聖人起，為人必始於讀書。功名利祿乃身外之物，惟有讀書才有人生的真樂趣。基於這樣的理念，他就創作出《四時讀書樂》，這與為追求功名利祿而讀書，自然大異其趣。顯然，翁一瓢的思想境界遠遠高於流俗。

翁一瓢算是科舉時代的清醒者，比翁遲 500 年出世的吳敬梓，對科舉制的認識更加清醒，也更加深刻了。

吳敬梓（1701-1754），字敏軒，自號秦淮寓客，祖居安徽全椒縣，33 歲時，移家南京。曾被薦應博學鴻詞之試，但只參加了省裏的預試，就託病辭去了復試，甘願過素約清寒的生活，一直到客死在揚州旅次。

《儒林外史》是吳敬梓留下的一部巨著。該書以揭露和諷刺封建士大夫的生活和精神狀態為中心，著重鞭撻了八股取士的弊端。小說一開始就給讀者展現了兩個被科舉制度扭曲了的既可憐又可笑的人物，一個叫周進，一個叫范進。

周進應考到 60 歲，鬍子已經花白了，還是一個老童生，只得到薛家集去教村塾，受盡了新進秀才梅玖的奚落和舉人王惠的鄙視，最後連村塾的飯碗也保不住了。可當他一旦中舉又聯捷成進士後，曾經奚落過他的梅秀才便冒認自己是他的學生，王舉人也到處吹捧他了。他早年寫在村塾中的對聯也成了「周大爺親筆」，必須揭下來加以裝裱了。這個當年受人鄙視的老童生要被人用金字寫「長生牌位」供奉起來了。范進也是多年赴考不中的老童生，直到四五十歲才因周進的賞識和提攜，考取秀才並中了舉人。他的妻子、母親、丈人胡屠戶、鄉紳張靜齋以及眾多的鄰里鄉黨，對他立刻由鄙視憎厭一變為逢迎諂諛。可是，范進因為極度的高興和激動，精神失常了，瘋笑傻哭，胡言亂語，幸虧丈人胡屠戶一記耳光，才夢醒復初。

吳敬梓把科舉制度下的世態炎涼，把形形色色的眾生相，刻畫得入木三分，從而揭示出烏煙瘴氣的封建社會的痼疾所在。

《儒林外史》具有豐富的社會內容。它既正面控訴了封建禮教和道學的虛偽，也隱隱透露出清代文字獄的殘酷；既刻畫了舊制度的腐朽，也寫出了城鄉風俗的頹敗。而正由於這些豐富的生活基礎和卓越的藝術成就，使《儒林外史》成為中國古典諷刺文學的傑作。

吳敬梓雖然認識到封建社會和科舉制度的弊病，但他不可能提出

改革這些弊病的方案，也不可能認識社會發展的方向；他只能「大夢已先覺，前途難卜知」，這就是他的歷史局限性。

第十章

科舉明星狀元郎

「狀元窩」
——科舉人才結堆現象

　　「狀元窩」，也就是科舉人才結堆現象，這是人才學上一個饒有趣味且值得探討的問題。

　　中國歷史上究竟有多少狀元呢？自隋唐至明清 1300 年間，大約進行過文科考試 788 次。把毛佩琦主編的《中國狀元大典》和周亞非的《中國歷代狀元錄》《歷代金殿殿試鼎甲朱卷》及孫自筠的《中華狀元大觀》等書開列的狀元名錄互相對照校補，又參酌有關史料，計有狀元 671 名。由於史料殘缺不全，這個數字必定會有遺漏。武科考試大約 400 次左右（武科也有文化考覈），有姓名可考的武狀元大約 194 名。這樣，文武狀元合計 865 名。實際上當然不止此數，估計可達千人。（注：按照慣例，狀元一般指文狀元，如是武狀元須冠以武字）。

　　但是，在歷史長河中，狀元畢竟寥若晨星。可這樣少量的狀元，偏偏出現了「狀元窩」奇觀。

　　福建永泰縣，在南宋孝宗乾道年間接連出了三位狀元，即蕭國

良、鄭僑、黃定。後人在縣城建「三元祠」以為紀念，並作詩曰：
「相去未逾一百里，七年三度狀元來。」永泰縣也算得上是個「狀元窩」。

最突出的是蘇州。明清兩朝共出狀元 204 名，而蘇州獨佔 34 名。其中清朝狀元 114 名，蘇州占 27 名，紹興 8 名，杭州 6 名，山東曲阜 5 名。這四個地方竟占全國狀元總數的 40% 強，而蘇州可謂最有名的「狀元窩」。

武狀元也有結堆現象。南宋時期浙江平陽縣竟出了 14 位武狀元：陳鰲、陳鶚、蔡必勝、黃裒然、林管、朱嗣宗、林夢新、項桂發、朱應舉、蔡起辛、朱熠、章夢飛、翁諤、林時中。還有兩位文狀元：周坦、徐儼夫。平陽縣可謂「文武狀元窩」了。

更令人稱奇的是父子兄弟翁婿同登龍門，可謂一門占盡風流了。

唐代科舉還有「察舉遺風」，所以父子兄弟狀元也較多：

張式（兄）──大曆七年狀元
張正甫（弟）──貞元二年狀元

楊憑（兄）──大曆九年狀元
楊凝（弟）──大曆十三年狀元

楊憑一家，可謂滿門才子，其三弟楊凌也是進士。兄弟三人都是當時有名的詩人，號稱「三楊」。楊憑的女婿乃大文學家柳宗元。

尹樞（兄）──貞元七年狀元

尹極（弟）——元和八年狀元

歸仁紹（兄）——咸通十年狀元

歸仁澤（弟）——乾符元年狀元

歸黯（仁澤子）——景福元年狀元

於珪（兄）——大中三年狀元

於瑰（弟）——大中七年狀元

孔緯（兄）——大中十三年狀元

孔繡（弟）——咸通十四年狀元

孔緘（弟）——乾符三年狀元

崔昭緯（兄）——中和三年狀元

崔昭矩（弟）——大順二年狀元

歸佽（兄）——天復元年狀元

歸係（弟）——天祐二年狀元

宋代以後，科考制度甚嚴，但卻出現幾對父子狀元，時人戲云：「狀元還是狀元兒。」

張去華（父）——建隆二年狀元

張師德（子）——大中祥符四年狀元

安德裕（父）——開寶二年狀元

安守亮（子）——開寶五年狀元

（附注：關於安德裕父子狀元事，曾見於多種出版物。經筆者查閱《宋史》安德裕傳，安德裕29歲中狀元，卻無其子也中狀元的記載。又查考《歷代金殿殿試鼎甲朱卷》，雖有安守亮中魁名錄，但關於安守亮出身籍貫、生卒年月及生平事蹟，均付闕如。因此，所謂安氏父子狀元難以定論，姑錄存疑。）

梁顥（父）──雍熙二年狀元
梁固（子）──大中祥符二年狀元

陳堯叟（兄）──端拱二年狀元
陳堯諮（弟）──咸平三年狀元

孫何（兄）──淳化三年狀元
孫僅（弟）──咸平元年狀元

呂蒙正（翁）──太平興國二年狀元
孫暨（婿）──咸平二年狀元

南宋有兄弟武狀元：

陳鼇（兄）──紹興八年武狀元
陳鶚（弟）──紹興十二年武狀元

陳氏兄弟是浙江平陽（今蒼南）人，其父陳文，是抗金名將韓世忠麾下水軍將領。

元明二朝沒有一門狀元。清朝有祖孫、翁婿、叔侄和兄弟十一人。

蔡啟尊（伯）——康熙九年狀元

蔡升元（侄）——康熙二十一年狀元

彭定求（祖）——康熙十五年狀元

彭啟豐（孫）——雍正五年狀元

莊培因（啟豐婿）——乾隆十九年狀元

金雨叔（外公）——乾隆七年狀元

汪如洋（外孫）——乾隆四十五年狀元

翁同龢（叔）——咸豐六年狀元

翁曾源（侄）——同治二年狀元

此外，清朝有兄弟武狀元：

劉榮慶（兄）——乾隆四十九年武狀元

劉國慶（弟）——乾隆五十四年武狀元

這裏順便說一說「三元及第」的事。就是同一個考生鄉試得第一，稱解元；會試也得第一，稱會元；而殿試又得第一，稱殿元，也就是狀元，這叫三元及第。在科場中，好手如雲，競爭激烈，能夠榜上有名，已屬不易，而連中三元，更是鳳毛麟角，難中之難。歷史上獲此殊榮的只有 17 人。就是：

（唐）崔元翰（729-795）

張又新（生卒不詳）

（宋）孫何（961-1004）

王曾（978-1038）

宋庠（996-1069）

楊寘（1014-1042）

馮京（1021-1094）

王岩叟（1061 年明經及第）

（金）孟宗獻（生卒不詳）

（元）王宗哲（生卒不詳）

（明）商輅（1414-1486）

黃觀（生卒不詳）

（清）錢啟（江蘇蘇州，生卒不詳）

戴衢亨（1755-1811）

陳繼昌（廣西臨桂，生卒不詳）

此外，歷史上也出過兩位「武三元」。

其一是明朝萬曆年間，浙江永嘉人王名世連中武科三元，官授錦衣衛千戶。他博通經史，工詩善書，時人稱其武藝、詩詞、書法為「三絕」。尤其值得稱道的是他秉性剛介，不媚權貴，頗有直道君子之風。

其二是清朝順治年間，也是浙江人王玉璧，連中武科三元。此人在明末曾參加武秀才考試，射箭第一，號稱「神射手」，故人們讚其為「武四元」。他雖是武士出身，但手不釋卷，文筆斐然，有文武全才之譽。

揮毫文陣偶搴旗
——狀元「高分低能」析

有一位偉人曾經說過這樣的話，中國歷史上的狀元，除了文天祥等少數幾個外，大都沒有什麼出息。如李白、杜甫、曹雪芹這些傑出人 物，都不是狀元，他們甚至連進士也不是。

這句話可謂對科舉制度 的深刻針砭。

的確，遙想當年狀元公們初登金榜、鼇頭獨佔時，可謂威震天下，聲遏行雲。 但隨著歷史長河的淘洗，大多數狀元早就黯然失色、碌碌無為了。而次於狀元的一些進士，反而業績輝煌，名垂後代。試舉若干例子如下：

△唐德宗貞元八年狀元賈稜——同科進士韓愈
△貞元九年狀元苑論——同科進士柳宗元、劉禹錫
△貞元十六年狀元陳權——同科進士白居易
△唐文宗開成二年狀元李肱——同科進士李商隱
△宋仁宗天聖八年狀元王拱辰——同科進士歐陽修
△仁宗慶曆二年狀元楊寘——同科進士王安石

△仁宗嘉祐二年狀元章衡——同科進士蘇軾、蘇轍、曾鞏

△元順帝元統三年左右榜狀元李齊、同同——同科進士劉基

△明萬曆十一年狀元朱國祚——同科進士湯顯祖

△萬曆三十二年狀元楊守勤——同科進士徐光啟

△明崇禎元年狀元劉若宰——同科進士史可法

△清嘉慶十六年狀元蔣立鏞——同科進士林則徐

△清道光十八年狀元鈕福保——同科進士曾國藩

△清道光二十七年狀元張之萬——同科進士李鴻章

夠了，例子是舉不勝舉的。這大約就是今天所說的「高分低能」現象吧。為什麼會出現這種現象呢？

首先，考狀元與評諾貝爾獎不同。諾貝爾獎以及其它種種獎，是根據專家學者已經取得的業績來評選的。但即使是諾貝爾獎，也明顯存在不公平現象。正如諾貝爾本人說過：「公平不過是想像出來的東西。」

至於狀元還只是一種學位、一個資格、一條晉身之階而已。好像取得學士、碩士、博士學位的人，並不能保證將來就成為文學家或科學家；而小學畢業的高爾基和學徒出身的愛迪生，倒成為舉世聞名的文學家和科學家一樣。但是，人們絕不會因此得出結論，還是不要讀大學為好。所謂讀書越多越蠢，交白卷卻是英雄等等，這是「讀書無用論」者的謬說，實在不值得一駁。

其次，欽點狀元有一定的隨意性和偶然性。宋太祖開寶八年殿試，對王嗣宗與陳識二人誰為狀元，一時爭議不下。宋太祖竟叫二人

手搏角力，結果王嗣宗把陳識的帽子打落在地，贏得了狀元。宋神宗時，宋庠、宋祁二兄弟殿試，本是弟弟第一。但章獻皇太后輕輕說一句：「要長幼有序嘛。」哥哥宋庠就中了狀元。至於因姓名吉利與否等等，上文已有論述，茲不贅。

五代時山西人王溥，後漢乾祐元年狀元及第。他的老師來信祝賀，他答詩的第一句就是：「揮毫文陣偶搴旗。」這「偶搴旗」說得好。一個人年紀輕輕就中了狀元，達到了人生追求的頂峰，最怕的是得意忘形，從而背上了「包袱」。而社會上對狀元的期望值卻越來越高，所謂「盛名之下，其實難副」，這種心理壓力，也可能影響狀元以後的發展。

平心而論，中國歷史上的狀元，除個別品質惡劣外，絕大多數都是品行端正的飽學之士。據蕭源錦在《狀元史話》中統計，狀元有作品傳世的達 188 人。他們都是琴棋書畫樣樣精通，詩詞歌賦出口而成，堪稱一代才子，人中之傑。其中如王維、賀知章、柳公權、張九齡、王溥、呂蒙正、宋庠、張孝祥、王十朋、陳亮、文天祥、陳文龍、楊慎、畢沅、翁同龢、張謇等，更為歷史寫下了燦爛的篇章。因此，把狀元稱之為科舉制度的明星，是當之無愧的。今天，人們把各行各業的拔尖人物都贊為「狀元」，如「植樹狀元」「養豬狀元」「科技狀元」「種糧狀元」等等，說明人們對狀元的喜愛。狀元不僅是歷史概念，而且早已進入現代生活，融入我們的民族精神之中了。

第一個和最後一個狀元
——唐初孫伏伽和清末劉春霖

唐高祖武德五年（622），朝廷任命吏部考功員外郎申世寧主持貢舉，考取進士四人，第一名是孫伏伽，這就是中國歷史上第一個狀元。

孫伏伽，貝州武城（今河北南宮）人。在隋末曾考取秀才，入唐以後擔任萬年縣法曹，是低級小官。

孫伏伽敢於上書直言，引起李淵的注意。據說李淵剛當皇帝不久，就接受官員貢獻的獵鷹和琵琶等物，又徵調婦女裙服五百套，準備在玄武門演出樂舞。孫伏伽批評這種做法。事情雖小，李淵卻鄭重其事地下詔，一邊接受批評，一邊表揚他：「至誠慷慨，據義懇切，指朕失無所諱。」當即提升他為治書侍御史。這說明唐開國之初，李淵、李世民父子的虛懷大度。但孫伏伽這個人也頗有意思。他雖然在殿上聽到皇帝的口頭任命，只是詔書尚未下達，面對自己驟然的陞遷，卻不露一點聲色，回到家後便默默地躺在床上。不一會兒，侍御史以下的官員都來到他家拜賀，孩子們高興地跑去向他報告喜訊，他才慢慢地起來接待來客。人們提起這件事，都稱其有雅量，將他比作

三國時東吳名臣顧雍。

不久，李淵傳位給兒子李世民，這就是唐太宗。李世民喜好騎射，即位為帝後，仍未改這一習慣，經常出宮騎馬馳射。孫伏伽上書勸諫，指出：「走馬騎射以娛悅近臣，此乃少年為諸王時所為，非今日天子事業也。」當時李世民鼓勵官吏進諫，看到他的書奏十分高興，說：「卿能言朕非，朕能改之，天下必能大治。」並立即升任他為諫議大夫。後來，他由大理卿出為陝州刺史致仕，卒於唐高宗顯慶三年（658）。

孫伏伽死後 1200 多年，清光緒三十年舉行殿試，狀元是劉春霖，這是中國最後一個狀元。

劉春霖（1872-1944），河北肅寧人。據說當初原擬狀元是廣東人朱汝珍，可慈禧一看就惱了。因為名字裏這個「珍」字，慈禧馬上聯想到不久前八國聯軍打到北京，她在逃跑時乘機害死光緒帝的珍妃，從此一看到珍字，就膽戰心驚，又恨又愧。再加上「朱」是大明王朝國姓，何況朱汝珍是廣東人，更使慈禧想起太平天國洪秀全、維新變法的康有為和梁啟超、革命黨領袖孫中山等人。於是，慈禧就將朱汝珍一筆勾掉，換上本是第五名的劉春霖。因這時恰逢大旱，最盼「春風化雨、普降甘霖」。

劉春霖狀元及第後，不久被派往日本留學，辛亥革命後，一度隱居家中，不參與政事。九一八事變後，偽「滿洲國」總理鄭孝胥派人以溥儀名義，邀請他擔任教育部長。他表示，君非昔日之君，臣非昔日之臣，斷然予以拒絕。七七盧溝橋事變爆發，日寇侵佔平津，漢奸

組織華北政務委員會委員長王揖唐，以同科進士兼留日同學身份，親自請他擔任偽北平市長。劉春霖當面給以痛斥。王揖唐惱羞成怒，派兵抄家，並將劉春霖趕出家門。劉春霖經此打擊，身心大受摧殘，於1944年，因心臟病猝發辭世，時年73。

劉春霖博學多才，在古文字、史學和金石學等方面有較深造詣。他工於書法，尤擅小楷，至今書法界仍有「大楷學顏（真卿）、小楷學劉（春霖）」之說。劉春霖在《六十自述》詩中回顧往事，總結平生，自稱「第一人中最後人」「平生志不在溫飽」「不崇高位崇高行」。

劉春霖能夠保持晚節，大義凜然，不愧狀元風範。

老少狀元
——八十二與十七八

歷史上的狀元大都是青年。據統計有生卒年月可考的狀元，其及第時平均年齡如下：

唐朝狀元平均 29.4 歲

宋朝狀元平均 29.6 歲

元朝狀元平均 29.5 歲

明朝狀元平均 32.3 歲

清朝狀元平均 31.9 歲

據傳說，狀元中年齡最大的是北宋太宗雍熙二年（985）狀元梁顥，登龍門時已 82 歲了。

梁顥，山東東平人。他從五代後晉天福三年開始科考，一直考了47 年。他在《謝恩詩》中寫道：

天福三年來應試，雍熙二載始成名。

饒他白髮巾中滿，且喜青雲足下生。

觀榜已無朋輩在，回家惟有子孫迎。

也知年少登科好，爭奈龍頭屬老成。

這首詩在喜悅中透出悲涼，令人心酸。梁顥中狀元後，官至翰林學士，當過開封府尹，有詩文集問世，到92歲才壽終正寢。

梁顥因為屢試不第，所以結婚成家也遲。他的兒子梁固自幼好學，13歲時就著《漢春秋》，因其父遺蔭被恩賜進士出身。可他上書辭謝，願參加考試，於宋真宗年間也考取狀元，可惜短命而死。關於梁顥生卒年月，史家多有爭論，難以考定。據宋人陳正敏《遁齋閒覽》中說，梁顥狀元及第後在謝啟中寫道「白首窮經，少伏生八歲；青雲得路，多太公二年。」則82歲考取是確鑿無疑的。那一屆共錄取進士197名。

和82歲狀元相映成趣的是宋朝有3位18歲的狀元。

王拱辰（1012-1085），河南開封人。北宋仁宗天聖八年中狀元，剛好18歲。王拱辰通曉歷史，敏於任事。當時遼朝遣使指責宋出師伐燕無理無名。王拱辰反駁說：「當年太宗皇帝征討北漢，遼既與我大宋通使友好，卻佔領石嶺關以援賊。太宗對你們反覆無常很為惱怒，才發兵攻燕，怎能說師出無名？」遼使無言以對，雙方遂和解如初。仁宗十分高興地說：「要不是王拱辰通曉史實，駁得有理，很可能引起兩國爭端。」後王拱辰與王安石政見不合，被排擠出朝。

北宋英宗治平二年狀元彭汝礪（1047-1095），江西波陽人。其父是郡中小吏，正在值役，忽捷報傳到，18歲兒子大魁天下，太守連忙用自己的馬車送其父還家，郡中父老咸引以為榮。

彭汝礪為官清正，敢於直言。其時被貶官安州的蔡確，寫了一組《夏日登車蓋亭詩》，有人誣告其詩影射朝廷，將興大獄。彭汝礪認為不能以詩定罪，否則將助長小人告密羅織之風。當時哲宗年幼，高太后垂簾聽政，遂以「同情蔡確」的罪名，將彭汝礪貶官徐州。卒年54歲。著有《鄱陽集》行世。

南宋高宗紹興五年狀元汪應辰（1119-1176），江西玉山人，晚年遷居浙江永嘉。原名汪洋。高宗以其與北宋王拱辰同齡奪魁，故為其改名應辰。汪應辰主張備戰抗金，反對秦檜和議誤國，被貶居嶺南達17年，然其一腔正義之氣，卻凜然不可屈，著有《玉山文集》。

其後，元朝至治元年狀元泰不華（1304-1352），蒙古族，世居浙江台州。泰不華也是18歲奪標，詩詞有《顧北集》問世。後與方國珍部隊戰鬥，頸被刺傷而死。

歷史上最年輕的狀元要數唐朝的賈至和明朝的丁顯。

賈至（718-772），河南洛陽人。唐玄宗開元二十三年中狀元時，年僅17歲。他是唐朝著名詩人，其父賈曾，也以詩文著稱。「安史之亂」爆發，玄宗說：「當年我即位時的誥命，是你父親起草的；今天我傳位的詔書，又由你來執筆。你父子二人可謂交輝繼美矣。」賈至作詩高雅典麗，《全唐詩》存其詩一卷。

丁顯（1368-1398），福建建陽人，明洪武十八年狀元。他博通經史，詩文援筆立成。因為自己17歲就獨佔鰲頭，故恃才傲物，藐視同僚，遭人彈劾貶官廣西馴象衛。不久病逝。身後僅有一女。太祖朱

元璋聞訊，為之惋惜。說起丁顯中狀元，還有一段趣事。據黃榆《雙槐歲抄》載：當年殿試前夕，朱元璋做了一個夢，夢見一枚特大釘子，牢牢釘在牆上。殿試後閱卷主考官將擬好的名次呈上，朱元璋逐一閱視，都不很滿意，翻到後面一份卷，名叫丁顯。丁者釘也，顯者應夢也。丁顯就被欽定為狀元。人們稱之為「應夢狀元」。

「炭狀元」與女狀元
——農民政權的科舉

一 炭狀元

1644 年，張獻忠在四川建立「大西政權」，自稱大西王，也進行開科取士。文科狀元龔濟民，武科狀元張大受。

據說武科考試的辦法很特別。選劣馬數百匹，讓考生騎上，然後就近點燃大炮，又使士兵們大呼怪叫。馬受驚嚇，狂奔亂跳，騎術差的被摔了下來，當然屬不及格。自然還要考些其它科目。錄取了 120 人，張大受為武狀元。

張大受，四川華陽人，年不過三十，身高七尺，功夫了得。張獻忠賜給他美女家丁，還叫人畫了他的像到處張掛。人們都說天賜奇人輔佐聖朝。張獻忠對他很信任，任命他為貼身侍衛官，不離左右。

張獻忠選拔的文科狀元龔濟民，據《蜀記》稱：「素為劣生，因其名稱獻忠意，故拔為第一。」據《綏寇紀略》云：「狀元為漢川樊某」，又有說姓劉的。總之，史無可考了。

民間傳說有「炭狀元」的故事。

據郭沫若《甲申三百年祭》考證，張獻忠的軍紀差，在本質上也不如李自成好。所以，讀書人心存觀望，來報考的人很少。

開考那一天，張獻忠親自到場視察，見考場裏稀稀落落，冷冷清清，有一個賣炭農夫挑一擔炭停在門口，抬頭看牆上的招考榜文。

張獻忠就問這個賣炭人：「你識字嗎？」

賣炭人答：「少年也讀過書，赴過考，但是考不中只好在家種田燒炭。」

張獻忠笑道：「我準你參加考試，快進場吧！」

賣炭人遲疑地說：「那我的炭呢？我等著賣完炭買米回家呀。」

張獻忠說：「你的炭我全買了，別囉唆了。」

賣炭人走進考場，寫詩一首：

草莽深山燒炭工，家無尺土半生窮；
大王慷慨行天道，許我科場搏一通。

張獻忠看了大喜，親點為狀元，但人們稱之為「炭狀元」。

不知道這「炭狀元」，是否就是那「素為劣生」的龔濟民？

張獻忠開科取士，有一點值得肯定，就是提倡用白話文寫作，「怎麼說就怎麼寫，反對咬文嚼字，艱深難懂，華而不實」。而且還

參用簡化字，如「斷」「營「數」「猶」等字，當時都已流行了。

1846 年，李自成犧牲後，張獻忠勢孤，在鹽亭鳳凰山被清軍伏擊，前額中箭而死。「炭狀元」大概又回去燒炭了。

▇ 女狀元

唐朝女詩人魚玄機看到新進士金榜題名，她歎了一口氣，寫了一首詩，其中有句云：「自恨羅衣掩詩句，舉頭空羨榜上名。」的確，在封建社會，婦女即使滿腹才華，也沒有資格應試。中舉做官只是男人的事，這就是男女不平等的具體表現。

有一齣戲叫《女駙馬》，寫馮素珍女扮男裝考中狀元，被招為駙馬，犯了欺君之罪，險遭殺身之禍。清代才女陳端生，寫了《再生緣》長篇彈詞，說的是主角孟麗君，一位天生麗質而又多才多藝的奇女子，女扮男裝，中狀元招駙馬，在洞房花燭夜，和真公主演了一場緊張、驚駭、奇趣橫生的好戲。當然，這是演戲，純屬虛構，只是反映了劇作家們爭取女權的一種善良願望罷了。

現實生活中的女狀元，倒真有一個。

太平天國於 1853 年定鼎南京後，就開科取士。據羅爾綱《太平天國史》記載，先後錄取幾百名進士，其中文武狀元 7 人。還專門設立女科，錄取女狀元傅善祥，女榜眼鍾秀英，女探花林麗花。

洪秀全因屢試秀才不中，所以對科舉產生逆反報復心理，一旦「手握乾坤殺伐權」後，就大開科考，凡天王、東王等諸王生日也舉

行科考，視科舉如兒戲。但設立女科，考選女狀元，是太平天國在科舉選人上作出的重大貢獻。

傅善祥，金陵人，出生於清道光十二年（1832）仲春，其父傅槐曾是秀才，後屢試不第，擔任書吏謀生。善祥3歲時即能背誦許多詩詞，少年時曾作《詠寒簾》詩：「怕有風時垂密密，更無人處護重重」，為時人所稱賞。傅槐夫婦視女兒如掌上明珠，常說：「此吾家不櫛進士也。」不櫛，指不像男子一樣理髮，意即女才子也。

傅善祥還只19歲，一舉奪魁，轟動天京。初在東王府任記室，就是當秘書，後提升為殿前左丞相。

據說，傅善祥寫了一篇《安民策》向天王洪秀全建議，認為應全力北伐，推翻清廷，把國都遷到北京去。當然，這個建議沒有被採納。這時，洪秀全正忙於修建天王府，廣選美女，昏昏然坐享榮華富貴，儘管清軍還在南京城外放炮。傅善祥對這種腐敗作風很為不滿，譏之為「草鞋天子草鞋臣」，惟獨對翼王石達開的才華和人品十分仰慕。看來，這是一位才貌雙全、有膽有識的女中豪傑。

太平天國是中國歷史上最大也是最後一場農民革命運動。其失敗的原因很多，最主要的是它實行政教合一的反文化反理性的落後政策，官僚隊伍腐化墮落。

1850年，洪秀全領導金田起義，為了革命戰爭需要，規定全軍過清教徒式（類似軍事共產主義）的生活。一切財物歸於「聖庫」，將士日用按需分配。並分設男營和女營，禁止性生活，即使是夫妻也

不得同宿。可就在這浴血奮戰的大進軍途中，作為最高領袖的天王洪秀全，卻擁有姬妾15人。迨至定都南京，立即冊封后妃88人，宮女侍婢更不計其數。每日升殿臨朝，乘金車（又名聖龍車），由一班美女手挽而行。這位落第秀才一旦飛黃騰達，其好色腐敗程度比之歷代封建帝王有過之而無不及。天王府的豪華奢侈，也是舉世無雙。據說天王的日常用品如碗筷、臉盆、浴缸，甚至馬桶、夜壺等俱以金造。洪秀全更大封皇親國戚。除了封自己幾個兒子外，兄弟、子侄、女婿等，不論成年與否或才德優劣，一律封王。這樣一來，領導集團內上行下效，爭權奪利，驕奢淫逸成風。當時總攬朝政的東王楊秀清，已經封為九千歲了，還逼著洪秀全封自己為「萬歲」。這樣，洪楊之間矛盾就不可調和了。北王韋昌輝突然發兵誅殺楊秀清。顯然，如果沒有得到天王的授意或默許，韋昌輝焉敢如此膽大妄為？但韋昌輝這個陰謀家是獄吏出身，陰險殘忍，他乘機搞了擴大化，不僅將楊秀清滿門抄斬，還株連楊氏部屬從廣西起義以來久經戰鬥考驗的將士達2萬多人。南京城裏陰風慘慘，血水橫流，人心惶惶，軍無鬥志。洪秀全為了挽救大局，收拾人心，又回頭誅殺韋昌輝及其一夥。在這場殘酷的「內訌」中，天國元氣大傷，女狀元傅善祥下落不明，也有傳說，她曾於雞鳴寺出家，後不知所終。

太平天國先後選拔武狀元二人，一是劉元合，一是覃貴福。覃貴福武藝高強，力大無比，竟能舉起天王府門口的石獅子。其妻歐氏，任天王府女侍長。太平天國失敗後，覃貴福夫妻逃回廣西武宣老家，務農為生。據說，覃於1913年病故；歐氏活到90多歲，於1936年去世。

狀元招駙馬
——唐朝鄭顥的一段隱情

《鍘美案》寫陳世美考中狀元後招為駙馬，富貴變心，殺妻滅子，結果被包公處死。這齣戲可謂家喻戶曉，婦孺皆知，人們無不同情賢慧善良的秦香蓮。其實，這只是虛構的故事。由於這個故事的廣泛流傳，人們往往認為科舉時代凡考中狀元的，都很可能被招為駙馬，這是一種誤解。

歷史上被招為駙馬的狀元只有鄭顥一人。為什麼在這樣漫長的科舉年代，只有一個狀元被招駙馬呢？因為古代士子大都早婚，待到中狀元時，早就結婚生子了。皇帝女兒當然不肯為人作妾。即使有的狀元未娶或喪妻，公主又不一定喜愛他。例如南宋理宗女兒漢國公主年已及笄，讓朝臣為其擇婿。恰巧是年殿試放榜，周震炎中狀元，右丞相丁大全建議選周作駙馬對象。但周震炎到皇宮謝恩時，公主從簾內暗窺，見其貌不揚，頗不喜歡，應選駙馬一事遂罷。由此可見，狀元招駙馬，有種種條件制約，像二顆小行星接吻，是難得一遇的。

鄭顥，河南孟津人。唐會昌二年（842）狀元。宣宗皇帝李忱欣賞他的才華，要招他為駙馬。李忱是個「科舉迷」，他好端端做了皇

帝，還自題「鄉貢進士李道龍」，道龍是他自取的名字。他每遇朝臣，總問何時登第？如果是進士，就特別高興；如果不是進士，則為之惋惜。所以，他一定要為自己的女兒萬壽公主找一個狀元女婿，就託宰相白敏中（大詩人白居易的堂弟）做媒。

鄭顥一聽說要和公主成親，心中老大不願意。一則，自己早已聘定盧氏了；再則，娶公主做老婆，是最倒楣的事。遠的不說，就說本朝武則天的女兒太平公主，已經是大姑娘了，可滿朝文武大臣誰都不敢娶她。最後，好不容易才招了唐高宗的外甥薛紹為夫婿。公主下嫁後，不但把薛家搞得雞犬不寧，還挑撥母皇殺了薛紹的弟弟和弟媳，使薛紹悲憤而死。後來，武則天又要把公主再配給姪兒武攸暨，武攸暨本是有婦之夫，理所當然地予以拒絕。豈料武則天竟派刺客把武攸暨之妻殺死，強迫武攸暨與公主聯姻。武攸暨再婚後，無一日不受公主欺凌，終於一病不起。這種故事，唐朝人誰不知曉？所以，鄭顥就說，我家裏已經把聘禮送去，即日要迎娶盧氏了。白敏中說，這好辦。立即派人快馬追到鄭州，把送給盧氏的聘禮和堂帖要回來。盧氏一家因和狀元結親，正在歡天喜地掛燈結綵呢！想不到當頭一盆冷水，澆得灰冷煙滅。但這是皇帝旨意，誰敢和天子爭女婿呢？只好啞巴吃黃連，有苦無處說了。為此，鄭顥恨死了白敏中，到處說他壞話。

鄭顥和萬壽公主結婚後，尚能和睦相處。但公主的皇家傲慢習氣一時也難改。有一次，鄭顥的弟弟鄭凱得了重病，一家人焦急萬分，而公主卻到慈恩寺看戲去了。宣宗皇帝得知此事，就嚴厲申斥公主，說：「你這成何體統？怪不得士大夫們都不願同皇家結親了。」自此

以後，公主也謹慎小心，不擺皇家架子了。

　　鄭顥做了駙馬後，倒是一位清正廉明的好官。他在大中十年和十三年兩次主持貢舉考試，選拔了許多優秀人才，得到人們的讚揚。後來官至河南尹，於公元 860 年去世。

狀元與妓女
——清末洪鈞與賽金花的羅曼史

演狀元和妓女的故事，最著名的要數《玉堂春》。

王金龍狀元及第做了巡按，但不忘前情，對原來真心相愛卻身份低賤、而今又蒙冤受屈的妓女蘇三，不歧視不變心，全力相救，為她的冤案平了反，二人重新拜堂，結為正式夫妻。

但這畢竟是劇作家的虛構。下面講的，是一個發生在清朝末年真實的狀元與妓女的故事。

洪鈞（1839-1893），字陶士，號文卿，江蘇吳縣人。洪鈞少時讀書刻苦，有「當世之志」，由於家道中落，生活窘迫，父母曾令其棄儒經商，他長跪哭泣以求，才得以繼續學業。終於在清末同治七年狀元及第，這一年剛好 30 歲。

光緒十三年，洪鈞 47 歲時，奉命出使俄德奧荷四國。按外交慣例要攜帶大使夫人。但洪鈞家裏兩房太太都是舊式婦女，怕到外國出洋相，就用重金買得妓女「賽金花」為妾，攜帶出國。

據說賽金花原名曹夢蘭，出身名門望族，是乾隆年間進士、大學士曹振鏞的重孫女。曹振鏞與《紅樓夢》作者曹雪芹之祖父曹振彥是本家兄弟。曹夢蘭因年幼時保姆疏忽，不幸被壞人拐賣到蘇州，這才淪落風塵，認老鴇潘氏為母，改名為趙彩雲（因老鴇之夫姓趙）。初與洪狀元相遇，兩情甚篤，難分難捨。此時就與洪鈞結婚，正式進入狀元府，17 歲做了「大使夫人」。

　　大使館設在柏林，鬧中取靜，幽雅豪華。除了一批吏役僕婦外，洪鈞還專門請了教師，教彩雲學習德語等課目。彩雲年輕好學，進步很快。她經常與洪大使一起參加外交活動，拜會各國國王、王後，接受各國大臣大使的回訪回拜，參與遊樂和宴會。很快她就熟悉了一切。每有聚會，只見她披著孔雀毛的圍巾，頭髮挽個髻，插上幾朵時新鮮花，把一張圓臉映襯得如一盤滿月。身著有 24 條飄帶的湘綾裙，每條飄帶上還繫上個小銀鈴，走起路來環珮叮噹，清脆悅耳。特別是那雙有粉包的宮鞋，每走一步留下一個粉底鞋印，真是步步生花，灑滿一路風韻。她款款走到每位客人面前，用新學的德語極有禮貌地一一握手問好。她把東方女性的特有魅力展示得淋漓盡致，使那些洋人官員們如醉如癡。這時的洪狀元感到特別的歡欣和自豪。

　　當然，這時的「大使夫人」也不是原先的彩雲姑娘了。她行為謹慎，語言得體，進退有度，夫妻關係十分和美。他們在國外度過三年神仙般的日子，任滿回國時，他們已有一女，名叫洪德官。

　　回國後，洪鈞升為兵部左侍郎。就在這時，發生了一件意想不到的變故。洪鈞因在國外購回一張把帕米爾畫在國界以外的地圖，俄國

人抓住把柄以此要脅中國。於是洪鈞受到彈劾，鬱鬱致疾。病危時，把彩雲叫到床前，留給她 5 萬兩銀子，淒然撒手而去。彩雲悲傷至極，哭得昏天黑地，神鬼動容。

其時，彩雲還只 24 來歲，今後怎麼辦？家屬親戚都不讓她守節，叫她把狀元靈柩送回老家蘇州後便可離去。但到蘇州後，5 萬兩銀子被本族兄弟吞了，女兒又被藏了。在一無親人、兩手空空的情況下，彩雲去了上海。狀元夫人再次下水，重張豔幟，先用趙夢蘭的名字掛牌，後到天津改名賽金花。不久，八國聯軍攻佔北京。侵略者本來就是強盜，所以燒殺奸劫，無惡不作。又加上水陸交通封鎖，糧食運輸斷絕，北京城簡直成了人間地獄。其時擔任聯軍統帥的是德國將軍瓦德西，賽金花過去在德國時就曾相識。為了保障北京市民生命財產安全，賽金花毅然以舊友身份出面斡旋，盡可能做些救援工作。兩人異地重逢，一時打得火熱，傳說曾同居於儀鸞殿，雲雨巫山，演出了另一類更為精彩的人生活劇。這對異國情侶以不同的方式揉搓著那段歷史，給歷史留下許多斑斑點點。

早在 20 世紀 30 年代，夏衍一臺《賽金花》曾把她抬到愛國主義高度；爾後，又有人從反面加以論證，把她與漢奸賣國賊相提並論。這中間又插上一段當時藝名叫藍蘋原名李雲鶴以後又叫江青的女人爭演「賽金花」的故事，鬧得風風雨雨、撲朔迷離，更使得「賽金花」其人其事聚訟半個多世紀，至今仍無定評。

不管怎樣，賽金花就是賽金花，你要叫她趙彩雲、趙夢蘭、狀元娘子、大使夫人，都無不可，反正她的芳名在中國近代史上比她的夫

君狀元郎洪鈞還要響亮得多。賽金花於 1936 年 10 月 21 日病逝，葬於北京章儀門陶然亭，墓碑上刻「賽金花之墓」，為大畫家齊白石手筆。

八

狀元當皇帝
——李遵頊憂國飲恨終

　　歷史上以狀元登上九五之尊的只有一人，那就是西夏國主李遵頊。

　　遵頊出生於 1163 年，是西夏王室齊王李彥宗之子。遵頊雖身為皇親貴冑，卻勤奮好學，志存高遠，非一般紈絝子弟可比。史載其「端重明粹，少力學，長通群書，工隸篆」，乃博學多才之士。天慶十年（1203），遵頊參加西夏癸亥科考試，「廷試進士，唱名第一」。《金史·西夏傳》稱：「遵頊先以狀元及第」，從此青雲直上，逐漸掌握朝廷軍政大權。皇建二年（1211）七月，遵頊發動宮廷政變，廢黜在位的襄宗李安全，自立為帝，成為西夏第八位君主，是為神宗英文皇帝。

　　但是，吟詩作文與治國理政畢竟是兩回事。這位蟾宮折桂高手，並非治國能人。遵頊登基十多年間，無所建樹，無足稱者，甚至可以說是個昏君。尤其在外交政策處理上，顛三倒四，反覆無常，終於招來亡國之禍。先是與金聯盟，可當蒙古攻金時，遵頊背盟，附蒙攻金。後來與蒙古反目，遭到蒙古威脅，又去聯金抗蒙。結果，成吉思

汗大舉入侵。眼看國家危在旦夕，遵頊連忙傳位給太子李德旺，自稱太上皇。其子才幹雖略勝乃父，但膏肓難治，迴天乏術。1226 年，太上皇憂國飲恨而終。第二年秋，國亡族滅。

蓋世英雄成吉思汗統率蒙古鐵騎，踏破茫茫歐亞大陸，叱吒風雲，地球為之震動。量區區西夏，如擋車螳臂，何堪一擊？成吉思汗大獲全勝，俘得西夏后妃古爾伯勒津，見其美豔非凡，遂令侍寢。王妃外柔媚而內俠烈，頗有計智，於侍寢交歡中，對這位征服者突然襲擊，欲為夫君報仇。此時此際，這位閱女無數的曠代雄主未及防備，受困於床笫咫尺之間，動彈不得，一籌莫展。受傷受驚之餘，移駕六盤山中療養，終於不治而崩。正史對其受傷情節，避而不談，諱莫如深；而野史則有生動記載。

要問一位如花似玉的嬌柔女子赤體無援，手無寸鐵，怎能襲擊堂堂一米八蒙古大漢？

傳說王妃的櫻桃小口伺機咬住了征服者的命根子……

太監狀元
——梁嵩辭官飄然歸

　　狀元乎？太監乎？是中了狀元當太監，還是太監中狀元？這是中國政治文化史上的一段另類奇聞。

　　事情說來話長。唐末五代，軍閥劉隱、劉岩兄弟割據粵桂滇一帶六十個州縣，自立為王。公元917年，劉岩稱帝，建都廣州，史稱南漢。後宋朝派大將潘美南征，南漢遂亡，享國六十七年。

　　劉岩（後改名劉龑）初期為政堪稱幹練明達，尚知俯察民情。自登九五之尊，掌握絕對權力後，性恪大變，前後判若兩人，驕橫暴虐，禍害百姓，大造宮殿，以金為頂，以銀鋪地；又濫施酷刑，甚至將毒刑殺人當做遊戲取樂。更奇怪的是他頒佈一項空前絕後的法令，凡考中進士的人，一律要閹割，方可封官。以此推而廣之，滿朝文官，上至宰相，下至縣令，全是閹人。一個小小南漢政權，居然有兩萬多「太監」，而專門培訓的閹割技術員或以千計。

　　這個「變態皇帝」為什麼推行這種國策呢？歷史上有兩種說法：一是說他愛才若渴，希望能和俊傑之士朝夕相處，所以才閹了他們，

方便他們常到皇宮串門。宮中美女如雲，也就無須避嫌了。二是把官員閹了，就沒有家室拖累，可以全身心報效朝廷了。這些說法大約是官方託詞吧。實際上恐怕是防止官員造反。因為閹人無性，身體殘破，可作馴服工具，估計不大會犯上作亂了。

封建帝王對知識分子的壓迫和摧殘，自秦始皇焚書坑儒作俑始，歷代相傳，各有千秋。但流氓無賴如南漢劉岩者，強迫文人集體閹割，如此惡行，令人髮指，天理難容。斯人無異於魔鬼化身、撒旦再世。可悲的是仍有不少士子熱衷仕途，踵門求宮呢！

據《十國春秋》載，士子梁嵩乃廣西平南人，寒窗苦讀，應進士試，狀元及第，官至翰林學士，可謂青雲直上。但梁嵩羞於宮辱，且恨劉岩荒淫無道，不願助紂為虐，藉口母老無人奉養而辭官，並作《倚門望子賦》抒寫心志。劉岩覽奏，准其所請。梁嵩將朝廷所賜封賞，一概奉還，竹杖芒鞋，飄然而歸。

狀元同性戀者
——畢沅與李桂官

在中國，同性戀也是古已有之。

春秋時，衛國有個美男子叫彌子瑕，和衛君是一對同性戀寶貝。有一回，他吃桃子，咬一口之後，覺得很甜美，就把剩下來的一半遞給衛君吃了。這是先秦時代最早見於史籍的同性戀者。

西漢哀帝劉欣，有個男寵名叫董賢。他有個妹妹又是哀帝的妃子，住在椒鳳宮。據《漢書》記載：哀帝幸董賢，嘗共晝寢，賢偏藉上袖。上欲起，賢未覺，不欲動賢，乃斷袖而起。這就是「斷袖之癖」的典故。把人家的妹妹娶來當小老婆，又摟著人家的哥哥睡覺，這種人倫悖謬、扭曲和乖張，只有他皇帝老子才幹得出來，實在令人噁心。哀帝還封董賢為大司馬衛將軍，這位董將軍原來是在床第上建立功勳的，這位哀帝也夠悲哀的了。

這裏說一個狀元同性戀者的故事。

清乾隆二十五年庚辰榜狀元畢沅，字秋帆，江蘇太倉人。歷官陝西、山東巡撫，湖廣總督，著有《續資治通鑒》等，是個大名鼎鼎的

學者和朝廷大臣。

據劉逸生《史林小箚》記載：畢秋帆 30 歲中了狀元。他在大魁之前，便染上同性戀之癖。原來當時考中舉人的士子，為了再考進士，不少人都到北京暫住，一面讀書，一面準備應試。畢秋帆也住在北京。那時候，士子間的文酒應酬是常有的，在文酒之會時，就常請些演員前來當筵高歌幾曲，以助酒興。

有一天，畢秋帆應友人之邀，出席一個酒會。會上有個崑曲旦角，演唱俱佳。秋帆一見此人，不禁怦然心動。原來這旦角姓李，名桂官，乃是北京寶和班最紅的正旦，他生得俊美非凡，雖是男子，扮起旦角，卻又風情萬種，宛似天仙下凡。秋帆越看越愛，恨不得一把摟在身邊。

那李桂官也是風流聰俊人物，他一邊演唱，一邊流波四盼，一眼就看到這如醉如癡的畢秋帆。原來秋帆也長得高大英俊，風流瀟灑，儀表不凡。李桂官暗記在心，一曲下來，就暗地打聽這英俊青年是什麼人。

清朝本是男風極盛的時代，男同性戀頗為公開，士大夫認為結交幾個戲子，搞同性戀，是無傷大雅的風流韻事。而男戲子鬧同性戀，更屬家常便飯，尤其是風流俊俏的旦角，沒有幾個能夠潔身自免的。

畢秋帆、李桂官既已暗送秋波，於是很快就成為密友，每當演唱下場，李桂官就來畢的住處，兩人如膠似漆，無法分離。

原來畢秋帆家道不甚豐裕，北京又是個「長安不易居」的地方，

李桂官卻是個紅角，手頭寬裕，因此在金錢上李桂官對畢秋帆大力資助，使他完全洗脫了一介寒儒的面目。當時有人戲說畢秋帆得了個「賢內助」。

畢秋帆中了狀元後，李桂官一躍而升為「狀元夫人」，比紅旦角更紅了。許多文人學士紛紛題詩詠歎，一時成為「風流佳話」。如歷史學家兼詩人趙翼寫了《李郎曲》：

李郎昔在長安見，高館張燈文酒宴。
烏雲斜綰出堂來，滿堂動色驚絕豔。
得郎一盼眼波留，千人萬人共生羨。
人方愛看郎顏紅，郎亦看人廣坐中。
一個狀元猶未遇，被郎慧眼識英雄。
每當舞散歌闌後，來伴書幃琢句工。
……

另一位大詩人袁枚還假作真地建議，狀元原配的夫人應該讓位，讓這位男色夫人得到朝廷誥封才好。袁枚吟道：「果然臚唱半天中，人在金鼇第一峰。賀客盡攜郎手揖，泥箋翻向李家紅。若從內助論勳伐，合使夫人讓誥封。」這真是封建社會一件咄咄怪事。

十一

傳世國寶
——趙秉忠狀元卷之謎

　　我國歷代殿試考卷，原屬朝廷機要檔案，絕不許私人收藏，否則便有滅門之罪。但由於改朝換代，戰火連綿以及外國侵略者的掠奪焚燒，原存於宮廷的歷代殿試考卷都已佚失。但是，出乎意料的是，1983 年 4 月在山東青州市卻發現一本僅存的明朝趙秉忠的狀元卷，此事成為轟動一時的新聞。

　　趙秉忠（1573-1626），字季卿，山東青州人。明萬曆二十六年（1598）狀元。他當年殿試時的考卷，就是「狀元卷」，為冊頁紙本，封底、封面係全綾裝裱。卷首為趙秉忠及其上三代簡歷，正文前有明神宗朱翊鈞朱批「第一甲第一名」六字，並鈐有「禮部之印」「彌封關防之印」各一方。正文共十五折，每折六行，以工整小楷書寫，計 2460 字。正文之後，為當時讀卷官九人職銜、姓名。據說《狀元卷》在趙家輾轉相傳已歷十四代，三百幾十年了。趙氏子孫視之為傳家之寶，從不示人。最後一個保存者逃荒關東時，專門將其縫在棉衣夾縫中。由於是我國現存的惟一一份《狀元卷》，因此在捐獻給國家後，被定為國家一級文物。1983 年 6 月 5 日，中央人民廣播電臺、中國

國際廣播電臺同時播發了這份《狀元卷》真跡被發現的新聞，同日的《人民日報》等全國主要報刊也都刊登了這則消息。繼而，香港《新晚報》及《澳門日報》也都對此作了詳盡報導。1991 年 8 月，《狀元卷》一度為青州市博物館職工林某盜竊，經公安機關偵破，又失而復得，盜竊「國寶」的林某被依法處決。《民主與法制》在 1992 年第 2 期以《狀元卷沉浮記》為題，報導了《狀元卷》從發現到被竊、直到失而復得的經過。接著，該刊於當年第三期首次發表了《狀元卷》全文，使中外人士有幸一睹《狀元卷》風貌。

但是，趙秉忠的這份《狀元卷》如何能流傳至趙的後人手中並保存 300 多年，至今仍是個謎。

趙秉忠出生於仕宦之家。其祖父趙通、父親趙無禧均曾在朝為官。秉忠共有兄弟三人，兩個兄長名秉公、秉直。秉忠自幼勤奮好學，15 歲補府學生員。萬曆二十六年（1598）應進士舉，他在廷試對策中，詳盡地闡述了自己的治國主張，認為帝王統治天下，要實現治國的目標，必須有「實政」「實心」。所謂「實政」，就是要「立紀綱，飭法度」；所謂「實心」，就是要「振怠惰，勵精明」。他尤其強調法治的重要性，認為朝廷制度綱紀大法，不但要懸到皇宮大門兩側，還要寫於法律條文之首；不僅要首先在朝廷內實行，而且還要推廣到郡國天下，以至邊疆海域，做到事無鉅細，都包括在法律條文之中。並強調君王要率先作出榜樣，以激勵百官庶民。同時，還就倡廉懲貪、審慎用刑和如何提高官吏素質、賑恤饑荒、整飭軍隊等提出了自己的主張和見解。通篇策論，洋洋灑灑 2400 餘字，如行雲流水，一氣呵成。神宗朱翊鈞覽後，御筆在試卷正文右上方朱批「第一甲第

一名」六個大字，親點趙秉忠為是科狀元。（趙秉忠殿試對策見附錄四）

　　趙秉忠大魁天下後，授翰林院修撰等職。熹宗朱由校即位，宦官魏忠賢專權，在朝中廣植閹黨，無惡不作。趙秉忠因不肯阿附於魏，遂遭陷害，被削奪官職，憂憤而死。著有《琪山集》《江西輿地圖說》，已佚。

同是鼇頭一樣人
——狀元思想品格的差異

　　狀元，被譽為龍頭或鼇頭。但同樣的鼇頭，其氣節、品格和作風往往不一樣。下面這首詩，是宋末元初江西人羅秋臺所作，是諷刺留夢炎的：

> 齧雪蘇卿受苦辛，庾公甘作老朝臣。
> 當年龍首黃扉客，同受皇恩一樣人。

　　留夢炎，浙江衢州人。南宋淳祐四年（1244）狀元及第，累官至樞密使。德祐元年，元軍水陸並進，大舉滅宋。朝廷任命留夢炎為左丞相，都督諸路軍馬抗元。留夢炎卻棄官逃遁，投降元朝，後奉命對文天祥勸降，遭到文天祥痛斥。

　　文天祥比留夢炎後 12 年中狀元。兩人同為南宋狀元，同受皇封，又相繼受命於危難之際，但兩人最終選擇的道路卻迥然不同。文天祥成為後世景仰的民族英雄，被譽為「狀元魂」，狀元中之狀元；留夢炎卻遭到後人鄙夷，斥之為狀元中之敗類。尤其是家鄉人，更為出了這個敗類而羞恥。時人曾說：「兩浙有夢炎，兩浙之羞也。」據

說在明朝，凡衢州留姓人士參加科考，官府皆責令其立下字據，保證自己非留夢炎子孫，方準應試。

當然，像留夢炎這樣大節有虧的小人，在狀元中是極個別的。正如前文講到過的，大多數狀元都是品學兼優、風範可親之士；但也有少數品格卑下，不足為訓者。溫州師範學院黃世中教授於 2000 年 4 月 16 日在《溫州日報》發表文章，考證論述溫州歷史上的兩位狀元，王十朋和木待問，對比鮮明，值得一讀。

王十朋（1112-1171），字龜齡，號梅溪，溫州樂清人。南宋高宗紹興二十七年（1157）狀元及第。趙構御筆批云：「經學淹通，議論醇正，可作第一人。」入仕後，王十朋反對與金議和，遭到主和派的排擠。他的政績主要在饒、夔、湖、泉四州任上。湖州百姓因淫潦歉收，王奏減三分租稅，平穩糧價，民免流離，社會安定。故調離湖州時，父老百姓焚香拜送。饒州民俗強悍，豪家巨室驕橫。王十朋一方面廉潔自律，一方面限制豪強特權。宰相洪適利用職權，企圖侵佔舊學宮基地，擴充自家花園，王十朋以「先聖所居，十朋何敢予人」拒之。故居饒年餘，民風大淳，盜賊不作。及移知夔州，饒州百姓上書請留，至於斷毀路橋使其不得離境。王十朋只好從小路悄悄走脫。後來百姓重新將橋修好並命名為「王公橋」。王十朋俸祿微薄，但在湖州、泉州任上兩度「割俸」，捐建貢闈，興辦學校。所到州縣，親自行田，獎勵農桑，在夔州還帶頭綠化，手栽柳樹 2000 株。

「心中有百姓，治人先治己」，是王十朋政績卓著的根本所在。其《湖州到任謝表》中云：「但思治己以先人，豈忍奪民以生事！」

他給自己的書齋命名為「不欺室」，名出《書不欺室詩》：「室明室暗兩何疑，方寸長存不可欺。勿謂天高鬼神遠，要須先畏自家知。」王十朋可謂封建社會一位有良心的官吏。在《謝榮帥贈御書孝經》詩中，他抒發了自己的抱負：「要令列郡法青白，了無一吏橫索錢。」因此他除「治己」「自律」外，在郡即立「戒石」，與同僚共戒「貪賄」。晚年任泉州知府時有《修戒石》詩云：「君以民脂膏，祿爾大夫士。脂膏飽其腹，曾不念赤子。貪暴以自誅，誅求不知恥……一念苟或違，方寸寧不愧！清源庭中石，整頓自今始。何敢警同僚，兢兢惟勒己。」他指出官吏的俸祿來自百姓，貪暴自誅者可恥；立石不僅是警戒同僚，也是警戒自己。王十朋不愧為勤政愛民、清正廉潔的政治家。

　　王十朋狀元及第後六年，即宋孝宗隆興元年（1163），有永嘉（溫州時稱永嘉）木待問狀元及第。木待問，《宋史》無傳，萬曆《溫州府志》僅有小傳 53 字言其「敏而力學」，官至「禮部尚書」，未加褒貶。但據《林下偶談》等野史、筆記所載，木待問人品低下，名聲不佳，為溫州人所輕視。木待問青年時期拜溫州名儒鄭景望為師。鄭景望，紹興十五年進士，《府志》稱其「德行夙成，尤邃經學」，官至「吏部侍郎」。鄭景望曾重建浮沚書院並任教席，親授木待問伊洛之學，為其說親做媒，視為己子；後又薦其入補太學，木待問因此中了狀元。然鄭景望逝世後，木待問返溫州，不僅吞占書院，還因營造私宅而侵奪鄭氏祖地而大打出手，打傷鄭景望之弟鄭伯英；又賄囑官府抓捕鄭伯英入獄。鄭景望夫人忍無可忍，據理力爭，罵其背叛師恩，迫使木待問理屈而慚退。

據此，黃世中教授精闢地指出：「人不僅應有學問，更應有良好的品德。人生道義，古今一也。一個人不論獲取何等功名，人格品行是為第一。同是狀元，王十朋千古所仰，百世流芳；木待問貪婪霸道，無恥無賴，不僅為當時人所不齒，今天我們仍不因他是狀元而為之諱飾。」

「圖入流民不忍看」
——洋狀元項驤的愛國詩篇

　　《溫州日報》2000 年 4 月 23 日發表俞雄先生的考證文章稱，清宣統二年（1910），朝廷舉行回國留學生殿試，項驤榮獲第一名，授翰林院編修，被譽為「洋狀元」。當然，這不是傳統意義上的狀元了。正如夕陽下山，必有迴光返照，歷史事件過去，往往也有餘波蕩漾。洋狀元的出現，總算對千年科舉制的消亡，留一點安慰和幽思了。

　　項驤，浙江瑞安人。1904 年赴美留學，獲政治經濟學碩士。民國初，曾數度任財政部次長達 10 年之久。時值軍閥混戰，窮兵黷武，他除清廉自守外，事業上難有作為。47 歲起，即辭職回瑞，悠然賦閒，息影家園。

　　項驤善詩詞，工書法。馬君武稱其「所為詩瑰異博麗，迴腸盪氣，令人有一唱三歎之感」。其晚年感慨國難深重，多有愛國懷鄉詩篇。如 1939 年所作《己卯二月廿六日事》，便是日寇飛機轟炸瑞安時滿城逃避情景的真實記錄：

徹耳機聲震屋廬，萬人空巷避雷車；
此心久已枯禪似，石破天驚尚著書。
立體高拋近發明，殺人無事再攻城。
諸孫抱膝呼爺問，不雨何處霹靂聲。
一霎雷轟萬骨灰，人生到此方堪哀。
大鵬擊海三千里，今挾腥風動地來。
極目中原淚已瀾，陸沉何惜此彈丸。
劇憐老少傾城出，圖入流民不忍看。

又如 1940 年《庚辰元旦》，注曰：「是日，士女出城絡繹，會永嘉有空襲，瑞安聞警，制笛而電流斷，幸得無事」，詩云：

雲開五色擁朝曦，一事傳聞說也奇，
瀛海鵬摶驚失箸，終南豹隱淡忘機。
重門掣電流方斷，長笛銷聲險化夷；
不是六街塵不動，傾城那得作春嬉。

這些詩淒涼悲憤，道出了作者的愛國情懷和無限感慨。此外，還有為弔唁抗日陣亡將士而作的《洪彥湜飛行師殉難漢口弔之》《書林翔景翼漢口蒙難詩後》，及為鼓勵投筆從戎者而作的《贈陳劍影》等，均表明這位老人的愛國情懷。

這些詩與他晚年的愛國行為，正可互相印證。民國《瑞安縣志稿》及近年《溫州市志》記載：1937 年抗戰爆發，項驤參加瑞安抗敵後援大會，登臺演說，怒斥日寇，「捐金為反日會倡」，又發起書畫展覽，以義賣全部收入捐作抗日軍費。1941 年瑞城淪陷時，敵偽

要拉他出任所謂維持會長，他「臨難不屈，嚴詞拒絕」。次年縣城再陷時，「闔城奔逃，驥以不堪更見淪胥，遂絕粒，於是年十一月卒」。他的詩詞和實際行動，都表明了這位老人的愛國愛鄉情懷和高尚的民族氣節。

十四

落難公子中狀元
——戲曲舞臺上的狀元形象

　　古代戲曲作品中，以「狀元戲」最為熱門。但這類戲文大都有公式化的毛病，故人們將它概括為「私訂終身後花園，落難公子中狀元」。不過，這也從另一個側面反映出人們對狀元的同情和喜愛。所以，劇作家們就編出五花八門的狀元戲，來滿足「追星族」們精神生活的需要。狀元戲很多，大體上可分為三種類型。

　　一類是完全虛構型。例如《鍘美案》中的陳世美、《活捉王魁》中的王魁、《張協狀元》中的張協等，找遍科舉史料並無其人，當然也並無其事。從史料上分析，歷史上狀元的婚姻，一般都比較規範，夫妻和睦，相敬相愛者居多；殺妻滅子，高攀豪門者似無史例。不過，只要社會上有「喜新厭舊」的思想傾向存在，那麼這一類戲就有其社會價值和藝術價值，這就是《鍘美案》等長演不衰的原因所在。每次演出，都能贏得觀眾特別是婦女們的眼淚，不知濕透了多少香羅帕。

　　當然，也還有另外一種情況，如《玉堂春》中的王金龍、《繡襦記》中的鄭元和，在狀元及第後做了高官，不忘前情。這充分體現了

我們民族知恩圖報、富貴不易妻的傳統美德。同時也可以看出，在封建思想占統治地位的古代社會，進步文學家們如何運用他們手中的筆，熱切地呼喚著美好與崇高。王金龍、鄭元和雖在歷代狀元花名冊上查無此人，但他們卻在人們心靈的花名冊上生了根，他們的生動形象已經在舞臺上活躍了好幾個世紀。這也說明了狀元在歷史上的地位和對民間的吸引力。

第二類是借名虛構型。就是狀元的名字是真的，但故事是虛構的。例如《荊釵記》中的王十朋，實有其人，劇作家就借他來做個主角。

南戲《荊釵記》描寫王十朋少年中狀元後，万俟卨丞相要招他為婿，王十朋以家有糟糠堅辭。不料，万俟卨丞相夥同王十朋同鄉好友張汝權仿其筆跡，偽造家信，說要將髮妻錢玉蓮休掉。錢信以為真，遂憤而投江，幸得恩公救助。這個故事曲折離奇，纏綿悱惻，動人心弦。最後是夫妻相會，誤會冰釋，以大團圓結束，又讓人破涕為笑。

《荊釵記》係柯丹丘所作，被稱為元代四大傳奇之一。其實，這完全是虛構的故事。王十朋中狀元時，已是 46 歲的中年人了，根本沒有「相府招親」這回事。王十朋的髮妻是同村老儒賈如訥之女，也不姓錢，當然沒有投江情事。

據王十朋二十三世裔孫離休工程師王祝光及其女兒作家王雪麗二人合著的《王十朋傳》記載，生活中的賈夫人，美慧溫順，頗通文墨，孝敬公婆，相夫教子，是一位典型的賢妻良母。她的美好形象，比起《荊釵記》所塑造的錢玉蓮來有過之而無不及。最近，溫州劇作

家張思聰將《荊釵記》改編後在全國演出並獲得成功。

第三類是半真半假型。姓名是真的，事情也並非全是虛構，但其中有大量的水分。如《簪花髻》中楊慎與黃娥的故事，明人沈自徵作。寫狀元楊慎含冤被貶雲南後，玩世不恭，常於酒醉時穿大紅女衣，塗脂抹粉戴花出遊，或在歌女白綾衣服上題詩。這些恐怕是出於劇作者虛構。

楊慎（1488-1559），字用修，號升菴，四川新都人，明正德六年狀元。為所謂「議大禮」事，被貶於雲南永昌衛，度過了 40 年悲慘的流放生涯。

楊慎在充軍期間，發憤著作。除詩詞外，其它著述多達 100 餘種，在明代著作家中稱為第一，後人輯有《升菴集》傳世。《三國演義》那首著名的卷首詞「滾滾長江東逝水」，就是楊慎的作品。

楊慎夫人黃娥，是明代著名才女，其詩足可與宋代李清照媲美。

她有一首懷念丈夫的詩《寄外》，感情真摯，催人淚下：

雁飛曾不度衡陽，錦字何由寄永昌？
三春花柳妾薄命，六詔風煙君斷腸。
日歸日歸愁歲暮，其雨其雨怨朝陽。
相聞空有刀環約，何日金雞下夜郎。

楊升庵與黃娥長期分居兩地，天各一方，鴻雁傳詩，互訴衷曲，其悲劇命運為世人所關注。他倆去世後，人們把楊升庵的《陶情樂

府》和黃娥的《楊夫人樂府》合併編為《楊升庵夫婦散曲》。

　　不過，以上這些狀元戲，都是古人寫的，古人寫古人，真耶假耶，我們大可不必替古人分辯。如是今天，說不定就會惹出一場官司。好比《琵琶記》，無端拉扯上東漢文學家蔡邕，把他和趙五娘配為夫妻。蔡邕，字伯喈，因做過中郎將，故人稱「蔡中郎」。他的女兒就是《胡笳十八拍》的作者蔡文姬。這位蔡中郎如果向法院起訴，控告高則誠侵犯「姓名權」和「名譽權」，那怎麼辦？當然，高則誠也可以為自己辯護。因為《琵琶記》取材於民間流傳已久的鼓詞，所以可不負法律責任。謂予不信，有陸游《小舟遊近村舍舟步歸》詩為證：

　　斜陽古柳趙家莊，負鼓盲翁正作場；
　　死後是非誰管得，滿村爭說蔡中郎。

結束語

對科舉制度的歷史認識

世界上任何事物都是在一定的歷史條件下發生和發展，也在一定的歷史條件下消亡。科舉這個東西既然是出於封建統治階級的需要應運而生，那麼，它必然隨著封建制度的沒落和崩潰，最終被送進歷史博物館。這就叫不以人們的主觀意志為轉移。但是，科舉制度在歷史上所發揮過的積極作用，也是不應該抹殺的。

有位哲人好像說過這樣的話：研究歷史，不是以今天的社會條件來作為判斷的根據，而應以當時的社會條件來作為判斷的根據。對歷史人物的評價也是如此，要看在當時的條件下，能否比前人站得更高一點，做得更多一點或更好一點。如果根據這個觀點來判斷科舉制度的話，我們可以毫不猶豫地指出，科舉制有以下三大歷史作用：

首先，科舉制打破了「世卿世祿」和「九品中正」的舊傳統，而代之以全新的富有活力的考試選士制度，這無疑是一大歷史進步。

這個考試制度嚴格奉行「三公」原則，即「公開考試」「公平競爭」和「公正錄取」。儘管古人沒有用這樣簡潔的語言加以概括，並明確提出這個口號，但實際上是這樣做了。

所謂「公開考試」，絕不是內部偷偷摸摸或半遮半掩，而是大張旗鼓、大吹大擂，堂而皇之地進行的。先是由皇帝發佈詔書，任命威信卓著的飽學之士為正副考試官；然後是定時（即秋闈、春闈）、定

點（即鄉試、會試、殿試）、定式（一整套嚴格的考試手續和規則），有條不紊地考選。每次科考，從報名到放榜，總是舉國轟動，人人關注，充分體現其「公開性」。

所謂「公平競爭」，就是不分年齡、出身和貧富，都可報考（至於限制婦女及某些賤民，這是歷史的無奈）。考卷一律糊名密封，就保證了公平競爭。實踐證明，的確有大批寒微子弟脫穎而出，找到了進身之路。正如上文提到宋太祖趙匡胤所說：「向者登科名級多為勢家所取，塞孤貧之路。今朕躬親臨試，以可否進退，盡革其弊矣。」這番話還是有一定事實根據的。其中「以可否進退」，就是說根據考試成績來決定取捨，也含有「在分數面前人人平等」的意思。據何炳棣《明清社會史論》考證，明清兩代進士中，凡祖上沒有讀書或雖讀書而未作官的寒微子弟占 42.9%。當然，這裏的「寒微子弟」，大體上是中小地主及富裕農民出身的下層知識分子，真正身無立錐之地的貧雇農子弟想必是不大可能的。但即此一端，也足以看出科舉制確實促進了統治階層的流動，並使統治結構不斷發生變化。

所謂「公正錄取」，關鍵在於考試官。所以定出鎖院制度，嚴防私通關節。如發現有舞弊情事，立即嚴懲不貸，輕者革職，重者殺頭，說到做到，雷厲風行。就拿清朝晚期來說，吏治已十分腐敗了，但相對而言，科場這塊「聖地」還算比較乾淨。正如前文所述，魯迅先生的祖父周福清，就因一封未遂行賄信被查獲而判處「斬監候」。湖南考生傅晉賢串通吏役，偷換試卷，一經告發，該考生和吏役雙雙丟了腦袋。據說傅晉賢事發後，曾企圖用萬兩白銀買一條命，也無濟於事。

這樣一種考試制度，在 1000 年前就已創立，並像「奧林匹克」大賽一樣，始終堅持，這不能不說是一大歷史奇跡。

當歐洲從中世紀的黑暗和野蠻中向啟蒙時代邁進時，他們忽然發現中國這個「綠色的天堂」，「沒有宗教，沒有教會，由人們自己管理自己」。他們遵循孔夫子的教導，推行科舉制度 。法國啟蒙思想家伏爾泰說：「這些政府部門的成員都是經過幾場嚴格的考試之後而錄取的。」他們認為「經過科舉制選拔的官員是一批真正的出類拔萃者」，從而建議「應向中國學習」。

鄧嗣禹《中國考試制度》（臺北學生書局出版）轉引西方學者 S‧威廉斯的一段話，很值得參考：「古代中國政府中文武官吏所由產生的這種著名的考試制度，在任何一個大國中都可算一種無可比擬的制度。這種制度被東亞鄰邦所仿傚，並可能由阿拉伯人的介紹，於十二三世紀傳到西西里王國，然後傳入西方，就被西方社會借鑒採用，形成西方的文官考選制。」所以，有的西方學者甚至認為，中國的科舉制可以與火藥、指南針、造紙術、活字印刷術並列為中國古代「第五大發明」哩。中國民主革命的先驅者孫中山先生，當初曾十分仰慕英國的文官制度，並設想按它的方式改造中國的官吏制度。誰知孫中山經過一番系統而深入的研究，終於明白英國文官制度居然移植於中國古代的科舉制度。由此他的心靈受到極大的震撼，對中國傳統文化又做了新的審視。

第二，由於科舉制的促進，形成了全社會的「讀書熱」。明末來華傳教的意大利人利瑪竇，驚歎中國簡直是一個「文憑社會」。首先是朝廷從上而下層層發動，然後推向全國。例如宋真宗趙恒就親自動

手寫《勸學歌》：

富家不用買良田，書中自有千鍾粟。
安房不用架高粱，書中自有黃金屋。
娶妻莫恨無良媒，書中自有顏如玉。
出門莫恨無隨從，書中車馬多如簇。
男兒欲遂平生志，六經勤向窗前讀。

這首歌在舊時代，幾乎是家喻戶曉，人人會背的。它比任何政治課本還要生動，還富有魅力。

這種讀書熱又從下而上得到熱烈的呼應。據說有一個 9 歲的小學生讀了皇帝這首詩後，受到啟示，也寫了首詩，人們稱其為《神童詩》。《神童詩》也立即傳遍九州四海，並且被選作蒙童輔助讀本，同樣人人會背。下面是《神童詩》原文：

天子重英豪，文章教爾曹。萬般皆下品，惟有讀書高。
少小須勤學，文章可立身。滿朝朱紫貴，盡是讀書人。
學問勤中得，螢窗萬卷書。三冬今足用，誰笑腹空虛？
自少多才學，平生志氣高。別人懷寶劍，我有筆如刀。
朝為田舍郎，暮登天子堂。將相本無種，男兒當自強。

據明人朱國禎《湧幢小品》記載，這首神童詩是汪洙所作。汪洙，浙江鄞縣人，後來在北宋哲宗元符三年（1100）考中進士，官至觀文殿大學士。

儘管這些詩都是以功名利祿為誘餌，在思想認識上有很大負面影

結束語

響，但在客觀上卻促使讀書熱不斷升溫。試設想一下，當時經濟這樣不發達，交通這樣閉塞，文化這樣落後，在我們這個人口眾多幅員遼闊的古代東方大國裏，要想推廣識字教育，是多麼困難。而借助科舉制度　，卻輕而易舉地做到了這一點。在科舉的推動下，無論通都大邑，或窮鄉僻壤，凡有人煙處，做父母的總千方百計讓子弟入塾讀書，這不也是一大歷史奇跡嗎？儘管讀書的動機不一定正確，但總比宣揚「讀書無用論」為好。當然，也有隱逸山林，不求功名，以修身養性，自得書趣為目的。如宋末元初詩人、浙江仙居人翁森的《四時讀書樂》可為代表，「好鳥枝頭皆朋友，落花水面亦文章」，就是其中的警句。不管怎樣，提倡讀書總是好事。不讀書，是真貧窮；不讀書，是真愚蠢。能讀書，起碼就有掃盲意義。據前人筆記所載，在唐朝，上至王公大臣，下至販夫走卒，差不多都能吟詩作對，「張打油」即是一例。在宋代，「凡有井水飲處都能歌柳詞」。據故老談，在舊時代，無論是三家村或十里亭，到處教讀四書五經，村塾裏一片琅琅書聲，許多樵子桑姑雖不識字，也耳熟能詳，隨口念幾句「子曰詩云」，是並不鮮見的。這就是科舉制的無形影響力所在。

第三，科舉制培養了一大批有用之才。自隋唐至明清 1300 年間，大約考取進士 162450 人，武科進士 20000 人左右。由於史料殘缺，實際上當然不止此數，估計文武進士有 20 萬之數。其中文武狀元將近千人。至於舉人秀才更以幾百萬計。這樣龐大的人才庫，無疑是我們國家和民族無可估量的「財富」。但也有人說：「這些科舉人士，大都是迂執酸腐的蠢貨，並沒有什麼真才實學。」這個看法恐失之偏頗。蠢貨以及惡劣之徒是有的，如秦檜、嚴嵩之流，只是個別敗類，絕大多數的科舉人士都是好的。我們不能一竹篙打翻一船人，厚

誣古人矣！老實說，能夠在科舉這條「蜀道」攀登上去的，大都並非等閒之輩，其中不少還是奇才傑士，國之棟樑。縱觀歷代賢相能臣、將軍督撫以及著名的學者詩人等，大都是進士出身，這就是有力的佐證了。別的不說，如果沒有一手過硬的毛筆字和詩賦文章的功底，恐怕連考秀才也沒有資格，遑論進士狀元呢！

誠然，我們在肯定科舉制的歷史作用的同時，也要看到科舉制的錯誤傾向和危害性的一面。世上任何事物都在一定條件下走向反面，科舉制也是這樣。科舉制這具「木乃伊」，可說僵而未腐，至今還在散發著臭氣。科舉的「後遺症」大體上也有三端：

其一，科舉宣揚「讀書做官論」。這種觀念至今仍根深蒂固，非一朝一夕所能消除。現在不是還有這樣的諺語：「高考得中，吃魚吃肉；高考落榜，砍柴打鹿」嗎？有的中學設立重點班和差生班，人們就乾脆稱之為「皮鞋班」和「草鞋班」。這種追求升學率的後果，差不多又是重走「千軍萬馬過獨木橋」的科舉老路。據報載，青海省一位婦女因小兒子學習成績不好，眼看成龍無望，竟活活地將其弔打而死。廣東也同樣發生過類似慘劇。而浙江金華有個高中生因忍受不了學校排成績名次和家長的壓力，竟用榔頭砸死母親。貴州有一對孿生姐妹中學生，因考試成績不理想，害怕受責，竟毒死父母雙親。這些觸目驚心的例子，說明我們迫切需要改進教育工作了。我們要教育青少年樹立正確的人生觀和價值觀，要明確為國家民族而勤奮讀書，批判科舉的殘餘觀念，批判讀書是為了功名利祿之類的封建思想糟粕。

其二，科舉死鑽經義，禁錮思想，壓迫科學和文學，排斥一切新鮮事物，脫離實際，反對改革。我們一定要反其道而行之，要學以致

用，吸收古今中外一切有用的知識。今天處在社會主義經濟建設的大發展時代，對人才的需求是多方面的。「三百六十行，行行出狀元。」對學習的要求也是多方面的。就拿中國傳統文化來說，包括四書五經在內，都要「取其精華，棄其糟粕」，既不能像科舉士子那樣對四書五經頂禮膜拜，也不能像「四人幫」那樣採取「一棍子打死」的歷史虛無主義錯誤做法。目前正在中華億萬青少年中興起的「中華古詩文經典誦讀工程」，就是把古人的智慧哲理，作新的詮釋，這是十分可喜的現象。對西方文化，用魯迅的話，就是「拿來主義」。總之，要做到古為今用，洋為中用，不斷豐富自己，以免頭腦僵化，重蹈科舉覆轍。

其三，科舉推行八股，所謂代聖人立言，實質是愚弄人。我們一定要時刻警惕，經常重溫毛澤東《反對黨八股》的教導，肅清八股遺毒，改正我們的文風。據說有的青少年作文，可以不根據客觀事實，不必面向生活，往往按照某種公式，埋頭虛構，「語錄」用得多，書上抄抄摘摘就是好文章。而有的老師在批改時，也不問這篇作文材料是否真實，是否用自己語言，怎麼說就怎麼寫，而是只要辭藻華麗，故事編得生動，就給予高分。這不也是變相「八股」嗎？

「歷史的經驗值得注意。」以史為鑒，可以知興衰得失。我們應該從科舉制的經驗教訓中，吸取有益的營養，摒棄無用的糟粕，「古為今用，推陳出新」，要不斷改革，與時俱進，促進和完善我們的社會主義教育制度，從應試教育轉變為素質教育，更好地培養「有理想、有道德、有文化、有紀律」的優秀人才，為建設有中國特色的社會主義而貢獻力量！

附

錄

APPENDIX

一、關於隋文帝之死

隋文帝楊堅可謂中國科舉制度的奠基人。筆者在《中國科舉史話》初版中寫到隋文帝時，順便提及隋文帝雖善於治國，卻不善於治家：

「……隋文帝之子楊廣（即煬帝）是歷史上著名的暴君。他不僅殺死三個同胞兄弟，又趁文帝有病時，將父親殘酷殺害。當時，『血濺屏風，冤痛之聲聞於外』。從此，隋朝治世的局面就逆轉了……」

書出版後，有讀者來信指出，上述這段話史實有誤，這是張冠李戴了。相傳宋太祖趙匡胤病重，其弟趙匡義（太宗）將其殺害，留下了「燭影斧聲」千古之謎。有一出古戲《賀後罵殿》，就是影射這場宮廷悲劇的。

感謝讀者指出這個謬誤。那麼，隋文帝究竟是怎樣死的呢？茲據《資治通鑒考異》引趙毅《大業略記》的記載如下：

高祖（即隋文帝楊堅）在仁壽宮，病甚。追帝（即隋煬帝楊廣，當時為太子）侍疾。而高祖美人尤嬖幸者，惟陳、蔡二人而已；帝（楊廣）乃召蔡於別室。既還，而傷面發亂。高祖（楊堅）問之，蔡泣曰：『皇太子為非禮。』高祖大怒，嚙指出血，召兵部尚書柳述、黃門侍郎元岩等，令發詔追庶人勇（文帝長子楊勇），即令廢立。帝

事迫，召左僕射楊素、左庶子張衡進毒藥。帝簡驍健宮奴三十人皆服婦人之服，衣下置仗，立於門巷之間，以為之衛。素等既入，而高祖暴崩。

這才是信史。顯然，隋文帝是被他兒子楊廣派人毒死的，並沒有「血濺屏風」。

隋文帝病了，由二個美女侍候。一個姓陳，就是南朝陳宣帝的女兒。隋滅陳後，虜入宮中，封為宣華夫人。另一個姓蔡，丹陽人，封為容華夫人。這楊廣是個色鬼，趁問候父病時，乘機調戲了蔡夫人。文帝氣得把指頭也咬出血來，下令要把廢太子楊勇叫回來。楊廣見事態危急，就先下手為強，叫權臣楊素等人用毒藥將父親毒死，自己當了皇帝。

另據《隋書》后妃傳載：楊廣乘侍疾之際調戲陳夫人，為文帝發覺。迨文帝駕崩，楊廣遣使者賜金盒子，陳夫人惶懼，以為鴆毒。及開盒見有同心結數枚，諸宮人咸賀曰：「得免死矣。」其夜，楊廣遂召陳夫人侍寢。後蔡夫人亦為煬帝所蒸。

二、關於「維民所止」試題冤案真相

相傳清雍正年間，江西主考官海寧查嗣庭，取《詩經》中「維民所止」為試題，有人指控他隱喻雍正去首，遂遭滿門抄斬。這是清朝文字獄中之昭昭大案。幾百年來，「維民所止」題獄之冤廣為流傳，而且歷久不衰。

但 1980 年 8 月出版的《辭海》，在「查嗣庭題獄」條文中，是這樣說的：「世宗欲害隆科多，因查嗣庭曾受隆科多等推薦，故先興此獄……世傳試題為『維民所止』，維止二字被指為雍正去首，並非事實。」那麼，事實究竟是怎樣的呢？文史學者蘇虹撰寫《「維民所止」試題冤案內幕》一文，有詳細的敘述，茲摘錄如下：

據史書及朱批奏摺中有關史料記載，此案發生於清雍正四年（1726）。這年各省鄉試試期臨近之時，雍正皇帝認為「江西大省，人文頗盛，須得大員以典試事」，於是特指派內閣學士兼禮部侍郎查嗣庭為江西鄉試正考官。查嗣庭出了哪些試題？他出的首題為「君子不以言舉人，不以人廢言」；《易經》次題為「正大而天地之情可見矣」；《易經》三題為「其旨遠，其辭文」；《詩經》四題為「百室盈止，婦子寧止」。

那麼雍正皇帝根據什麼來加罪於查嗣庭呢？雍正皇帝抓住上述試題，以「想當然」的思維方法，推此及彼，前後聯繫，從而認定查嗣

庭「心懷怨望」而「大肆訕謗」。

要知道雍正帝怎樣前後聯繫、推理分析，不能不先說說發生於上年（雍正三年，1725）被正法的汪景祺文稿案。舉人出身的汪景祺曾作過《歷代年號論》一文。文中說「『正』字有一止之象」，他列舉前代帝王年號為例，認為正隆（金·海陵王）、正大（金·哀宗）、至正（元·順帝）、正統（明·英宗）、正德（明·武宗）等年號，這些以「正」字年號的「皆非吉兆」。

雍正皇帝認為，汪景祺所說純屬「咒詛之語」。他舉例反詰道：「如漢之元鼎、元封，唐之開元、貞元」，難道「『元』字有一『兀』之象乎！」（據《辭海》所注：兀，有山禿、斷足、渾然無知的解釋。）雍正帝又舉例反詰道：「漢世祖以建武紀元，明太祖以洪武紀元，武字即有『止』字，難道可云『二止』乎？」雍正帝認為，汪景祺文稿分明是攻擊他的年號，咒詛他逃不出「一止之象」。汪景祺膽敢發此「悖逆之語」，自然免不掉被誅戮的厄運。

如今，查嗣庭又出了前述諸試題，拿首題「君子不以言舉人，不以人廢言」看，雍正帝認為「堯舜之世，敷奏以言，取人之道，即不外乎此。況現在以制科取士，非以言舉人乎？」而查嗣庭膽敢以此命題，「顯與國家取士之道大相悖謬」。更主要的是，雍正帝把查嗣庭所出的《易經》次題與《詩經》四題，以及汪景祺的《歷代年號論》一文聯繫起來分析，認為查嗣庭前有「正」，後有「止」字，與汪景祺攻擊他有「一止」之象，其用意是完全相同的。

雍正帝認為他這樣分析是有根據的，因為查嗣庭的第三試題為

「其旨遠,其辭文」,其意是明講此事,叫人聯想到彼事,他自然可以把查嗣庭的試題與汪景祺的文稿聯繫起來分析。雍正帝的結論是:汪景祺咒詛他的年號有「一止之象」,而查嗣庭的幾則試題中,前有「正」字,後有「止」字,「顯然與汪景祺悖逆之語相同」。這一來,查嗣庭就逃脫不了「逆天負主,譏刺咒詛,大幹法紀」的罪名。

查嗣庭的結局是很慘的。當年 9 月 26 日被宣佈「革職拿問,交三法司嚴審定擬」。本應依大逆律凌遲處死,後雖已在監中病故,仍逃不掉「戮屍梟示,所有財產查明入官」。至於親屬,男 16 歲以上者,皆斬,15 歲以下及其母女妻妾姐妹等,皆流放三千里外。

根據上引蘇文所說,查嗣庭雖沒有出「維民所止」試題,但雍正欲加之罪,何患無辭?這種深文周納、羅織成罪的手段,多麼令人觸目驚心。想必當時的士子們於悲憤之餘,索性背地裏虛擬了「維民所止」這道題,互相傳說。這雖是附會虛擬,卻並非空穴來風,而是在事實基礎上的概括和加工。這好比藝術虛構,一語既出,八方共鳴,比始初的事實,顯得更直接、更集中、更生動,也更強烈,更典型,痛快淋漓,惟妙惟肖,真是畫龍點睛之筆,把雍正皇帝七彎八繞,費盡心機想出來的強詞奪理,統統拋在一邊。幾百年來,「維民所止」題獄,早已在人民心目中定案,也就是在歷史中定案了,附會虛構的倒成為鐵證了。這可見語言藝術的無窮威力,也反映出人們對暴君暴政的深惡痛絕。

如今的影視作品大演清宮戲,有的把雍正吹捧成雄才大略、銳意改革的聖君英主。不管怎樣,雍正的陰險毒辣奸詐的形象是難於抹去

的。從「維民所止」的冤案，人們巴不得雍正去首。果然，1735 年 8 月 23 日（雍正十三年），年僅 58 歲的雍正一夕暴斃。於是，民間又盛傳俠女呂四娘飛簷走壁，夜入深宮，用血滴子斬取雍正首級。這呂四娘也是因文字獄被滿門抄斬的學者呂留良的孫女，她是為祖父及家族報仇。這類小說家言雖與史實不符，但卻反映出人心嚮背，因為老百姓心中是有一桿秤的。

三、關於進士碑和來雪亭

　　北京孔廟先師門和大成門東西兩側，立著數排高大石碑，這就是負有盛名的元明清進士題名碑，共 198 塊，刻有 51624 名進士的姓名、籍貫和名次，是研究我國科舉制度　的珍貴資料。

　　歷史上元碑有 9 塊。其中 6 塊被明代人磨去字跡刻上當朝進士姓名，現存 3 塊是清朝康熙年間國子監祭酒（全國最高學府校長）吳苑掘地時發現的。

　　明朝初年進士碑在南京。自永樂十四年（1416）起至崇禎十六年（1643）止共 77 塊碑在北京。

　　清朝自順治三年（1646）至光緒三十年（1904）止，共存碑 118 塊。清末最後一科，清政府已無力負擔立碑銀兩，進士們只好集資自建了。

　　文天祥被人們稱為「狀元中的狀元」，是整個科舉制度　史上最引為驕傲的「狀元魂」。除了在他的江西故鄉立有祠堂碑區外，北京還有恢宏的文丞相祠堂。此外，溫州是他戎馬生涯中頗有歷史意義的一個中轉站。

　　公元 1276 年，元將伯顏破臨安，擄宋恭帝及謝太后北上，南宋遂亡。狀元出身的文天祥以右丞相兼樞密使赴元營談判，竟遭拘押，

後在解送途中，歷經九死一生，脫險南歸，於 4 月 8 日渡海抵達溫州，住在江心孤嶼的江心寺，籌謀起兵抗元。他在金戈鐵馬、風雲變色的情勢下，仍不改詩人豪放樂觀氣質，寫下《江心寺》長詩。他謳歌溫州優美風光：「晏歲著腳來東甌，始覺坤軸東南浮」；「馮夷海若不敢有，湧出精舍中蓮洲。樓高百尺蜃吐氣，塔聳雙角龍昂頭」。他站在江心嶼北望，慨歎：「長淮在望鐵甕近，大浪不洗英雄愁。」他在另一首七律《宿中川寺》吟道：「羅浮山下雪來未，揚子江心月照誰」；「乘潮一到中川寺，暗渡中興第二碑」。這「中興第二碑」的含意，是文天祥聯想到當年宋高宗（趙構）也曾南逃到溫州，也住在江心嶼，後來還打退金兵，再創中興大業。真是歷史的巧合，現衛、益二王也同樣南逃溫州，又從溫州轉道福州，正在整頓兵馬抗元。這樣看來，日後必定二度中興，再立第二塊紀念碑了。所以，後人在江心孤嶼建文丞相祠及來雪亭，以資紀念。歷代名家多有題詠，來雪亭匾額為郭沫若手書。

四、歷代狀元殿試卷舉隅

在科舉時代，狀元卷一向為人所重視。讀書人刻印傳抄，以供觀賞借鑒。其原件更歸入朝廷機要檔案，密加珍藏，視同國寶。但由於改朝換代，戰火連綿以及外國侵略者的掠奪焚燒，原存於宮禁的試卷大都佚失。自停科舉廢八股之後，原存於民間的抄件資料也如煙飄絮飛，零落散失。直至 20 世紀 90 年代中期，花山文藝出版社印行《歷代金殿殿試鼎甲朱卷》一書，才使人得一睹狀元卷之真容。該書由仲光軍、尚玉恒、冀南生等人所編，他們苦心孤詣，廣泛搜檢，有如海底撈針，草中覓珠，歷經時日，方編成厚厚兩大冊，彌足珍貴。現從中選錄若干篇，以饗讀者。唐代錄狀元李程詩賦各一篇；宋代錄民族英雄文天祥殿試對策；元代錄蒙古人狀元同同試卷片斷；明代錄失而復得的狀元趙秉忠對策；清代錄立憲派代表人物狀元實業家張謇對策以及最後一個狀元劉春霖試卷的「論教育」部分。又因文天祥對策文長萬言，故試作題解及剖析段落大意，以為閱讀之助。其餘各篇，限於篇幅，不一一注釋。

㈠ 唐貞元十二年狀元李程試卷

試題：《日五色賦》以「日麗九重、聖符土德」為韻。

《春臺晴望詩》

李程《日五色賦》

德動天鑒，祥開日華。守三光而效祉，彰五色而可嘉。驗瑞典之所應，知淳風之不遏。稟以陽精，體乾爻於君位。昭夫土德，表王氣於皇家。懿彼日升，考茲禮鬥。因時而出，與聖為偶。仰瑞景兮燦中天，和德輝兮萬有。既分羲和之職，自契黃人之守。舒明耀、符群道之克明。麗九華、當帝業之嗣九。時也環宇廓清，景氣澄霽。浴咸池於天末，拂若木於海裔。非煙捧於圓象，蔚矣錦章。余霞散於重輪，煥然綺麗。固知疇人有秩，無幻無失。必觀象以察變，不廢時而亂日。合璧方而孰可，抱珥比而奚匹。泛草際而瑞露相鮮，動川上而榮光亂出。信比象而可久，故成文之不一。足使陽烏迷莫黑之容，白駒驚受彩之質。浩浩天樞，洋洋聖謨。德之交感，瑞必相符。五彩彰施於黃道，萬姓瞻仰於康衢。足以光昭千古，照臨下土。殊祥著明，庶物咸睹。名羣矯翼，如威鳳兮鳴朝陽。時藿傾心，狀靈芝兮耀中圃。斯乃天有命、日躋聖、太階平、王道正。同夫少昊諒感之以呈祥，異彼夏王徒指之而比盛。今則引耀神州，揚光日域。詒象以啟聖，宣精以昭德。彰燭遠於皇明，乃備彩於五色。故曰：惟天為大，吾君是則。

李程《春臺晴望詩》

曲臺送春日，景物麗新晴。

靄靄煙收翠，忻忻木向榮。

靜看遲日上，閒愛野雲平。

風慢遊絲轉，天開遠水明。

登高塵慮息，觀徼道心清。

更有遷喬意，翩翩出谷鶯。

附記：李程（766—842），字表臣，隴西成紀人，係唐宗室後裔。他中狀元還有一段趣事哩！貞元十二年，李程參加進士考試，禮部侍郎呂渭為主考官。起初，李程沒有被錄取。在放榜前，大臣楊於陵碰到李程，問他應試情況，李程就將詩賦稿底拿給楊於陵看。楊於陵看了開頭「德動天鑒，祥開日華」八字，即認為出手不凡。及看完全篇，不禁大加讚賞，說：「今科你必中狀元。」次日榜發，楊於陵聽說李程落榜，大為不平，立即取來李程詩賦稿底，直接去找呂渭，故意說：「你今年所出考題，乃是舊題，前人早已做過，而且非常出色。」呂渭聽了，大為驚訝。楊於陵就將李程賦稿給他看。呂渭閱罷，也讚歎不已。楊於陵就說明事實原委，呂渭感到慚愧，連忙向楊於陵致謝，並找李程落卷，擢為狀元。

呂渭知錯能改，虛心接受批評，這一點還是值得稱道的。所以，宋代蘇軾作主考官時，因沒有錄取李方叔卷子，還引呂渭的故事自責呢。

(二) 南宋狀元文天祥殿試對策全文

1・宋理宗寶祐四年五月八日，御試策題

　　蓋聞道之大，原出於天，超乎無極太極之妙，而實不離乎日用事物之常，根乎陽陽五行之賾，而實不外乎仁義禮智剛柔善惡之際。天以澄著，地以靖謐，人極以昭明、何莫由斯道也。聖聖相傳，同此一道，由修身而治人，由致知而齊家治國平天下，本之精神心術，達之禮樂刑政。其體甚微，其用則廣，歷千萬世而不可易。然功化有淺深，證效有遲速者，何歟？朕以寡昧臨政，願治於茲，歷年志愈勤，

道愈遠，窈乎其未朕也。朕心疑焉。子大夫明先聖之術，咸造在廷，必有切至之論，朕將虛己以聽。三墳而上，大道難名，五典以來，常道始著，日月星辰順乎上，鳥獸草木若於下。九功惟敘，四夷來王，百工熙載，庶事康哉，非聖神功化之驗歟？然人心道心、寂寥片語，其危微精一之妙不可以言慨歟？誓何為而畔，會何為而疑，俗何以不若結繩，治何以不若畫像。以政凝民，以禮凝士，以天保采薇治內外，憂勤危懼，僅克有濟，何帝王勞逸之殊歟？抑隨時損益道不同歟？及夫六典建官，蓋為民極，則不過曰治、曰教、曰禮、曰政、曰刑、曰事而已。豈道之外又有法歟？自時厥後，以理欲之消長驗世道污隆，陰濁之日常多，陽明之日常少，刑名雜霸佛老異端，無一毫幾乎，道駁乎，無以議為然。務德化者，不能無上郡雁門之警。施仁義者，不能無末年輪臺之悔，甚而無積仁累德之素紀綱治度為以維持憑藉者，又何歟？朕上嘉下樂，夙興夜寐靡遑康寧，道久而未治，化久而未成，天變洊臻，民生寡遂，人才乏而士習浮，國計殫而兵力弱，符澤未清，邊備孔棘，豈道不足以御世歟？抑化裁推行有未至歟？夫不息則久，久則徵，今胡為而未徵歟？變則通，通則久，今其可以屢更歟？子大夫熟之復之，勿激勿泛，以副朕詳延之意。

2‧試作解題及文天祥對策大意

　　理宗皇帝出的這個題目，計 586 個字。試題開頭講一番關於「道」的大道理：道之大「原出於天」，並且「超乎無極太極」，根植於「陰陽五行」的深處，看起來很奧妙，但與我們日常生活、思想觀念密切相關。古往今來，都以道治理天下，為什麼會有「深淺」「遲速」之分？我治理天下有年，「志愈勤，道愈遠」，對此我感到不可

理解。你們都是「明先聖之術」的學子，今天聚集在此，想必都有「切至之論」發表，我將「虛己以聽」。然後，就天象、人文、帝王治政、綱紀制度、社會風氣、國計民生等八個方面提出問題。最後進入正題：「天變洊臻，民生寡遂。人才乏而士習浮，國計殫而兵力弱，符澤未清，邊備孔棘，豈道不足以御世歟？抑化裁推行有未至歟？」也就是說，天災不斷發生，人民生活十分困難；士林風氣浮華，人才特別缺乏；盜賊蜂起，邊疆緊急。這些情況的出現，究竟是天道失去了威嚴，還是教化的工夫沒有普及？望考生們深思熟慮，以「勿激勿泛」的態度，發表見解，勿負我一片誠意。

理宗皇帝在這裏強調的所謂「道」，究竟是什麼東西？朱熹認為「宇宙之間，一理而已」。這個「理」就是「道」，故有「天不變，道亦不變」之說。

這樣看來，「道」是一種宇宙觀和世界觀，是存在於萬物之中的法則、規律、準繩，是一種哲學觀點。但是，解釋世界的哲學觀點，只有二種，一種是唯物的，一種是唯心的。

事實上，以朱熹為代表的理學家們以及帝王將相們還有芸芸考生們，他們頭腦中的「道」，是一本糊塗賬，出題目的主考官和皇帝也說不清道不明，應考的舉子們更說不清道不明。根本原因是他們用唯心主義來觀察和解釋世界，好比瞎子摸象，怎能摸得准？

按照馬克思主義的辯證唯物主義觀點，世界是物質的。物質是第一性，精神是第二性。精神又能反作用於物質。而物質是不滅的，按照一定的規律在矛盾中運動。世界萬物都有發生、發展到消亡的過

程。這是不以人的意志為轉移的。用歷史唯物主義觀點來考察社會和研究歷史，就會發現生產力和生產關係的矛盾，是社會發展的關鍵所在。人類自進入私有制社會後，階級矛盾和階級鬥爭就不可避免了。一個王朝的成敗盛衰，都是這種鬥爭變化的結果。

可是，唯心主義就不是這樣解釋。他們認為天是有意志的，也是有感情的。天上日月星辰，對應地上人群眾生。天派他的兒子來做皇帝（天子），統治世間萬民。這就是君為臣綱，是萬古不變的天道。人間一切都由天意決定。比如項羽為什麼失敗？「天亡我也，非戰之罪。」劉邦為什麼勝利？「陛下所謂天授，非人力也。」所以，歷代帝王都是「天命所歸」。這也是歷代科考，都有「天道」這種命題的用意所在。直到清光緒二十九年，科舉行將廢止時，殿試策問命題中還有一句：「朕以藐藐之躬，臨億兆之上，攬艱難之時局，恒忧惕於宮廷。回鑾以來，勤求治理，思以報答昊蒼之默祐，紹列聖之詒謀……」這裏就提到上天的保祐，也是君王自有天命論。

中國古代雖然發明了指南針、火藥、造紙術、印刷術，還有渾天儀、地動儀等等，科技水準居當時世界最前列，但我們的科學理論思維一直滯後，往往知其然而不知其所以然。什麼是天？什麼是地？幾千年來都是糊裏糊塗，懵懵懂懂，似是而非，「氣之青輕上浮者為天，氣之重濁下凝者為地」，「地方天圓，日月星辰環焉」。這老皇曆翻了千百年，就沒有再進一步去研究。

就在理宗皇帝出這道考題的那個時代，稍早一些，辛棄疾寫了一首《木蘭花慢・可憐今夕月》：

可憐今夕月，向何處？去悠悠，是別有人間，那邊才見，光景東頭。是天外空汗漫，但長風浩浩送中秋，飛鏡無根誰係？姮娥不嫁誰留？……

詩人不是進行科學探討，而是憑靈感提出疑問：這月亮沒有用繩子係住，怎能懸在空中呢？還有她從地面鑽下去後，到哪裏去了呢？是否在地的另一面，別有一個世界呢？

這畢竟是詩的語言，並不是嚴格的天文學考證。同樣，在文天祥的本篇對策中也有一段相當精闢的議論：

臣聞天久而不墜也以運，地久而不隕也以轉，水久而不腐也以流，日月星辰而常新也以行。天下之凡不息者，皆以久也。

這段話提出萬事萬物處於運動中的看法，是很正確的。尤其是天不垮下來是因為「運」，地不墜下去因為「轉」，日月星辰能常新因為「行」，否定了古代的天圓地方學說，可以視作樸素的唯物主義觀點。但這畢竟只是文章家的推論，和辛棄疾一樣，缺乏有力的科學驗證。直至三百年後，公元 1530 年，波蘭天文學家哥白尼的天體運行說問世，世人才恍然大悟：原來地球也是太陽系中一顆行星，是不斷繞太陽轉動的。

現在把筆帶住，轉到文天祥的對策上來。

文天祥在殿試對策卷中，首先就試題中關於「道」的理論，發表了見解。文天祥說，道存在天地人心、上下四方、古往今來、陰陽五行之中，對修身齊家治國平天下，對禮樂刑政，對道德教化有決定作

用，歷代帝王都按「道」的原則辦事。但「秦漢以降」，人們逐漸與「道」疏遠，其原因是真正瞭解「道」的人少了。

其實，這還是繼承朱熹的觀點。不過，文天祥很聰明，不在玄而又玄的「道」上多花筆墨，立即將話題轉到現實上來，他說，陛下雖然當政多年，一心以「道」來治理天下，但效果很不理想，「上而天變不能以盡無，下而民生不能從盡遂，人才士習之未甚純，國計兵力之未甚充，以至盜賊兵戈之警」不斷，皇上為此晨昏不安。

文天祥在試卷中，把皇上提的八方面問題歸納成四個加以回答：「陛下分而以八事問，臣合而以四事對。」並說：「臣之所望於陛下者，法天地之不息而已。」即希望皇上以自強不息的精神，克服缺點，掃除弊病。

文天祥提出的是哪四個問題呢？他寫道：

臣聞天變之來，民怨招之也；人才之乏，士習蠱之也；兵力之弱，國計屈之也；虜寇之警，盜賊因之也。

然後，文天祥在試卷中就這四方面的問題，一一作答。

第一，「何謂天變之來，民怨招之也？」顯然這是一個「天人感應」的唯心主義命題，但從試卷中所舉的許多實例看，卻又說得在理。他認為，人們生活之所以如此困苦，其原因在於從皇帝到官員對人民的盤剝。他說：

今之生民困矣，自瓊林、大盈積於私貯，而民困；自建章、通天

頻於營繕，而民困；自獻助累見於豪家巨室，而民困；自和糴不問於閭閻下戶，而民困；自所至貪官暴吏，視吾民如家雞圈豕，唯聽咀啖，而民困。嗚呼！東南民力竭矣！

這裏一連串指出五個「民困」的原因，其中前三個都是針對南宋皇帝說的：瓊林、大盈是唐代宗貯藏珍寶的倉庫；建章宮、通天台是漢武帝建造的豪華宮殿；獻助，是指豪家巨室以金銀物資等向皇帝作貢獻和資助。文天祥用「借古喻今」的手法，對皇上進行批評和規勸。後兩個致「民困」的原因，一是按民間的家戶多少攤買糧食的「和糴」法，增加了貧窮人家的負擔；一是貪官污吏視百姓為雞豕，任意宰割。文天祥把批評的矛頭指向皇上，對南宋歷代皇帝大修宮殿，聚斂財物，盤剝人民，以及政策失誤，官吏貪殘的種種腐敗現象作了大膽揭露。他又寫道：

生斯世，為斯民，仰事俯育，亦欲各遂其父母妻子之樂；而操斧斤，淬鋒鍔，日夜思所以斬伐其命脈者，滔滔皆是。

老百姓想安居樂業，但磨刀霍霍，日夜思謀宰他們的人處處都是，他們能活命嗎？所以「臘雪靳瑞，蟄雷愆期，月犯於木，星殞為石」，連老天也為他們鳴不平，這是天象示警。文天祥說：

臣願陛下持不息之心，急求所以為安民之道，則民生既和，天變或於是而彌矣！

百姓生活安定了，民怨平息了，天災也就會消失。

第二，「何謂人才之乏，士習蠱之也？」文天祥在試卷中對人才

培養的重要意義作一番議論後指出：「士習厚薄，最關人才。」他問皇上，你瞭解現在的士林風習嗎？而今士大夫之家教育孩子，從小到大都揀那些「不戾於時好，不震於有司」的詩書給他們讀，為的是科舉高中能當官坐高車大馬。父兄師友所教，全是利己那一套，未當官前心術就學壞了，當官以後有什麼氣節可講？讓他們當地方官吏，會出現什麼樣的情況？這種人「奔競於勢要」，「趨附於權門」，蠅營狗苟，牛維馬縶，患得患失，必然無所作為。要培養高素質的人才，必須改變今天的士林風習。文天祥說：

臣願陛下持不息之心，急求所以為淑士之道，則士風一淳，人才或於是可行矣。

皇上要堅持選才標準，只要士林風氣淳淨了，人才是可以得到的。

第三，「何謂兵力之弱，國計屈之也？」文天祥在對全國兵力不足的情況作了分析後說，兵力不足在於財力不足，國力弱因為國家窮。然而國家既窮卻又到處大興土木，「琳宮梵宇，照耀湖山」；還要講求享樂，「霓裳羽衣，靡金飾翠」；又要大把大把銀子賞賜親信，「量珠釐玉，邀寵希恩」。這些花銷遠遠超過年餉，如果以「天下之財，專以供軍，則財未有不足者」。故文天祥說：

臣願陛下，持不息之心，急求所以為節財之道，則財計以充，兵力或於是可強矣！

只要皇上下決心壓縮完全不必要的「浮費」「冗費」開支，堅持

節約，有了財力，兵力是可以增強的。

第四，「何謂虜寇之警，盜賊因之也？」文天祥舉紹興年間楊麼在洞庭湖作亂為例，說明外虜與內患相互作用的關係：「臣聞外之虜不能為中國患，而其來也，必待內之變；內之盜賊，亦不能為中國患，而其起也，必將納外之侮。盜賊至於通虜寇，則心腹之大患也。」因此，文天祥說：

臣願陛下持不息之心，求所以弭寇之道，則寇難一清，邊備或於是可以寬矣。

只要皇上拿出平定盜寇的辦法，盜寇平定了，邊疆的防務就可以放心了。

在考卷的後半部分，文天祥還就御試題中要求考生「勿激勿泛，以副朕詳延之意」，發表議論說，皇上自即位以來，提倡大家說實話說真話，還從來沒有發生過因直言而得罪的事。我常希望有個機會能在天子之庭直接向皇上陳述自己多年積蓄在心裏的話，今天有幸得到這個機會，正好向皇上披肝瀝膽，毫無顧忌地縱談天下大事，但陛下卻戒之「勿激勿泛」。不著邊際的泛，固然不好，然能擊中要害、尖銳中肯的激烈言論，正是臣下一片忠心的表現，為什麼皇上將它與泛泛而談相提並論呢？這豈不是把臣下歸入那種唯唯諾諾看風使舵的庸人之列了嗎？接著，文天祥反問道：

然則臣將為激者歟？將為泛者歟？抑將遷就陛下之說，而姑為不激不泛者歟？

這幾句話是尖銳的反詰，是頗為不恭的抗議，狠狠地將了皇上一軍。直到試卷最後，文天祥都抓住這個問題不放：

臣賦性疏愚，不識忌諱，握筆至此，不自知其言之過於激，亦不自知其言之過於泛。冒犯天威，罪在不赦。惟陛下留神。

讀罷文天祥的殿試卷，使我們特別敬佩的是他對國家人民的一片忠心，一片赤誠。參加考試本為功名富貴，向皇上阿諛奉承惟恐不及，而他竟敢如此大膽指出當朝皇上這麼多不是，反映民間許多真實情況，而且言辭激烈，犯顏直諫，毫不把博取功名放在心中，可見他的秉性剛直，光明磊落。

這篇洋洋灑灑萬言長文，氣勢磅　，結構嚴謹，文辭暢達，一氣呵成。據說從早晨拿到考卷，未時（下午 2 時）即寫畢交卷。可見其文思泉湧，運筆如飛，思維敏捷，才華橫溢矣！要知道當年文天祥還是個 20 歲的小青年呢。

3‧文天祥殿試對策全文

臣恭惟皇帝陛下處常之久、當泰之交、以二帝三皇之道會諸心，將三紀於此矣。臣等鼓舞於鳶飛魚躍之天，皆道體流行中之一物，不自意得旅進於陛下之庭，而陛下且嘉之論道。道之不行也久矣，陛下之言及此，天地神人之福也。然臣所未解者，今日已當道久化成之時，道洽政治之候，而方歎焉，有志勤道遠之疑，豈望道而未之見耶？臣請溯太極動靜之根，推神功化之驗，就以聖問中不息一語，為陛下勉，幸陛下試垂聽焉。臣聞天地與道同一不息，聖人之心與天地

同一不息，上下四方之宇，往古來今之宙，其間百千萬變之消息盈虛，百千萬之轉移闔闢，何莫非道。所謂道者，一不息而已矣　。道之隱於渾淪，藏於未雕未琢之天。當是時無極太極之體也，自太極分而陰陽，則陰陽不息，道亦不息。陰陽散而五行，則五行不息道亦不息。自五行又散而為人心之仁義禮智，剛柔善惡，則乾道成男，坤道成女，穹壤間生生化化之不息，而道亦與之相為不息。然則道一不息，天地亦一不息。天地之不息，固道之不息者為之。聖人出而為天地立心，為生民立命，為往聖繼絕學，為萬世開太平，亦不過以一不息之心充之。充之而修身治人，此一不息也。充之而自精神心術以至於禮樂刑政，亦此一不息也。自有三墳五典以來，以至於太平六典之世，帝之所以帝，王之所以王，皆自其一念之不息者。始秦漢以降，而道始離，非道之離也，知道者之鮮也。雖然，其間英君誼闢，固有號為稍稍知道矣，而又沮於行道之不力。知務德化矣，而不能不尼之以黃老。知施仁義矣，而不能不遇之以多欲。知四年行仁矣，而不能不盡之以近效。上下二三千年間，牽補過時，架漏度日，毋怪夫駁乎、無以議為也。獨惟我朝式克至於今日，體陛下傳列聖之心，以會藝祖之心。會藝祖之心以恭帝王之心，參天地之心。三十三年間，臣知陛下不貳以二，不三以三，茫乎天運，窈爾神化，此心之天，混分闔分，其無窮也。然臨御浸久，持循浸熟，而算計見效，猶未有以大快聖心者，上而天變不能以盡無，下而民生不能以盡遂，人才士習之未甚純，國計兵力之未甚充，以至盜賊兵戈之警，所以貽宵旰之憂者，尤所不免。然則行道者始無驗也邪？臣則以為道非無驗之物也。道之功化甚深也，而不可以為迂。道之證效甚遲也，而不可以為遠。維天之命，於穆不已，天地之所以為天地也。之德之純，純亦不已，

聖人之所以為聖人也。為治顧力行何如耳，焉有行道於歲月之暫，而遽責其驗之，為迂且遠邪？臣之所望於陛下者，法天地之不息而已。姑以近事言、則責躬之言方發而陰雨旋霽，是天變未嘗不以道而弭也。賑饑之典方舉而都民歡呼，是民生未嘗不以道而安也。論辯建明之詔一頒而人才士習稍稍渾厚，招填條具之旨一下而國計兵力稍稍充實，安吉慶元之小獲，維揚瀘水之雋功，無非憂勤於道之明驗也。然以道之極功論之，則此淺效耳、速效耳。指淺效速效而遽以為道之極功，則漢唐諸君之用心是也。陛下行帝而帝、行王而王、而肯襲漢唐事邪？此臣所以贊陛下之不息也。陛下倘自其不息者而充之，則與陰陽同其化，與五行同其運，與乾坤生生化化之理同其無窮。雖充而為三紀之風移俗易可也，雖充而為四十年圄空刑措可也，雖充而為百年德洽於天下可也，雖充而為卜世過歷億萬年敬天之休可也。豈止如聖問八者之事，可徐就理而已哉。臣謹昧死上愚對。臣伏讀聖策曰：「蓋聞道之大，原出於天，超乎無極太極之妙，而實不離乎日用事物之常，根乎陰陽五行之賾，而實不外仁義禮智剛柔善惡之際，天以澄著，地以靖謐，人極以昭明，何莫由斯道也。聖聖相傳，同此一道，由修身而治人，由致知而齊家治國平天下，本之於精神心術，達之於禮樂刑政，其體甚微，其用則廣，歷千萬世而不可易。然功化有淺深，證效有遲速何歟？朕以寡昧臨政，願治於茲，歷年志愈勤，道愈遠，窈乎其未朕也。朕心疑焉。子大夫明先王之術，咸造在庭，必有切至之論，朕將虛己以聽。」臣有以見陛下溯道之本原，求道之功效，且疑而質之臣等也。臣聞聖人之心，天地之心也。天地之道，聖人之道也。分而言之，則道自道，天地自天地，聖人自聖人。合而言之，則道一不息也，天地一不息也，聖人亦一不息也。臣請溯其本原

言之，茫茫堪輿無垠，渾渾元氣變化無端，人心仁義禮智之性未賦也，人心剛柔善惡之氣未稟也。當是時，未有人心，先有五行。未有五行，先有陰陽。未有陰陽，先有無極太極。未有無極太極，則太虛無形，沖漠無朕，而先有此道。未有物之先，而道具焉，道之體也。既有物之後而道行焉，道之用也。其體則微，其用甚廣。即人心，而道在人心。即五行，而道在五行。即陰陽，而道在陰陽。即無極太極，而道在無極太極。貫顯微，兼費隱，包小大，通物我，道何以若此哉。道之在天下，猶水之在地中。地中無往而非水，天下無往而非道。水一不息之流也，道一不息之用也。天以澄著，則日月星辰循其經，地以靖謐，則山川草木順其常。人極以昭明，則君臣父子安其倫，流行古今，綱紀造化，何莫由斯道也。一日而道息焉，雖三才不能以自立。道之不息，功用固如此。夫聖人體天地之不息者也。天地以此道而不息，聖人亦以此道而不息。聖人立不息之體，則斂於修身。推不息之用，則散於治人。立不息之體，則寓於致知。以下之工夫，推不息之用，則顯於齊家治國平天下之效驗。立不息之體，則本之精神心術之微。推不息之用，則達之禮樂刑政之著。聖人之所以為聖人者，猶天地之所以為天地也。道之在天地間者，常久而不息，聖人之於道，其可以頃刻息邪。言不息之理者，莫如大易，莫如中庸。大易之道，至於乾道變化，各正性命，保合太和，而聖人之論法天乃歸之自強不息。中庸之道，至於溥博淵泉，上天之載無聲無臭，而聖人之論，配天地乃歸之不息則久，豈非乾之所以剛健中正純粹精一也者，一不息之道耳。是以法天者亦以一不息。中庸之所以高明博厚悠久無疆者，一不息之道耳。是以配天地者，亦以一不息。以不息之心，行不息之道，聖人即不息之天地也。陛下臨政願治，於茲歷年，

前此不息之歲月，猶日之自朝而午。今此不息之歲月，猶日之至午而中。此正勉強行道大有功之日也。陛下勿謂數十年間我之所以擔當宇宙把握天地未嘗不以此道。至於今日而道之驗如此，其迂且遠矣。以臣觀之，道猶百里之途也，今日則適六七十之候也。進於道者，不可以中道而廢，游於途者，不可以中途而盡，孜孜矻矻，而不自己焉。則適六七十里者，固所以為至百里之階也，不然自止於六七十里之間，則百里雖近焉，能以一武到哉。道無淺功化，行道者，何可以深為迂。道無速證效，行道者，何可以遲為遠。惟不息則能極道之功化，惟不息則能極道之證效，氣機動盪於三極之間，神采灌注於萬有之表，要自陛下此一心始。臣不暇遠舉，請以仁宗皇帝事為陛下陳之。仁祖一不息之天地也，康定之詔曰祗勤抑畏，慶曆之詔曰不敢荒寧，皇祐之詔曰緬念為君之難，深惟履位之重。慶曆不息之心，即康定不息之心也。皇祐不息之心，即慶曆不息之心也。當時仁祖以道德感天心，以福祿勝人力，國家綏靖，邊鄙寧謐，若可以已矣，而猶未也。至和元年、仁祖之三十三年也，方且露立仰天，以畏天變，碎通天犀，以救民生。處賈黯吏銓之職，擢公弼殿柱之名，以厚人才，以昌士習。納景初減用之言，聽范鎮新兵之諫，以裕國計，以強兵力，以至講周禮薄徵緩刑而拳拳，以盜賊為憂，選將帥明紀律而汲汲，以西戎北虜為慮。仁祖之心至此而不息，則與天地同其悠久矣。陛下之心，仁祖之心也。范祖禹有言，欲法堯舜，惟法仁祖。臣亦曰：欲法帝王，惟法仁祖。法仁祖則可至天德，顧加聖心焉。臣伏讀聖策曰：「三墳以上云云，豈道之外又有法歟？」臣有以見陛下慕帝王之功化證效，而亦意其各有淺深遲速也。臣聞帝王行道之心，一不息而已矣 　。堯之兢兢，舜之業業，禹之孜孜，湯之栗栗，文王之不已，武

王之無貳，成王之無逸，皆是物也。三墳遠矣，五典猶有可論者。臣嘗以五典所載之事推之，當是時日月星辰之順，以道而順也。鳥獸草木之若，以道而若也。九功惟敘，以道而敘也。四夷來王，以道而來王也。百工以道而熙，庶事以道而康。光天之下至於海隅，蒼生蓋無一而不拜帝道之賜矣。垂衣拱手，以自逸於土階岩廊之上。夫誰曰不可而堯舜不然也。方且考績之法重於三歲，無歲而敢息也。授歷之命嚴於四時，無月而敢息也。凜凜乎一日二日之戒，無日而敢息也。此猶可也，授受之際，而堯之命舜乃曰：允執厥中。夫謂之執者，戰兢保持而不敢少放之謂也。味斯語也，則堯之不息可見矣。河圖出矣，洛書見矣，執中之說未聞也，而堯獨言之，堯之言贅矣。而舜之命禹乃復益之以人心惟危，道心惟微，惟精惟一之三言。夫致察於危微精一之間，則其戰兢保持之念，又有甚於堯者。舜之心其不息又何如哉。是以堯之道化，不惟驗於七十年在位之日，舜之道化，不惟驗於五十年視阜之時。讀萬世永賴之語，則唐虞而下數千百年間，天得以為天，地得以為地，人得以為人者，皆堯舜之賜也。然則功化抑何其深，證效抑何其遲歟？降是而王，非固勞於帝者，太樸日散，風氣日開，人心之機械日益巧，世變之乘除不息，而聖人之所以綱維世變者，亦與之相為不息焉。俗非結繩之淳也，治非畫像之古也，師不得不誓，侯不得不會，民不得不凝之以政，士不得不凝之以禮，內外異治，不得不以采薇天保之治治之。以至六典建官，其所以曰治、曰政、曰禮、曰教、曰刑、曰事者，亦無非扶世道而不使之窮耳。以勢而論之，則夏之治不如唐虞，商之治又不如夏，周之治又不如商。帝之所以帝者，何其逸。王之所以王者，何其勞。粟危懼，不如非心黃屋者之為適也。始於憂勤，不如恭己南面之為安也。然以心而觀，則

舜之業業，即堯之兢兢，禹之孜孜，即舜之業業，湯之栗栗，即禹之孜孜。文王之不已、武王之無貳、成王之無逸，何莫非兢兢、業業、孜孜、栗栗之推也。道之散於宇宙間者無一日息，帝王之所以行道者，亦無一日息。帝王之心，天地之心也，尚可以帝者之為逸，而王者之為勞耶。臣願陛下求帝王之道，必求帝王之心，則今日之功化證效，或可與帝王一視矣。臣伏讀聖策曰：自時厥後云云，亦足以維持憑藉者，何歟？臣有以見陛下陋漢唐之功化證效，而且為漢唐世道發一慨也。臣聞不息則天，息則人。不息則理，息則欲。不息則陽明，息則陰濁。漢唐諸君天資敏、地位高，使稍有進道之心，則六五帝、四三王，亦未有難能者。奈何天不足以制人，而天反為人所制，理之不足以御欲，而理反為欲所御，陽明不足以勝陰濁，而陽明反為陰濁所勝，是以勇於進道者少，沮於求道者多，漢唐之所以不唐虞三代也歟？雖然，是為不知道者儒嘗論漢唐言也，其間亦有號為知道者矣。漢之文帝武帝，唐之太宗，亦不可謂非知道者，然而亦有議焉。先諸君以公私義利分數多少為治亂，三君之心往往不純乎天，不純乎人，而出入於天人之間。不純乎理，不純乎欲，而出入乎理欲之間。不純乎陽明，不純乎陰濁，而出入乎陽明陰濁之間。是以專務德化，雖足以陶後元泰和之風，然而尼之以黃老，則雁門上郡之警不能無。外施仁義，雖足以致建元富庶之盛，然而遏之以多欲，則輪臺末年之悔不能免。四年行仁，雖足以開正觀昇平之治。然而畫之以近效，則紀綱制度曾是不足為再世之憑藉。蓋有一分之道心者，固足以就一分之事功，有一分之人心者，亦足以召一分之事變。世道污隆之分數、亦繫於理欲消長之分數而已。然臣嘗思之，漢唐以來為道之累者，其大有二：一曰雜伯，二曰異端。時君世主有志於求道者，不陷於此，則陷

於彼。姑就三君而言，則文帝之心，異端累之也。武帝太宗之心，雜伯累之也。武帝無得於道，憲章六經統一，聖真不足以勝其神仙，土木之私，干戈刑罰之慘，其心也荒。太宗全不知道，閨門之恥，將相之誇，末年遼東一行，終不能以克其血氣之暴，其心也驕。雜伯一念，憧憧往來，是固不足以語常久不息之事者。若文帝稍有帝王之天資，稍有帝王之地步，一以君子長者之道待天下，而晁錯輩刑名之說未嘗一動其心，是不累於雜伯矣。使其以二三十年恭儉之心而移之以求道，則後元氣象且將駸駸乎商周，進進乎唐虞。奈何帝之純心，又間於黃老之清淨。是以文帝僅得為漢唐之令王，而不得一儕於帝王。嗚呼，武帝太宗累於雜伯，君子固不敢以帝王事望之，文帝不為雜伯所累，而不能不累於異端，是則重可惜已。臣願陛下監漢唐之跡，必監漢唐之心，則今日之功化證效將超漢唐數等矣。臣伏讀聖策曰：朕上嘉下樂云云，抑化裁推行有未至歟？臣有以見陛下念今日八者之務，而甚有望乎為道之驗也。臣聞天變之來，民怨招之也。人才之乏，士習蠱之也。兵力之弱，國計屈之也。虜寇之警，盜賊因之也。夫陛下以上嘉下樂之勤，夙興夜寐之勞，悵歲月之逾邁，亦欲以少見吾道之驗耳。俯視一世，未能差強人意，八者之弊，臣知陛下為此不滿也。陛下分而以八事問，臣合而以四事對，請得以熟數之於前。何謂天變之來民怨招之也，天視自我民視，天聽自我民聽，天明畏自我民明畏。人心之休戚，天心所因以為喜怒者也。熙寧間大旱，是時河陝流民入京師。監門鄭俠畫流民圖以獻，且曰：陛下南征北伐，皆以勝捷以圖來上，料無一人以父母妻子遷移困頓皇皇不給之狀為圖以進者。覽臣之圖，行臣之言，十日不雨，乞正欺君之罪。上為之罷新法十八事，京師大雨八日。天人之交，間不容髮，載在經史，此類甚

多。陛下以為今日之民生何如邪？今之民生困矣，自瓊林大盈積於私貯而民困，自建章通天頻於營繕而民困，自獻助迭見於豪家巨室而民困，自和糴不問於閭閻下戶而民困，自所至貪官暴吏，視吾民如家雞圈豕惟所咀啖而民困。嗚呼，東南民力竭矣。書曰：怨豈在明，不見是圖。今尚可謂之不見乎。書曰：怨不在大，亦不在小。今尚可謂之小乎。生斯世為斯民，仰事俯育，亦欲各遂其父母妻子之樂。而操斧斤，淬鋒鍔，日夜思所以斬伐其命脈者，滔滔皆是。然則臘雪靳瑞，螫雷愆期，月犯於木星，殞為石，以至土雨地震之變無怪夫屢書不一盡也。臣願陛下持不息之心，急求所以為安民之道，則民生既和，天變或於是而弭矣。何謂人才之乏，士習蠱之也。臣聞窮之所養，達之所施，幼之所學，壯之所行。今日之修於家，他日之行於天子之庭者也。國初諸老嘗以厚士習為先務，寧收落韻之李迪，不取鑿說之賈邊；寧收直言之蘇轍，不取險怪之劉幾。建學校則必欲崇經術，復鄉舉則必欲參行藝。其後國子監取湖學法建，經學治道，邊防水利等齊，使學者因其名以求其實。當時如程頤、徐積、呂希哲皆出其中。嗚呼，此元祐人物之所從出也。士習厚薄最關人才，從古以來其語如此。陛下以為今之士習何如邪？今之士大夫之家，有子而教之。方其幼也，則授其句讀，擇其不戾於時好，不震於有司者，俾熟復焉。及其長也，細書為工，累牘為富，持試於鄉校者，以是較藝於科舉者，以是取青紫而得車馬也。以是父兄之所教，詔師友之所講，明利而已矣　。其能卓然自拔於流俗者，幾何人哉。心術既壞於未仕之前，則氣節可想於既仕之後。以之領郡邑，如之何責其為卓茂黃霸。以之鎮一路，如之何責其為蘇章何武。以之曳朝紳，如之何責其為汲黯望之。奔兢於勢要之路者，無怪也。趨附於權貴之門者，無怪也。牛維

馬縶，狗苟蠅營，患得患失，無所不至者，無怪也。悠悠風塵，靡靡偷俗，清芬消歇，濁滓橫流。惟皇降表秉彝之懿，萌　於牛羊斧斤相尋之沖者，其有幾哉。厚今之人才，臣以為變今之士習，而後可也。臣願陛下持不息之心，急求所以為淑士之道，則士風一淳，人才或於是而可得矣。何謂兵力之弱，國計屈之也。謹按國史，治平間遣使募京畿淮南兵。司馬光言邊臣之請兵無窮，朝廷之募兵無已，倉庫之粟帛有限，百姓之膏血有涯，願罷招禁軍，訓練舊有之兵，自可備禦。臣聞古今天下能免於弱者，必不能免於貧。免於貧者，必不能免於弱。一利之興，一害之伏，未有交受其害者，今之兵財則交受其害矣。自東海城築，而調淮兵以防海，則兩淮之兵不足。自襄樊復歸，而並荊兵以城裏，則荊湖之兵不足。自腥氣染於漢水，冤血濺於寶峰，而正軍忠義空於死徒者過半，則川蜀之兵又不足。江淮之兵又抽而入蜀，又抽而實荊，則下流之兵愈不足矣。荊湖之兵又分而策應、分而鎮撫，則上流之兵愈不足矣。夫國之所恃以自衛者，兵也。而今之兵不足如此，國安得而不弱哉。扶其弱而歸之強，則招兵之策，今日直有所不得已者。然召募方新，調度轉急，問之大農，大農無財，問之版曹，版曹無財，問之餉司，餉司無財。自歲幣銀絹外，未聞有畫一策為軍食計者。是則弱矣，而又未免於貧也。陛下自肝鬲近又創一安邊太平庫，專以供軍，此藝祖積縑帛以易賊首之心也，仁宗皇帝出錢帛以助兵革之心也。轉易之間，風采立異，前日之弱者可強矣。然飛芻挽粟，給餉饋糧，費於兵者幾何。而琳宮梵宇，照耀湖山，土木之費，則漏巵也。列灶雲屯，樵蘇後爨，費於兵者幾何。而霓裳羽衣，靡金飾翠，宮廷之費則尾閭也。生熟口券，月給衣糧，費於兵者幾何。而量珠輦玉，幸寵希恩，戚畹之費，則濫觴也。蓋天下之財專

以供軍，則財未有不足者，第重之以浮費，重之以冗費，則財始瓶罄而罍恥矣。如此則雖欲足兵，其何以給兵耶？臣願陛下持不息之心，急求所以為節財之道。則財計一充，兵力或於是而可強矣。何謂虜寇之警，盜賊因之也。謹按國史，紹興間楊麼寇洞庭，連跨數郡，大將王燮不能制。時偽齊挾虜使李成寇襄漢，麼與交通，朝廷患之。始命岳飛措置上流，已而逐李成，擒楊麼，而荊湖平。臣聞外之虜寇不能為中國患，而其來也，必待內之變。內之盜賊亦不能為中國患，而其起也，必將納外之侮。盜賊而至於通虜寇，則腹心之大患也已。今之所謂虜者，固可畏矣。然而逼我蜀，則蜀帥策瀘水之勳。窺我淮，則淮帥奏維揚之凱。狼子野心，固不可以一捷止之，然使之無得棄去，則中國之技未為盡出其　下，彼亦猶畏中國之有其人也。獨惟舊海在天一隅，逆雛冗之者數年於茲，颶風瞬息，一葦可航，彼未必不朝夕為趨浙計。然而未能焉，短於舟，疏於水，懼吾唐島之有李寶在耳。然洞庭之湖，煙水沉寂，而浙右之湖，濤瀾沸驚，區區妖孽，且謂有楊麼之漸矣。得之京師之耆老，皆以為此寇出沒倏閃，往來翕霍，駕舟如飛，運楫如神，而我之舟師不及焉。夫東南之長技莫如舟師，我之勝兀朮於金山者以此，我之斃逆亮於採石者以此。而今此曹反挾之以制我，不武甚矣。萬一或出於楊麼之計，則前日李成之不得志於荊者，未必今日之不得志於浙也。襄聞山東薦饑，有司貪市榷之利，空蘇湖根本以資之，廷紳猶謂互易。安知無為其嚮導者，一夫登岸，萬事瓦裂。又聞魏村江灣福山三寨水軍，興販鹽課，以資逆雛，廷紳猶謂是以捍衛之師為商賈之事，以防拓之卒，開嚮導之門，憂時識治之見，往往如此。肘腋之蜂蠆，懷袖之蛇蠍，是其可以忽乎哉。陛下近者命發運兼憲，合兵財而一其權，是將為滅此朝食之圖矣。然屯海道

者非無軍，控海道者非無將，徒有王燮數年之勞，未聞岳飛八日之捷，子太叔平符澤之盜，恐長此不已，臣懼為李成開道地也。臣願陛下將不息之心求所以弭寇之道。則寇難一清，邊備或於是而可寬矣。臣伏讀聖策曰：夫不息則久，久則徵，今胡為而未徵歟？變則通，通則久，今其可以屢更歟？臣有以見陛下久於其道，而甚有感乎中庸大易之格言也。臣聞天久而不墜也以運，地久而不頹也以轉，水久而不腐也以流，日月星辰而常新也以行，天下之凡不息者皆以久也。中庸之不息即所以為大易之變通，大易之變通即所以驗中庸之不息。變通者之久，固肇於不息者之久也。蓋不息者其心，變通者其跡，其心不息，故其跡亦不息。遊乎六合之內，而縱論乎六合之外，生乎百世之下，而追想乎百世之上，神化天造，天運無端，發微不可見，充周不可窮，天地之所以變通，固自其不息者為之。聖人之久於其道，亦法天地而已矣　。天地以不息而久，聖人亦以不息而久，外不息而言久焉，皆非所以久也。臣嘗讀無逸一書，見其享國之久者有四君焉，而其間有三君為最久。臣求其所以久者，中宗之心嚴恭寅畏也，高宗之心不敢荒寧也，文王之心無淫於逸，無游於畋也。是三君者，皆無逸而已矣　。彼之無逸，臣之所謂不息也。一無逸而其效如此，然而不息者，非所以久歟。陛下之行道，蓋非一朝夕之暫矣。寶紹以來則涵養此道，端平以來則發揮此道。嘉熙以來則把握此道，嘉熙而淳祐、淳祐而寶祐，十餘年間無非持循此道之歲月。陛下處此也，庭燎未輝，臣知其宵衣以待。日中至昃，臣知其玉食弗遑。夜漏已下，臣知其丙枕無寐。聖人之運亦可謂不息矣。然既往之不息者易，方來之不息者難，久而不息者易，愈久而愈不息者難。昕臨大庭，百辟星布，陛下之心此時固不息矣。暗室屋漏之隱，試一警省則亦能不息否乎？

日御經筵，學士雲集，陛下之心此時固不息矣。宦官女子之近，試一循察則亦能不息否乎？不息於外者，固不能保其不息於內。不息於此者，固不能保其不息於彼。乍勤乍怠，乍作乍輟，則不息之純心間矣。如此則陛下雖欲久則證，臣知中庸九經之治未可以朝夕見也。雖欲通則久，臣知繫辭十三卦之功未可以歲月計也。淵娟蠖屈之中，虛明應物之地，此全在陛下自斟酌自執持，頃刻之力不繼，則悠久之功俱廢矣。可不戒哉，可不懼哉。陛下之所以策臣者悉矣，臣之所以忠於陛下者，亦即略陳於前矣。而陛下策之篇終復曰：子大夫熟之復之，勿激勿泛，以副朕詳延之意。臣伏讀聖策至此，陛下所謂詳延之意蓋可識矣。夫陛下自即位以來，未嘗以直言罪士，不惟不罪之以直言，而且導之以直言。臣等嘗恨無由一至天子之庭，以吐其素所蓄積。幸見錄於有司，得以借玉階方寸地，此正臣等披露肺肝之日也。方將明目張膽，謇謇諤諤，言天下事。陛下乃戒之以勿激勿泛。夫泛，固不切矣。若夫激者，忠之所發也。陛下胡並與激者之言而厭之邪？厭激者之言，則是將脅臣等而為容容唯唯之歸邪？然則臣將為激者歟？將為泛者歟？抑將遷就陛下之說而姑為不激不泛者歟？雖然，奉對大庭而不激不泛者，固有之矣。臣於漢得一人焉，曰董仲舒。方武帝之策仲舒也，慨然以欲聞大道之要為問，帝之求道，其心蓋甚銳矣。然道以大言，帝將求之虛無渺冥之鄉，使仲舒於此過言之則激，淺言之則泛，仲舒不激不泛，得一說曰正心。武帝方將求之虛無渺冥之鄉，仲舒乃告之以真實淺近之理，茲陛下所謂切至之論也。奈何武帝自恃其區區英明之資，超偉之識，謂其自足以淩跨六合，籠駕八表，而顧於此語忽焉。仲舒以江都去而武帝所與論道者，他有人矣。臣固嘗為武帝惜也。堂堂天朝固非漢比，而臣之賢亦萬不及仲舒。然

亦不敢激，不敢泛，切於聖問之所謂道者而得二說焉，以為陛下獻，陛下試採覽焉。一曰：重宰相以開公道之門。臣聞公道在天地間，不可一日壅閼，所以昭蘇而滌決之者，宰相責也。然扶公道者，宰相之責，而主公道者，天子之事。天子而侵宰相之權，則公道已矣。三省樞密，謂之朝廷，天子所與謀大政，出大令之地也。政令不出於中書，昔人謂之斜封墨敕，非盛世事。國初三省紀綱甚正，中書造命，門下審覆，尚書奉行，宮府之事無一不統於宰相。是以李沆猶以得焚立妃之詔，王旦猶得以沮節度之除，韓琦猶得出空頭敕以逐內侍，杜衍猶得封還內降以裁僥倖。蓋宰相之權尊，則公道始有所依而立也。今陛下之所以為公道者，非不悉矣。以寅緣戒外戚，是以公道責外戚也。以亦裁制戒內司，是以公道者責內司也。以舍法用例戒群臣，是以公道責外庭也。雷霆發蔀星日燭幽，天下於此咸服陛下之明。然或謂比年以來大庭除授，於義有所未安，於法有所未便者，悉以聖旨行之。不惟諸司升補上瀆宸奎，而統帥躐級，閣職超遷，亦以寅緣而得恩澤矣。不惟奸贓湔洗上勞渙汗，而選人通籍，奸胥逭刑，以鑽刺而拜寵命矣。甚至閭閻瑣屑之鬥訟，皁隸蝟賤之干求，悉達內庭，盡由中降。此何等蟣虱事，而陛下以身親之。大臣幾於為奉承風旨之官，三省幾於為奉行文書之府。臣恐天下公道自此壅矣。景祐間罷內降，凡詔令皆由中書樞密院，仁祖之所以主張公道者如此。今進言者猶以事當間出宸斷為說。嗚呼，此亦韓繹告仁祖之辭也，朕固不憚，自有處分，不如先盡大臣之慮而行之。仁祖之所以諭繹者何說也，奈何復以繹之說，啟人主以奪中書之權，是何心哉。宣靖間創御筆之令，蔡京坐東廊專以奉行御筆為職。其後童貫梁師成用事，而天地為之分裂者數世，是可鑒矣。臣願陛下重宰相之權，正中書之體，凡內批必經

由中書樞密院，如先朝故事，則天下幸甚，宗社幸甚。二曰：收君子以壽直道之脈。臣聞直道在天地間，不可一日頹靡，所以光明而張。主之者，君子責也。然扶直道者，君子之責，而主直道者，人君之事。人君而至於沮君子之氣，則直道已矣。夫不直則道不見，君子者，直道之倡也，直道一倡於君子。昔人謂之鳳鳴朝陽以為清，朝賀國朝，君子氣節大振，有魚頭參政，有鶻擊臺諫，有鐵面御史，軍國之事無一不得言於君子。是以司馬光猶得以殛守忠之奸，劉摯猶得以折李憲之橫，范祖禹猶得以罪宋用臣，張震猶得以擊龍大淵曾睹。蓋君子之氣伸，則直道始有所附而行也。今陛下之所以為直道計者，非不至矣。月有供課，是以直道望諫官也。日有輪筍，是以直道望廷臣也。有轉對、有請對、有非時召對，是以直道望公卿百執事也。江海納污，山藪藏疾，天下於此咸服陛下之量。然或謂比年以來，外廷議論，於己有所未協，於情有所未忍者，悉以聖意斷之。不惟言及乘輿，上勤節貼，而小小予奪，小小廢置，亦且寢罷不報矣。不惟事關廊廟，上煩調亭，而小小抨彈，小小糾劾，亦且宣諭不已矣　。甚者意涉區區之貂璫，論侵瑣瑣之姻婭，不恤公議，反出諫臣，此何等狐鼠輩，而陛下以身庇之。御史至於來和事之譏，臺吏至於重詫了之報，臣恐天下之直道自此沮矣。康定間，歐陽修以言事出，未幾即召以諫院。至和間，唐介以言事貶，未幾即除以諫官。仁祖之所以主直道者如此。今進言者猶以臺諫之勢日橫為疑。嗚呼，茲非富弼忠於仁祖之意也。弼傾身下士、寧以宰相受臺諫風旨。弼之自處何如也，奈何不知弼之意，反啟人君以厭君之意，是何心哉。元符間，置看詳理訴所，而士大夫得罪者八百餘家，其後鄒浩陳瓘去國，無一人敢為天下伸一喙者，是可鑒矣。臣願陛下壯正人之氣，養公論之鋒，凡以直

言去者，悉召之於霜臺烏府中，如先朝故事，則天下幸甚，宗社幸甚。蓋大道之行，天下為公，周道如砥，其直如矢。自古帝王行道者，無先於此也。臣來自山林，有懷欲吐，陛下悵然疑吾道之迂遠且慨論乎。古今功化之淺深，證傚之遲速，而若有大不滿於今日者，臣則以為非行道之罪也。公道不在中書，直道不在臺諫，是以陛下行道用力處，雖勞而未遽食道之報耳。果使中書得以公道總政要，臺諫得以直道糾官邪，則陛下雖端冕凝旒於穆清之上，所謂功化證效可以立見。何至積三十餘年之功力，而志勤道遠渺焉未有際邪。臣始以不息二字，為陛下勉，終以公道直道為陛下獻。陛下萬幾之暇，倘於是而加三思，則躋帝王，軼漢唐，由此其階也已。臣賦性疏愚，不識忌諱，握筆至此，不自知其言之過於激，亦不自知其言之過於泛。冒犯天威，罪在不赦，惟陛下留神。臣謹對。

考官王應麟奏曰：是卷古誼若高抬貴手，忠肝如鐵石，臣敢為得人賀。

㈢ 元代元統二年蒙古人右榜狀元同同殿試對策片斷

臣對：陛下發德音下明詔，持盈守成之道，遠稽三代，近祖宗，皆非愚臣所能及也。然先民有言，詢於芻蕘，臣敢不悉心以對。臣伏讀制策曰：古人有言，得天下為難，保天下為尤難。自古持盈守成之君莫盛於三代，夏稱啟，能敬承繼禹之道，殷稱賢聖之君六七作，周稱成康，能致刑措。夫以禹之功而惟啟，以文武之德而惟成康，賢聖之君之眾莫若殷，亦不遇六七而已。其後惟漢之文景，而言文景之治，猶不得比之三代善繼承者，何若斯之難也。臣聞自古之有天下者，創業至難，守成尤難。何也？天將有以大奉而王天下，必先使之

勤勞憂苦，涉險蹈阻，功加百姓，德澤及四海，然後授之大寶，以為天下之誼主。是故人之情偽、事之得失、稼穡之艱難、前代之興廢，靡不歷覽而週知。蓋操心常然而察理也精，慮患常深而立法也詳，故能平一四海而無不致治者。守成之君兢兢業業，恪守先王之憲章，猶懼不治，況自深宮而登大位，習於宴安不復知敬畏。貴為天子，富有四海，便佞日親，師保日疏，聲色貨利，游畋土木與夫珍禽異獸，所以惑志而溺心者，不可勝數。管仲所謂宴安鴆毒是也。苟非剛明而大有為者，詎不為其所動。其間間有足以有為之資，則其頌德稱太平奏豐年獻祥瑞者，投間抵隙，接踵於朝廷，於是志驕氣盈，窮兵黷武，以祖宗之法為不足法，好大喜功，紛更變□，至失厥位而墜厥宗者，比比又如此。是故禹湯文武大聖也，自累世積德而有天下至難也，以天下相傳，大事□□，能繼禹之功者惟有啟，承文武之德者惟成康，聖賢之君之於湯殷六七而已。以聖人有天下，能繼其後者止如此。能□文景繼高帝之治乎？由此言之，繼世之君有能持盈守成而不廢先王之道者，可謂難也已。詩曰不愆不忘，率由舊章。書曰監乎先王成憲，其永無愆。此之謂也。臣伏讀制策曰，我祖宗積德累世，至於太祖皇帝肇啟土宇，建帝號。又七十餘年，世祖皇帝始一天下，以致至元之治，厥惟艱哉。顧予沖人，賴天地祖宗之靈，紹膺嫡統，繼承之重，實在朕躬夙夜兢兢未獲其道。臣惟我國家積德千萬世，與天無疆。至太祖皇帝受明命，興王基，建帝號於朔方。又七十有餘歲，與祖皇帝聖德⋯⋯

（以下文字漶漫，頗多缺損，故從略）

㈣ 明狀元趙秉忠殿試對策全文

臣對：臣聞帝王之臨馭宇內也，必有經理之實政，而後可以約束人群，錯綜萬幾，有以致雍熙之治。必有倡率之實心，而後可以淬勵百工，振刷庶務，有以臻郅隆之理。何謂實政？立紀綱飭法度，懸諸象魏之表，著乎令甲之中，首於巖廊廟宇，散於諸司百府，暨及於郡國海隅，經之緯之，鴻巨纖悉，莫不備具，充周嚴密，毫無滲漏者是也。何謂實心？振怠惰、勵精明，發乎淵微之內，起於宥密之間，始於宮闈穆清，風於輦轂邦畿，灌注於邊鄙遐陬，淪之洽之，精神意慮，無不暢達，肌膚形骸，毫無壅閼者是也。實政陳，則臣下有所稟受，黎氓有所法程，耳目以一，視聽不亂，無散漫飄離之憂，而治具彰。實心立，則職司有所默契，蒼赤有所潛浮，意氣以承，軌度不逾，無叢脞惰窳之患，而治本固。有此治具，則不徒馭天下以勢，而且示天下以文，相維相制，而雍熙以漸而臻。有此治本，不徒操天下以文，而且喻天下以神，相率相勖，而郅隆不勞而至。自古帝王所為不下堂階而化行於風馳，不出廟廊而令應於桴答，用此道耳。厥後崇清淨者深居而九官效職，固以實心行實政也。後世語精明者首推漢宣，彼其吏稱民安，可為效矣。而專意於檢察，則檢察之所不及者，必遺漏焉。故偽增受賞所從來也。語玄默者首推漢文，彼其簡節疏目，可謂闊矣。而注精於修持，則修持之所默化者必洋溢焉。故四海平安所由然也。蓋治具雖設而實心不流，則我欲責之臣，臣已窺我之怠而仿傚之；我欲求之民，民已窺我之疏而私議之。即紀綱法度燦然明備，而上以文下以名，上下相蒙，得聰察之利亦得聰察之害。實心常流而治具少疏，則意動而速於令，臣且孚我之志而靖共焉。神馳而

懼於威，民且囿吾之天而順從焉。凡注曆規畫懸焉不設，而上以神下以實，上下交儆，無綜覈之名，而有廉察之利。彼漢宣不如漢文者，正謂此耳。洪惟我太祖高皇帝睿智原於天授，剛毅本於性生。草昧之初即創制設謀，定萬世之至計。底定之後益立綱陳紀，貽百代之宏章。考盤之高蹈，潁川之治理，必旌獎之，以風有位。溥民之鷹鸇，虐眾之梟虎，必摧折之，以惕庶僚，用能復帝王所自立之，稱朕之理政務尚綜覈者。欺蒙虛冒，總事空文。人日以偽，治日以敝，亦何以繼帝王之上理，後隆古之休風，而統稱理民物，仰承天地之責哉。恭惟皇帝陛下，毓聰明睿智之資，備文武神聖之德，握於穆之玄符，承國家之鴻業，八柄以馭臣民而百僚整肅，三重以定謨猷而九圍式命，蓋已操太阿於掌上，鼓大冶於域中，固可以六五帝四三王，陋漢以下矣。乃猶進臣於廷，圖循名責實之術，欲以紹唐虞雍熙之化，甚盛心也。臣草茅賤士，何敢妄言？然亦目擊世變矣！顧身托江湖，有聞焉而不可言，言焉而不得盡者，今幸處咫尺之地，得以對揚而無忌，敢不披瀝以獻。臣聞人君一天也。天有覆育之恩，而不能自理天下，故所寄其責者，付之人君。君有統理之權，而實有所承受，故所經其事者，法之昊天。用是所居之位則曰天位，所司之職則曰天職，所治之民則曰天民，所都之邑則曰天邑。故興理致治，要必求端於天。今夫天幽深玄遠，穆然不可測也；渺茫輕清，曠然莫可窺也。而四時五行各效其官，山嶽河海共宣其職，人人沾浩蕩普濟之澤，在在蒙含弘廣大之休。無欠缺以虧其化，無阻滯以塞其功者，蓋不貳之真默醞釀於大虛，不已之精潛流衍於無極，故實有是化工耳。然則人君法天之治，寧可專於無為，托以深密靜攝哉。是必有六府三事之職司為實政者。人君憲天之心，寧可專於外務，強以法令把持哉。是必有不貳不

己之真精為實心者。粵稽唐虞之世，君也垂裳而治，貽協和風動之休；民也畫像而理，成擊壤從欲之俗。君臣相浹，兩無猜嫌，良明相信，兩無顧忌，萬古稱無為之治，尚矣。而詢事考言，敷奏明試，三載九載，屢省乃成，法制又詳備無遺焉。蓋其濬哲溫恭，日以精神流注於堂皇；欽明競業，日以志慮攝持於方寸。故不必綜覈而庶府修明，無事約束，底成古今所未有之功。乾坤開而再闢，日月滌而重朗。蓋以實心行實政，以實政致弘勳。其載在祖訓有曰：諸臣民所言有理者，即付所司施行，各衙門勿得沮滯，而敬勤屢致意焉。列聖相承，守其成法，接其意緒，固有加無墜者。至世宗肅皇帝，返委靡者，振之以英斷，察廢棄者，作之以精明。制禮作樂，議法考文。德之所被與河海而同深，威之所及與雷霆而共迅。一時吏治修明，庶績咸理。赫然中興，誠有以遠紹生烈，垂範後世也。今我皇上，任人圖治，日以實政望臣工矣。而誕漫成習，誠有如睿慮所及者，故張官置吏，各有司存。而越職以逞者，貽代庖之譏，有所越於職之外，必不精於職之內矣。則按職而責之事，隨事而稽之功，使春官不得參冬署，兵司不得分刑曹，此今日所當亟圖者也。恥言過行，古昔有訓。而競靡以炫者，招利口之羞。有所逞於外之靡，必不深於中之抱矣。則因言而核之實，考實而責之效，使捷巧不得與渾樸齊聲，悃愊不至與輕浮共譽，又今日所當速返者也。巡行者，寄朝廷之耳目，以激濁揚清也。而吏習尚偷，即使者分遣，無以易其習。為今之計惟是廣諮諏嚴殿最，必如張詠之在益州，黃霸之在潁川，斯上薦剡焉，而吏可勸矣。教化者，齊士民之心術，以維風振俗也。而士風尚詭，即申令宣化，無以盡變其風。為今之計，惟是廣屬學官，獨重經術，必如陽城之在國學，胡瑗之在鄉學，斯畀重寄焉，而士可風矣。四海之窮

民，十室九空，非不頒賑恤也。而顛連無告者，則德意未宣，而侵牟者有以壅之。幽隱未達，而漁獵者有以阻之。上費其十，下僅得其一，何不重私侵之罰，清出支之籍乎。四夷之內訌，西支東吾，非不詰戎兵也。而撻伐未張者，則守土紈綺之冑子無折衝禦侮之略，召募挽強之粗才暗弛張奇正之機，兵費其養，國不得其用。何不嚴遴選之條，廣任用之途乎？民氓之積冤有干天地之和；而抑鬱不伸，何以召祥？則刑罰不可不重也。故起死人肉白骨，讞問詳明者，待以不次之賞。而刻如秋荼者，置不原焉，而冤無所積矣。天地之生財，本以供國家之用，而虛冒不經，何以恒足，則妄費不可不禁也。故藏竹頭惜木屑，收支有節者旌其裕國之忠；而猶然冒費者罪無赦焉，而財無所乏矣。蓋無稽者黜，則百工愒；有功者賞，則庶職勸。勸懲既明，則政治咸理，又何唐虞之不可並軌哉！而實心為之本矣。實心以任人，而人不敢苟且以應我；實心以圖政，而政不致惰窳而弗舉。不然精神不貫，法制雖詳，無益也。而臣更有獻焉，蓋難成而易毀者，此實政也。難操而易舍者，此實心也。是必慎於幾微，戒於宥密。不必明堂聽政也。而定其志慮，儼如上帝之對，不必宣室致齋也。而約其心神，凜如師保之臨。使本原澄澈，如明鏡止水，照之而無不見。使方寸軒豁，如空谷虛室，約之而無不容。一念萌知其出於天理，而充之以期於行。一意動知其出於人欲，而絕之必期於盡。愛憎也，則察所愛而欲近之與所憎而欲遠之者，何人？喜懼也，則察所喜而欲為與所懼而不欲為者，何事？勿曰屋漏人不得知，而天下之視聽注焉。勿曰非達人不得禁，而神明之降監存焉。一法之置立，曰吾為天寄制，而不私議興革。一錢之出納，曰吾為天守財，而不私為盈縮。一官之設，曰吾為天命有德。一奸之鋤，曰吾為天討有罪。蓋實心先立，實

政繼舉，雍熙之化不難致矣，何言漢宣哉。臣不識忌諱，干冒宸嚴，不勝戰慄隕越之至。臣謹對。

田 清光緒二十年狀元張謇殿試對策全文

臣對：臣聞善言天者尊斗極、善言治者定統宗。民生國計之利弊，不可節節喻也。學術人才之興替，非必屑屑究也。要在道法而已。孔子之道，集群聖而開百王。其世所誦法大義微言，後千六百餘年而復集成於朱子。宋臣真德秀嘗本朱子之意輯為大學衍義，自帝王治學至於格致誠正、修齊得失之鑒炳然賅備。是則三代兩漢以來，所為力溝洫、宏文章、興賢能、裕食貨者，必折衷於朱子之言而後是非可觀也，必權衡以朱子之意而後會通可得也。欽惟皇帝陛下躬上聖之資，勤又新之德，而又開通言路，振飭紀綱，凡所謂大學之明訓，前古之事蹟，固已切究而施行矣。而聖懷沖挹，猶孜孜焉舉河渠經籍選舉鹽鐵諸大端，進臣等於廷而策之。臣愚何足以承大對。然臣嘗誦習朱子之言矣，朱子之言之具於其書，與為德秀所稱引者，無一而非人君為治之法，人臣責難之資也。其敢不竭獻納之忱乎？伏讀制策有曰：治水肇於禹貢，畿輔之地實惟冀州，而因求水旱與農事相表裏之故。此誠今日之先務也。臣惟禹所治河，自雍經冀，冀當下流，故施功最先，非直以為帝都而已。自漢時河改由千乘入海，而冀州之故道堙。今畿輔之水，永定子牙南北運河清河，其九大者。東南水多而收水之利，西北水少而受水之害。豈必地勢使然，亦人事之未至也。漢郡漁陽當今密雲，而張堪之為守，營稻田八千餘頃。繼是而往，魏劉靖開車箱渠，修戾陵堰，後魏裴延俊，齊稽華輩亦先後營督亢渠，引盧溝水以資灌溉。跡雖陵谷，則事皆較然。宋何承矩唐朱潭盧暉之

輦，於雄莫霸州，平永順安諸軍，築堤六百里，置斗門引澱水，既鞏固邊圉亦利民焉。元世郭守敬虞集並講求水利。郭之所議今之通惠河也，虞議則至正中脫脫嘗行之。而明汪應蛟之議設壩建閘，申用懋之議相地察源，其所規畫與郭虞相發明。當時固行之而皆利矣。夫天下之水隨在有利害，必害去而利乃興。而天津則古渤海逆河之會百川之尾閭也。朱子曰：治水先從低處下手。又曰：漢人之策留地與水不與爭。然則朝廷所欲疏瀹而利導之者，其必先於津沽岔口加之意已。制策又以漢世藏書中秘最善，而因考證自漢至明冊府遺文可資掌錄者。臣惟成周外史墳典藏史簡冊，雖經秦而煨燼，而蘭臺東觀秘笈填委，固道術之奧而得失之林也。劉向校書條篇奏錄，子歆七略疏而不濫。而班志藝文書禮小學儒兵詩賦諸篇，時有出入。雖不盡無當，而總揚雄三書為一序，鄭樵嗤其蹎焉。魏晉代興，採摭殘闕。則有鄭默中經，荀勖新簿，編分四部，總括群書。而梁之華林園目錄，五部並列。隋之修文殿副本，三品分藏，盛矣。逮唐之初砥柱之厄，迄宋開寶連業再徵。由是而寫本易為摹印，史館益便其搜羅。是永樂大典散失所存，猶二萬餘卷。其中佚文秘典世無傳本，見於文淵閣書目者，今皆搜輯成編矣。朱子雲，不求於博，何以考證其約。又謂古今者時，得失者事，傳之者書，讀之者人，而能有以貫古今之得失者仁也。皇上留心典籍，以為政本，豈與夫詞臣學子務泛覽為淹通哉。制策又以選舉為人材所自出，因考累朝翰林六曹縣令之輕重。臣惟今世所稱清班美授者，翰林之官也。翰林之置始唐開元，學士只取文學之人。自諸曹尚書至校書郎皆得與選，延覲之際各超本班，內宴則居宰相之下，一品之上，無定秩無定員。宋凡昭文館集賢院秘閣各置直官，與其選者為修撰校理校勘檢討。非名流不預焉，迨用為恩除。而

參謀議、納諫諍、知制誥之本意失矣。且不精其選，而苟焉以試。除官亦朱子所謂上以科目詞藝為得人，下以規繩課試為盡職而已。六曹昉自周官。秦不分曹，而置尚書四人。漢有五曹，後更為六。隋唐因之，置侍郎郎中員外郎分掌曹事，沿以至今，固天下庶政之彙籥也。官多而事棼，又不如朱子所論三參政兼六曹，而長官自擇其僚之為當矣。縣令為最親民之官，晉制不經宰縣不得為臺郎。後魏之季，用人蝟雜，而縉紳士流耳居其位。宋初或以京朝官為之。積久更弊，乃議所以增重激勸之法。至慶元朝重邑令，而科甲咸宰邑焉。朱子曰：監司不如郡，郡不如縣，以其仁愛之心無所隔而易及民也。真治天下之本也。國家設民求賢，倘宜諮訪於無事之時，參量於始用之日乎。制策又以鹽鐵之征始於管子，行之數千百年卒不能廢，而因切究其流弊。臣惟鹽鐵之弊，若準諸古而窮其陰支民利之術，雖管子不免為聖王之罪人。而沿之今而猶為取諸山澤之藏，則孔桑且可從計臣之未減。漢武帝所以入孔桑之說，而置河東太原等鹽官二十八郡，置左馮翊右扶風潁川等鐵官四十郡者，方張邊功急軍旅之費也。利竇一啟，更無可塞。雖始元地節之議減，初元永元之議罷。而永光永平誘趾即復焉。唐貞元初劉形請檢校海內鹽鐵，而第五琦劉晏裴休繼之。當時軍鎮賴以贍給，晏所為出鹽鄉，因舊監置吏亭戶，鞿商人，縱其所之。與朱子論廣西鹽法隨其所向則價自平者，有合愈於琦休之為議矣。夫受引鹽者商，而文私居奇者即商也。禁貿鐵者官，而侵蝕賄縱者即官也。流弊不勝窮，沉徵有出於鹽鐵之外者耶。皇上軫恤民艱，其必從朱子罷去冗費，悉除無名之賦之說始。且夫民生至重也，學術至博也，人才至難也，國計至劇也。朱子謂四海之廣，善為治者乃能總攝而整齊之。而壬午戊申封事，則要之於格物致知，以極夫事物之

變推之。至諫諍師保而歸本於人主之心，其言尤懇切詳盡焉。臣伏願皇上萬幾餘暇，留心於大學衍義，而益致力於朱子之全書，以求握乎明理之原，而止於至善之極。將見川澮治而農政修，圖書集而法訓備，廣選造之路而壹平內外輕重之畸，權征榷之方而必袪旦夕補苴之計。斯治日進於古，而我國家億萬年有道之長基此矣。臣末學新進，罔識忌諱，干冒宸嚴，不勝戰慄隕越之至。臣謹對。

附注：張謇（1853-1926），江蘇南通人。中狀元後授翰林院編撰。不久，即毅然辭官南歸，一心致力於實業救國，並積極從事立憲活動。

㈥ 清最後一科狀元劉春霖試卷「論教育」部分

環地球而國者以數十計，其盛衰存亡之數不一端，而大原必起於教育，故學堂者東西各國之所同重也。學堂之設，大旨有三：曰陶鑄國民，曰造就人才，曰振興實業，三者不可偏廢。而立學者必自度其國家之性質，以為緩急之端。今中國因積弱之弊，欲以學戰與列強競存，則必以陶鑄國民為第一要義。何者，國民之資格不成，則國不可立。雖有人才，可以為我用，亦可為人用。雖有實業，可以為我有，亦可為人有。所謂國民者，有善良之德，有忠愛之心，有自養之技能，有必需之知識。知此身與國家之關係，對國家之義務，以一身為國家所公有而不敢自私，以一身為國家所獨有而不敢媚外。凡為國家之敵者，雖有聖哲，亦必竭其才力以與之抗，至於粉身絕頸而不悔，終不肯以毫髮利益讓之於人。以此資格教成全國人民，雖有強鄰悍族，亦將斂步奪氣而不敢犯，然後人才可興，實業可振也。中國以重文輕武之故，民氣靡弱偷惰，謀私利不謀公益，無善良之德，視國事

不幹己事，無忠愛之心，專事分利，無自養之技能，未習溥通，無必需之知識。稍有解外國語言而習其事者，則相與服屬外人而為之倀。於此而欲造就人才，振興實業，不亦難乎。方今欲建學校以圖富強，非鼓其特立之精神不足以挽回積習。日本與我同處亞東，其弊亦大致相類，今一變而躋於列強之次者，亦以重尚武之精神也。夫今日人才銷乏可謂極矣，政治廢弛，法律繁亂，財政竭蹶，外交失誤，則設專門以儲才固當務之急矣。然竊謂即有人才而庶政亦不能善。何也，一人修之，百人撓之，其勢必不能勝。古之立國，則恃有全國之國民。不然，愚民百萬謂之無民，以與文明諸大國爭衡，雖有英雄，豈能措其手哉。至於農工之業，拘守故轍，商礦之利，見奪外人。以中國人力之勤、物產之博、苟分設各學致富之道，尤可翹足而待。然興一事必招洋股，創一利適資他族，皆其民無特立之質，故利未興而害乘之矣。由是以觀，則知必養成完備之國民，然後人才為我國之人才，非他國之人才；實業為我國之實業，非異國之實業。日本教育家富澤諭吉嘗以獨立自尊一語為教育最大綱領，其即此意也歟？

簡評：縱觀歷代狀元卷，大多引證四書五經，敷陳歷史典故，雷同反覆，冷飯炒爛，而不知時代之進步，忘乎世界之潮流。當西方資本主義社會步入電氣時代，而中國科舉仍禁錮於詩雲子曰之中，宜乎人為刀俎，我為魚肉也。惟最後之狀元劉春霖，破天荒引證日本教育家福澤諭吉之語，可謂別開生面，空穀足音了。畢竟時代不同了，這算是千古狀元最後也是最創新的一筆。

五、歷代狀元名錄

唐代

孫伏伽・宋守節・鄭　益・許　且・吳師道・陳伯玉・賀知章

張九齡・姚仲豫・常無名・李　昂・範崇凱・王　維・杜　綰

嚴　迪・李　嶷・虞　咸・王正卿・徐　徵・李　琚・賈　至

崔　曙・王　閱・劉　單・趙　岳・楊　護・楊　譽・李巨卿

楊　儇・楊　宏・常　袞・盧　庚・洪　源・楊棲梧・蕭　遘

齊　映・李　搏・王　溆・張　式・楊　憑・丁　澤・黎　逢

楊　凝・王　儲・崔元翰・薛　展・鄭全濟・張正甫・牛錫庶

盧　頊・尹　樞・賈　棱・苑　論・陳　諷・李　程・鄭巨源

李　隨・封孟紳・陳　權・班　肅・徐　晦・武翊黃・王源中

柳公權・韋　歡・李顧行・李固言・尹　極・張又新・鄭　澥

獨孤樟・韋　諶・盧　儲・賈　悚・鄭　冠・李　群・柳　璟

裴　俅・李　郃・韋　籌・李　遠・宋　祁・杜　陟・李　珪

李　余・弓嗣初・羊襲吉・賀拔其・陳　寬・鄭　確・李　肱

裴思謙・崔　諤・李從實・崔　峴・鄭　顥・盧　肇・鄭　言

易　重・狄慎思・顧　標・盧　深・於　珪・張溫琪・李　郜

於　瑰・顏　標・崔　峴・李　億・孔　緯・劉　蒙・於　環

裴延魯・薛　邁・孫龍光・韓　袞・鄭洪業・趙　峻・歸仁紹

李　筠・鄭昌國・孔　纁・歸仁澤・鄭合敬・孔　緘・孫　偓

鄭　藹・崔昭緯・許祐孫・陸　衣・鄭貽矩・李　翰・楊贊禹
崔昭矩・歸　黯・崔　膠・蘇　檢・趙觀文・崔　諤・楊贊圖
羊紹素・盧文煥・裴　格・歸　佾・歸　係・裴　說・崔　詹
孔敏行・孔　拯・孔　振・顏康成・崔　液・李　超・李　蒙
魏宏簡

五代

後　梁
崔　邈・陳・泳
後　唐
崔光表・王　徹・王歸樸・黃仁穎・郭　唆・盧　華・李　飛
後　晉
寇　湘
後　漢
王　溥・王　樸
後　周
扈　載・李　覃・劉　坦
後　蜀
費黃裳
南　漢
簡文會・梁・嵩
南　唐
伍　喬・王克貞・王崇古・楊　遂・樂　史
丘　旭・鄧　及

盧　郢・張　確

北宋

楊　礪・張去華・馬　適・蘇德祥・李景陽・葉　齊・劉　察
李　肅・劉蒙叟・柴成務・安德裕・張　拱・劉　寅・安守亮
宋　準・王嗣宗・呂蒙正・胡　旦・蘇易簡・王世則・梁　顥
程　宿・陳堯叟・孫　何・孫　僅・孫　暨・陳堯諮・王　曾
李　迪・姚　曄・梁　固・張師德・徐　奭・張　觀・蔡　齊
王　整・宋　庠・王堯臣・王拱辰・張唐卿・呂　溱・楊　寘
賈　黯・馮　京・鄭　獬・章　衡・劉　輝・王俊民・許　將
彭汝礪・許安世・葉祖洽・余　中・徐　鐸・時・彥　黃・裳
焦　蹈・李常寧・馬　涓・畢　漸・何昌言・李　釜・霍端友
蔡　嶷・賈安宅・莫・儔・何・卓・王・昂・何・渙・沈　晦
王岩叟

南宋

李　易・張九成・汪應辰・黃公度・陳誠之・劉　章・王　佐
趙　逵・張孝祥・王十朋・梁克家・木待問・蕭國梁・鄭　僑
黃　定・詹　騤・姚　穎・黃　由・衛　涇・王　容・餘　復
陳　亮・鄒應龍・曾從龍・傅行簡・毛自知・鄭自成・趙建大
袁　甫・吳　潛・劉　渭・蔣重珍・王會龍・黃　樸・徐元傑
吳叔告・周　坦・徐儼夫・留夢炎・張淵微・方逢辰・姚　勉
文天祥・周震炎・方山京・阮登柄・陳文龍・張鎮孫・王龍澤

西夏

高　逸・遵　項

遼代

高　正・鄭雲從・石用中・王熙載・呂德茂・王用極・張　儉
陳　鼎・楊文立・初　錫・南承保・邢　祥・李可封・楊　佶
史克忠・劉三宜・高承顏・史　簡・鮮于茂昭・張用行・孫　傑
張克恭・張仲舉・張　漸・李　炯・張　昱・張　宥・張仁紀
劉　真・劉師貞・馮　立・邢彭年・王　實・王　裳・張孝傑
梁　援・王　鼎・張　臻・趙廷睦・劉　歡・李君裕・張　轂
文　充・寇尊文・陳衡甫・康秉儉・馬恭回・李　石・劉　禎
韓　方・王・翬・李寶信・李・球・邊貫道・劉　霄

金代

胡　礪・石　琚・王彥潛・孫用康・劉仲淵・孫必仕・孔九鼎
呂忠翰・楊建中・鄭子聃・常大榮・任忠傑・孟宗獻・徒單鎰
張行簡・趙承元・王・澤・楊雲翼・納蘭胡魯喇・李俊民
李　演・張　本・李獻能・斡勒業德・王　翯・盧　亞・李　璸
富珠哩察罕・劉文龍・元　堪・張　介・勃術論長河・許　必
趙　洞・宋端卿・黃從龍・史紹魚・張　璧・張　甫・徐　疃
張　楫・呂　造・李　著・閻　冰・喬　松・王　輔・許天民
王　剛・邢天祐・黃　裳・高斯誠・程嘉善・劉世翼・李獻能
王　彪・劉　遇

元代

嚕呼圖克岱爾・身圖克岱爾・普顏不花・阿嚕木特莫爾

張起岩・霍希賢・宋　本・巴　拉・達嚕噶・張　益・阿恰齊

李・齛・篤列圖・王文煜・同　同・李　齊・拜　殊・陳祖仁

張士堅・王宗哲・朵列圖・文允中・薛朝晤・牛繼志悅・徵

王宗嗣・邊　珠・魏元禮・寶　寶・楊　挽・張　棟・泰不華

哈喇布哈

明代

吳伯宗・丁　顯・任亨泰・黃　觀・張　信・朱　善・陳　安

韓克忠・胡　廣・曾　啟・林　環・蕭時中・馬　鐸・陳　循

李　騏・曾鶴齡・邢　寬・馬　愉・林　震・曹　鼐・周　旋

施　槃・劉　儼・商　輅・彭　時・柯　潛・孫　賢・黎　淳

王一夔・彭　教・羅　倫・張　升・吳　寬・謝　遷・曾　彥

王　華・李　旻・費　宏・錢　福・毛　澄・朱希周・倫文敘

顧鼎臣・呂　柟・楊　慎・唐　臬・舒　芬・楊維聰・姚　淶

龔用卿・羅洪先・康　海・林大欽・韓應龍・茅　瓚・沈　坤

秦鳴雷・李春芳・唐汝楫・陳　謹・諸大綬・丁士美・申時行

范應期・羅萬化・張元汴・孫繼皋・沈茂學・張茂修・朱國祚

唐文獻・焦　雄・翁正春・朱之蕃・趙秉忠・張以誠・楊守勤

黃士俊・韓　敬・周延儒・錢士升・莊際昌・文震孟・餘　煌

劉若宰・陳於泰・劉理順・劉同升・魏藻德・楊廷鑒・許　觀

張獻忠建立的大西國

龔濟民

清代

傅以漸・呂　宮・劉子壯・鄒忠倚・麻勒吉・史大成・圖爾宸
孫承恩・徐元文・馬世俊・嚴我斯・繆　彤・蔡啟尊・韓　炎
彭定求・歸允肅・蔡升元・陸肯堂・沈廷文・戴有祺・胡任興
李　蟠・汪　繹・王式丹・王雲錦・趙熊詔・王世琛・王敬銘
徐陶璋・汪應銓・鄧鍾岳・於　振・陳德華・彭啟豐・周　澍
陳　炎・金德英・于敏中・莊有恭・金雨叔・錢惟城・梁國治
吳　鴻・秦大士・莊培因・蔡以臺・畢　沅・王　傑・秦大成
張書勳・陳初哲・黃　軒・金　榜・吳錫齡・戴衢亨・汪如洋
錢　啟・茹　芬・史致光・胡長齡・石韞玉・潘世恩・王以銜
趙文楷・姚文田・顧　皋・吳延琛・彭　濬・吳信中・洪　瑩
蔣立鏞・龍汝言・吳其濬・陳　沆・陳繼昌・戴蘭芬・林召棠
朱昌頤・李振鈞・吳鍾駿・汪鳴相・劉　鐸・林鴻年・鈕福保
李承霖・龍啟瑞・孫毓桂・蕭錦忠・張之萬・陸增祥・章　均
陳如僅・翁同龢・孫家鼐・鍾駿聲・徐　甫・翁曾源・崇　綺
洪　鈞・梁耀樞・陸潤庠・曹鴻勳・王仁堪・黃思永・陳　冕
趙以炯・張建勳・吳　魯・劉福姚・張　謇・駱成驤・夏同和
王壽彭・劉春霖

太平天國

葉春元・劉盛培・范樸園・沈掄元・朱世傑・武立勳・傅善祥
吳容寬・劉闥忠・程文相・喬彥材・楊啟福・陳　佚・陸培因
徐首長・吳鎮坤・汪順祥

六、歷代武狀元名錄

宋代

薛　奕・徐　遂・柯　熙・湯　學・趙夢熊・楊必高・樊仁遠
陳　鼇・蔡必勝・趙　鼎・林宗臣・張建侯・李　瞻・蔣　介
江伯虎・林　票・黃裒然・歷仲祥・許思純・金景先・林　管
周　虎・陳良彪・葉　崇・鄭公侃・王　果・何景略・周　師
林汝浹・劉必方・朱嗣宗・陳正大・黃君平・康　修・杜幼節
方　樞・端平年・朱　熠・劉必成・康　炯・文　煥・趙國華
項桂發・章夢飛・陳億子・程鳴鳳・郭　琮・趙圖徽・賈君文
章宗德・朱應舉・俞　葵・蔡起辛・王　國・楊　達・趙　鼎
張　宏・徐　衡・俞仲鼇・林時中・翁　諤・陳　鷃・柯　燕
張　深・熊安上・孫顯祖・鄭石工・華　岳・秦鍾英・郝光甲
邢敦行・林夢新

金代

溫赫特額珠

明代

周　敔・陳　彥・陳大猷・顧鳳翔・莊安世・方儀鳳・鄭維城
王來聘・文　武・黃賡材・孫　堪・尹　鳳・王世科・許　泰
安　國・王　佐・王名世・文　質・程文範・趙　紳・謝俊神

大西國

張大受

清代

郭士衡・金抱一・王玉璧・於國柱・劉　炎・林本植・霍維鼎
吳三・畏秦蕃・信張英奇・郎天祚・荀國梁・羅　淇・王繼先
徐憲武王・應統・張文煥・曹日瑋・繳煜章・馬會伯・曹維城
楊　謙・田　珍・李顯光・李如柏・元賽都・封榮九・林德鏞
李　琰・苗國琮・王元浩・齊大勇・孫宗夏・馬負書・哈攀龍
朱秋魁・賈廷詔・董　孟・張兆璠・張大經・哈延棟・元顧麟
李國梁・馬　全・段飛龍・元德灝・白成龍・錢治平・林天彪
李威光・王茂賞・邢敦行・黃　瑞・劉　雙・劉榮慶・馬兆瑞
劉國慶・玉　福・徐　殿・邸飛虎・黃仁勇・李雲龍・姚大寧
李白玉・張聯元・徐清華・汪道誠・馬殿甲・丁殿寧・李相清
徐開業・昌伊蘇・張雲亭・張從龍・武鳳來・吳　鉞・牛鳳山
波啟善・王　瑞・李廣金・郝光甲・趙雲鵬・元德慶・張殿華
吳德新・李　信・彭陽春・田在田・溫常湧・王世清・韓金甲
馬鴻圖・史天祥・黃大元・張蜀錦・陳桂芬・丁錦堂・張鳳鳴
宋鴻圖・佟在堂・黃培松・楊廷弼・宋占魁・李夢說・張憲周
卞　賡・張鴻翥・武國棟・張三甲・岳慶德・國　棟・王宗夏

太平天國

劉元合・覃貴福

（以上為不完全統計，文狀元 671 人，武狀元 194 人，文武狀元共
865 人）

七、科舉百年祭

　　被稱為「中國第五大發明」的科舉制，發軔於隋代，歷經唐宋元明清，在中華大地綿延了一千三百多年。直到 1905 年 9 月 2 日，光緒帝詔廢科舉，興學校，才算壽終正寢。

　　在廢除科舉一百週年之際，2005 年 9 月，《新京報》推出《科舉百年祭》特刊，引起廣大讀者興趣，反響強烈。

　　與此同時，有關方面在廈門大學舉辦「科舉制與科舉學國際學術研討會」，中國、美國、俄羅斯、日本、韓國、越南等國和臺灣地區學者 149 人出席會議，討論十分熱烈。廈門大學教授潘懋元教授指出，科舉雖早已廢止，但對科舉制的是非得失，卻始終存在爭論，可謂「蓋棺尚未定論」。復旦大學葛劍雄教授認為科舉制「興廢皆有理」。一種制度能在一個幅員遼闊的國度裏，長時期存在，肯定有其適應性和合理性。同樣，一種制度既被廢除，並且再未恢復，也可以肯定有其必然消亡的原因。

　　福建師大中文系教授孫紹振認為，科舉制滅亡，並不等於考試制的滅亡。考試仍然存在。從某種意義上說，現代的全國統一高考，也就是科舉。科舉與高考的規格化弊端一脈相承。這好像希臘神話中那張懲罰的床，把不夠長的人拉長，把超長度的人砍短。這樣，必定扼殺某些「偏科」人才。當年錢鍾書和吳　數學考試成績，一為零分，

一為十幾分。如按今日高考標準，是不能進入大學校門的。但也有學者認為高考有利於客觀、公平、高效地選拔人才。考試應該並且可以不斷地改進，但卻不能廢除。近年來對高考的批評不絕於耳，但誰能想得出不要考試、能取代考試的更好辦法呢？……

據《新京報》

後 記
POSTSCRIPT

寫作這本史話，緣於幾十年前一個偶然的契機。

大約是 1954 年吧，葉聖陶先生以全國人大代表和教育部部長身份來溫州視察，我當時是《浙南大眾報》編輯部負責人，陪同採訪。我說：「葉先生，您是我的老師。」他驚詫地對我注視，「哦」了一聲，臉上寫滿了問號。我笑說：「我在讀小學時，第一本課外讀物就是您的《稻草人》，以後又讀了您和夏丏尊先生合著的《文章講話》，懂得許多作文的道理。這難道不是老師嗎？只是尚未見面而已。」葉老聽了，仰頭大笑。第二天，採訪記見報後，引起葉老的興趣。在約見時，他手頭還攤著那張報紙，他說了幾句鼓勵的話後，指著文章中提到科舉制度「考進士中狀元」這段話，語重心長地說：「關於科舉，難怪你們年輕人不懂了。」接著，他就像在課堂教學生一樣，扳著指頭，娓娓而談，從鄉試（秋闈）、會試（春闈）直到殿試，說明考進士中狀元是同一回事，只是名次等第有區別而已。他說這種科舉制度 的是非功過，後人應該好好總結；科舉中有許多掌故，如果寫出來，讓現代的讀者既增加一些歷史知識，也可以豐富思想。

這次談話，是晚餐之後，正有餘暇，葉老談興甚濃，足足談了一個來鐘頭。我如坐春風，恭敬聆聽了這極為生動也極為難得的一課。

告別葉老出來後，我走在星光與燈火交映的公園路上，一種強烈的歷史感，促使我萌發了這樣的念頭，將來要寫一本科舉史話，用通俗生動的語言，對青少年朋友敘述科舉這段歷史。

這個藏於心頭的願望，由於天時多變，道路坎坷，一時雖難於實現，但我並未淡忘。十年「文化大革命」動亂，我閉門讀書，足不出戶，比較系統地閱讀了馬克思主義著作，以及卷帙浩繁的《二十四史》《資治通鑒》等史籍。20世紀90年代中期，我辦理了離休手續，夕照青山，桑榆景好，於是集中精力，重整筆硯，焚膏繼晷，煮字烹文，得以了此夙願。老伴朱梅蘇幫我搜集整理資料，助我筆耕。史話成稿後，曾列入著名學者蔡尚思教授主編的《中國文化寶庫叢書》，由黃山書社於1997年出版，向全國發行。

近幾年來，我們又多方搜集資料，對原書加以改寫，擴充篇幅一倍多。感謝江西人民出版社的支持，給以單行本形式出版。為本書作序的史學專家、至友褚贛生戲稱之為「十年磨一劍」，可謂知我甘苦矣!

周恩來總理曾說過:「用歷史知識教育啟發後代。」科舉既然是世界所無中國獨創的歷史產物，她在歷史中產生，又在歷史中消亡。本書試圖對科舉作一全景式的鳥瞰和粗線條的評說，以期引起青少年讀者的興趣，從而獲得有益的歷史啟示。謹盼廣大讀者批評教正。

林白

2000年夏於甌濱之海坦山莊

再版感言
REFLECTIONS

承蒙廣大讀者的厚愛和出版社的支持，本書得以順利再版。

對正文部分除訂正一些差錯外，不作改動，一本其舊。附錄部分增添唐宋元明清狀元卷各一篇，俾讀者一窺歷代狀元卷之風貌。

因文天祥試卷長達萬餘言，故略作題解，並簡析其段落大意，以為閱讀之助。其餘各篇恕不一一注釋。

本書自初稿至再版，歷時數載。今事功告成，心情舒暢，擱筆之餘，推窗遙望，但見八百里甌江滾滾而來，而新建之東甌大橋橫空飛架，聳然壯觀。感賦一絕，以抒懷抱：

長虹碧落壓濤驚，科舉千年史亦成。

筆底雲煙憐白髮，芸窗眺遠自豪情。

林白

2001 年秋日

三版贅語
THREE VERSIONS OF THE VERB

　　本書出版後，在短短幾年內，再版而三本，這不禁使我由衷地向廣大讀者和出版社說一聲謝謝！

　　此次三版，版式依舊，文字也不作改動。只是秤機搜剿了幾處差錯，雖然只是差錯一般性差錯，無關宏旨，但前人不云乎：「一字差錯，宛如寇讎。」這好比旱風在身，必先剿除之而後快也！

林白於 2004 年春日

四版小記
FOUR SMALL NOTES

本書從完成初稿到三版四版，前後垂十年之久。

此次再版，正文部分一仍其舊，不作改動。唯加許多插圖，使之更加直觀悅目，增強了可讀性。這全賴出版社編輯策劃之功，謹在此深表謝謝！

附錄部分補充《科舉百年祭》一文。這樣，就把千年科舉史的滄桑和現代改革熱潮及願景連結起來了。讀後掩卷深思，或餘味無窮了。

作者

2007 年冬日

五版補記
FIVE COPIES OF THE BOOK

　　有朋友指出，本書引用陸游詩句：「心在天山，身老滄州。」其中「滄州」筆誤，應為「滄洲」。

　　按陸游晚年住紹興鏡湖邊的三山，其《訴衷情》云：「此生誰料，心在天山，身老滄洲。」滄洲，指水濱草澤之地，隱者所居也。

　　趁此書五版之際，特予更正。謹向出版社和讀者朋友深致謝忱！

作者
2008 年冬

六版片語

SIX PIECES OF LANGUAGE

———————————————————

　　讀者丁剛先生來信指出，本書附錄文天祥殿試對策中，有幾處誤植。這位年逾九旬的黃埔軍校同學會老先生，能校閱洋洋灑灑萬有餘言的狀元卷，真可謂龍馬精神，慧眼獨具，令人欽佩不已。

　　又有讀者問，張謇殿試卷中「第五琦」何意？謹按：第五為複姓。第五琦，唐長安人，官諸道鹽鐵使。其子第五峯，以孝著，曾官台州刺史。

　　本書自上世紀末問世以來，十餘年間重版六次。謹向出版社及廣大讀者深致謝忱!

林白

2011 年春於甌濱之海坦山莊

七版校記
SEVEN EDITION CHECK MARK

　　此次重印，補《狀元當皇帝》《太監狀元》兩小節，其餘一本其舊。

2012 年冬至，林白校記

昌明文庫·悅讀文化　A0605004

中國科舉史話

作　　者	林白、朱梅蘇
責任編輯	蔡雅如

發 行 人	陳滿銘
總 經 理	梁錦興
總 編 輯	陳滿銘
副總編輯	張晏瑞
編 輯 所	萬卷樓圖書股份有限公司
排　　版	菩薩蠻數位文化有限公司
印　　刷	百通科技股份有限公司
封面設計	菩薩蠻數位文化有限公司

出　　版　昌明文化有限公司

桃園市龜山區中原街 32 號

電話 (02)23216565

發　　行　萬卷樓圖書股份有限公司

臺北市羅斯福路二段 41 號 6 樓之 3

電話 (02)23216565

傳真 (02)23218698

電郵 SERVICE@WANJUAN.COM.TW

大陸經銷

廈門外圖臺灣書店有限公司

電郵 JKB188@188.COM

ISBN 978-986-94919-5-2

2017 年 7 月初版

定價：新臺幣 500 元

如何購買本書：

1. 劃撥購書，請透過以下郵政劃撥帳號：

　　帳號：15624015

　　戶名：萬卷樓圖書股份有限公司

2. 轉帳購書，請透過以下帳戶

　　合作金庫銀行　古亭分行

　　戶名：萬卷樓圖書股份有限公司

　　帳號：0877717092596

3. 網路購書，請透過萬卷樓網站

　　網址　WWW.WANJUAN.COM.TW

大量購書，請直接聯繫我們，將有專人為您

服務。客服：(02)23216565 分機 10

如有缺頁、破損或裝訂錯誤，請寄回更換

版權所有·翻印必究

Copyright©2016 by WanJuanLou Books CO., Ltd.

All Right Reserved　　　　**Printed in Taiwan**

國家圖書館出版品預行編目資料

中國科舉史話 / 林白, 朱梅蘇著. -- 初版. --
桃園市：昌明文化出版；臺北市：萬卷樓
發行, 2017.07　面；　公分. -- (昌明文庫. 悅
讀文化)

ISBN 978-986-94919-5-2(平裝)

1.科舉 2.歷史 3.中國

573.441　　　　　　　　　　　106011168

本著作物經廈門墨客知識產權代理有限公司代理，由江西人民出版社有限責任公司授
權萬卷樓圖書股份有限公司出版、發行中文繁體字版版權。